思想与时代

浙江大学
哲学公开课

王 俊 主编

江苏人民出版社

图书在版编目（CIP）数据

思想与时代：浙江大学哲学公开课/王俊主编.--
南京：江苏人民出版社，2024.8
ISBN 978-7-214-29011-3

Ⅰ.①思… Ⅱ.①王… Ⅲ.①哲学-文集 Ⅳ.
①B0-53

中国国家版本馆 CIP 数据核字（2024）第 031186 号

书　　　名	思想与时代：浙江大学哲学公开课	
主　　编	王　俊	
责 任 编 辑	汪意云　薛耀华	
责 任 校 对	杨忻程	
装 帧 设 计	刘葶葶	
责 任 监 制	王　娟	
出 版 发 行	江苏人民出版社	
地　　　址	南京市湖南路 1 号 A 楼，邮编：210009	
照　　排	江苏凤凰制版有限公司	
印　　刷	江苏凤凰新华印务集团有限公司	
开　　本	718 毫米×1000 毫米　1/16	
印　　张	13.75　插页 4	
字　　数	210 千字	
版　　次	2024 年 8 月第 1 版	
印　　次	2024 年 8 月第 1 次印刷	
标 准 书 号	ISBN 978-7-214-29011-3	
定　　价	88.00 元	

（江苏人民出版社图书凡印装错误可向承印厂调换）

前 言
FOREWORD

　　古语有云"修业及时",学术研究与学习应当"及时",这里的"及时"用今天的话说,就是与时代相适应,要面向时代,回答时代的问题。

　　在 20 世纪 30 年代,钱穆、张其昀、谢幼伟、张荫麟、贺麟等学者在浙江大学创办的学术期刊《思想与时代》,就充分体现了"修业及时"的精神。这本创刊于抗战时期的刊物以建立现代民族国家为使命,致力于探索当时中国面临的难题和出路,同时重视中西文化交流,努力坚守文化的民族性,甚至深思科学与人文之关系这样深邃的时代问题,倡导"科学时代的人文主义"。可以说,《思想与时代》所折射出的,是当时的一批知识人深厚的家国情怀,开放的学术视野,以及前沿的文化品位。

　　今日时代已巨变,学术和思想若要保持常新,同样必须面向时代,回应时代。2022 年,借浙江大学哲学学院新立,回溯学统、展望未来,我们依靠浙大哲学的著名学者,开设"思想与时代"浙大哲学公开课,重拾先贤之志愿,探索时代之思想,开创文化之未来。首期邀请了董平、刘东、倪梁康、孙周兴、陈亚军、彭国翔、何欢欢、何善蒙、黄华新九位知名教授,以学术前沿或者时代问题为主旨,在哲学、宗教学、美学等领域开展一系列线上线下同步的公开讲座。一方面向学界和社会展示浙大哲学的学术声望和思想活力,同时也充分体现了浙大哲学一以贯之的"修业及时"精神。

　　"思想与时代"浙大哲学公开课首期一共九讲都在浙江大学哲学学院微信公众号等各种网络平台进行了推送转发,累计阅读量达 3 万＋,单篇最高阅读量达5000+,同步在智云学堂直播,累计超过40万+的用户观看,单场最高观看达23.8万。江苏人民出版社以极大的热情邀约将讲座稿结集出版,惠及学林,遂成此书。希望在短暂调整后,我们的"思想与时代"浙大哲学公开课能够接续进行,与浙大哲学一道蓬勃发展。

王 俊

2024 年 5 月于北京长春桥

目　录

中国的轴心期文明及其突破①

董　平　教授

2022 年 4 月 7 日

　　今天我想讲一个大家耳熟能详的话题,但也许正因为太过熟悉,反而始终没有引起足够的重视与思考,就是中国的轴心期文明问题。大家都知道,这个话题是由德国哲学家雅斯贝尔斯提出来的。1949 年,他出版了《历史的起源与目标》,在这部作品中,他提出了"轴心期"(中译本译为"轴心时代"——编辑注)这一概念。按照他的意思,在公元前 800 年到公元前 200 年这一阶段中,人类历史进入了一个轴心期。他列出证据,表明在这一时期,世界文明的不同区域都出现了一批伟大的思想家,例如在西方,以古希腊为代表,出现了苏格拉底、柏拉图、亚里士多德等哲学家,印度出现了佛陀,中国出现了孔子,以色列、巴勒斯坦等地则出现了他们的先知。在世界各区域文明并没有实现事实交往的情况下,不同文明区域同时出现了一批伟大的思想家,更有趣的是,他们还几乎在思考着共同的话题,如什么是美德,而他们的阐释,都为此后不同区域文明的发展奠定了基础。这一现象在雅斯贝尔斯看来是非常令人惊讶的,他称之为人类文明的"轴心期",一方面是要强调其根本的重要性,另一方面,恐怕也想表明:人类文明本来是有一个"轴心期"的共同基础的,从"轴心期"出发,其未来的发展也应当回归共性,从散点走向思想共通的时代。雅斯贝尔斯关于"轴心期"的揭示及其观点,引起了史学界、哲学界不同程度的回应,总体上是肯定、赞同者居多。在中国,人们在 20 世纪 80 年代开始讨论这个话题,赞同雅斯贝尔斯观

---

① 演讲之后,本人对演讲内容再行思考,撰成《中国的"轴心文明"及其突破》,发表于《孔学堂》2023 年第 1 期,但内容并不完全相同。

点的也占绝大多数。公元前 800 年至公元前 200 年,按照中国的纪年,恰好就是相当于春秋战国时代。公元前 770 年,周平王东迁,差不多也就是春秋时代的开始。到公元前 221 年,秦始皇统一六国,重新进入统一时代。如果以公元前 500 年左右为"轴心期"的核心时期,那么这恰恰就是孔夫子及其弟子最活跃的时期。雅斯贝尔斯站在全球文明通史的角度,揭示"轴心期"文明,换一个角度来看,有些问题的确应当引起我们的特别关注与思考,比如人类不同区域的文明展开,是否存在某种公共的思想基础或价值基础,并且最终朝着某种公共目标回归? 如果有,它们是什么? 如果没有,那么称之为"轴心期"的根据何在? 有何意义?

当然,我这里不可能去探讨这些问题。今天的演说,我其实是想借着雅斯贝尔斯的说法,借用他的"轴心期"概念,来说明一点:就中国自身的文化发展而言,尽管公元前 800 年至公元前 200 年的春秋战国时代非常重要,我称之为"自由思想家的时代",但不是中国文明的"轴心期"。我认为中国文明的轴心期是西周。春秋战国时期已经是中国轴心期文明终结且被突破之后所出现的时代了。我觉得讲清楚这个问题,对于理解整个中国思想史都非常要紧。

中国文化传统喜欢讲"尧舜三代",认为那是一个完善的圣人时代。但这一点往往不为现在的人,尤其是年轻人所认同。我们大抵有一种颠顶的进步观念,认为后来的一定比以前的更进步,也更好。但古人认为,"尧舜三代"是最好的,秦汉以后一代不如一代。我们今天大抵不理解这样一种思维方式。其实照我的理解,所谓"尧舜三代",未必是作为事实而存在的尧舜三代,而是作为"价值真实"而存在的尧舜三代。《尚书》里面讲尧之所以是圣人,是因为他"克明俊德,以亲九族。九族既睦,平章百姓。百姓昭明,协和万邦。黎民于变时雍"。我们无法回答这一系列事件作为"事实"是否真正存在过,但可以明确的是,当人在传述着尧舜的事迹、表达一种追忆的时候,它同时就是一种价值附加。价值的不断附加,就成为一种完善价值的表达形式,而当它成为一种民族的集体记忆,在民族生存过程中不断被讲述,那么它就转为一种关于价值或文化的信仰了。因此要晓得,在中国文化中,"尧舜三代"是代表了"价值真实"完善形态的一种文化信仰,你只把它理解为一个曾经有过的人物或者时代,是非常成问题的。因为它实质上是一种作为信仰的"价值真实",所以它同样就成为足够对一切现实进行价值批判的尺度或者准则。尧"光被四表，格于上下"，能够带领天下百姓过上秩序化的生活，因此"秩序化"也就成为中国古代所向往的"第一价值"，叫作"有道"。舜虽然家庭出身不好，"父顽、母嚚、象傲"，但他都以他自己的真诚感动了他们，与尧一样，舜首先也是"齐家"的榜样。尧在把帝位禅让给舜之前，对他进行了多方面考察，《舜典》记载，尧把舜"纳于大麓"，结果舜能够"烈风雷雨弗迷"。是不是尧真的把舜放到原野里面，让他经受烈风、雷雨，而舜终究能够不迷失方向，走出原野？我看未必如此。读古人书，我觉得要明了古人一些特别的书写习惯，比如这里，"大麓""烈风""雷雨"，都是极端的险境，陷入其中，一般人都很容易迷失。政治上的各种险境，尤其是大利大欲当前，处于天人交战之机，能不迷失自我的恐怕也是少数。舜能够始终"弗迷"，这说明他心中总是有明，"弗迷"也就是"克明俊德"，能把天道的究竟公正体现于政治活动之中，所以尧授之以天下，妻之以二女。至于禹，大家都知道"大禹治水"的故事，但我一直认为那是一个政治神话。完整地说，是"鲧禹治水"。鲧治水，采取的是常规思维，水来土掩，结果越治越严重，"汤汤洪水方割，荡荡怀山襄陵"，洪水依旧泛滥，尧殛鲧于羽山。所以当其子禹接过治水之职，如何会不战战兢兢、如履薄冰？禹治水，先了解天下山川形势，根据实地考察所得到的山川地理走向，重新规划了天下水系，疏通天下水道，全部导向海洋。鲧、禹两种不同的治水模式，实际上就是两种不同的政治管理模式。前者是堵截，后者是疏导。"疏导"即是秩序化，秩序化必合乎自然之道，因此在儒家文本中，多说为"道"，如孔子说"道之以德""道之以政"之类。秩序化是治水的法则，也是政治的法则。通过行政手段实现人民生活的秩序化，即所谓政治。基于这一根本的政治目的，根据实际情况而采取"权宜"手段不仅是允许的，并且是得到鼓励的。

尧舜禹相传一种"道统"，到了西周，就把它制度化了，"允执其中"的"中道"，既是制度的原则，也是制度的目的。西周的"礼乐文明制度"，就是天下人民生活秩序化的制度体系，它是以实现"正义"为目的的。我每次讲到这点都很感慨，因为我们今天往往不理解"礼"，过去说是"封建礼教"，要批判；现在不少人讲"礼"了，但也只把它理解为"礼仪"，同样是皮相之见。

马一浮先生创作的《浙江大学校歌》，其中有"礼主别异兮，乐主和同"一句，大概是对"礼乐"最简要的解释。我们常说的"礼貌"，是指礼的外观；"礼节"，是指礼的仪式节目。它们都与"礼"有关,但都不是"礼"的真正内容。礼的实质是制度。孔子赞叹道:"周监于二代,郁郁乎文哉!吾从周。"朱熹解"监"为"视",我通常解作"鉴"。周代的制度是以夏商两代作为自己的借鉴对象的,所以更能体现出人道的文明色彩,"郁郁乎文哉!"孔子说"吾从周",他"从"的便是周制之"文",所以是一种历史的抉择、文明的抉择、制度的抉择。他抉择的是文明,而不是周,只不过在孔子眼里,这种文明,这种通过秩序与和谐来体现的制度,在西周体现得最为充分,所以他"从周"。我们因此可以看到,自从孔夫子"吾从周"以后,后代对于西周的礼乐制度总怀抱着无限缱绻、怀念与遐思。西周作为一个事实上存在的历史阶段早已过去,但它作为一种文化角色与制度典范,寄托了中华文明的独特价值理念,它在历史上是永存的。

上面这一点正是我将西周作为中国文化轴心期的第一个理由。

那么,西周的制度文明究竟告诉我们什么? 它究竟是一种什么样的制度? 礼乐制度作为一种公共生活的秩序规范,它凭什么来做规范? 是否存在一个秩序的本原? 按照古人的说法,制度的根据有没有? 当然有! 在哪里? 不在你我他,而是在天。天地原在的本然秩序,就是礼乐制度所效法的秩序本原。所以你看,《周易》里说:"古者庖牺氏之王天下也,仰则观象于天,俯则观法于地,视鸟兽之文,与地之宜,近取诸身,远取诸物。"人原本就是生活在天地之间的,原本就与天地万物在一起。既然我们与万物共处于同一个宇宙中,亦即空间与时间的共相之中,那么我们通过"观察"来建立起宇宙的共相秩序,还原出事物存在与人类生活的本来面目,就是自然而然的。观天观地观物、近取远取的目的,就在于"以通神明之德,以类万物之情"。天地万物自然有其生命的秩序,当生时就生,当死时就死,但自然界实际上并没有真正的死亡,草木枯萎了,过段时间又生发了,这就叫作"生生不已"。"生生不已"就是天地万物存在的秩序。圣人通过天地之道的"观",要建立起人类的生存秩序,就是要把"天道"转变为"人道",这就叫作"文明"。人道以天道为本,那么社会公共生活制度的建构,就是"人道"的最高体现,是必须以天道为本的,而它的目的也是一样,要使社会中人人都能得其生,得其死,使民养生送死而无憾。这个才是制度建构的目的。按照儒家的观点,周公制礼作乐在很大程度上就是实现了这一点。无论你是谁,都能在这样一个制度结构中找到自己的位置,并且通过自己"名分"的实现,来实现作为社会存在的意义与价值。所以长话短说，西周的"礼乐制度"是基于"名分"而建立起来的公共生活制度，它既是政治的制度，也是伦理的、道德的制度。明了这一点，我们大抵就可以明白，为什么中国古代总喜欢把政治与道德讲到一起去，因为礼的制度原本就是把它们一体化的。不过同样需要晓得，"名""分"并不是同一个东西。"名"是关于"身份"的称呼，所以就是身份。一个人可以有很多"名"，但一种"名"只能对应一种"分"。更为重要的是，哪怕一个人有千万种"名"，但此时此地此刻，他只可能并且只允许一种"名分"存在。如果一个人同时表现出多种"名分"，那就一定是乱伦或者僭越，就是对于秩序的破坏。西周的制度特别强调这一点，通过制度对"名分"的表达方式进行规范，通过"名分"的表达来实现制度保障的秩序。

举例说，"天子"也是一种"名"或者"身份"，但是他在什么时候是"天子"呢？比如他与他的父亲在一起时，他只是"子"而不是"天子"，那么他表达"子"的"名"一定是有不同的行为方式的。当他以"天子"的身份出现于天下，他以天下作为他的交往对象，并且事实上履行了"天子"的"分"，也即是恰当的责任、权利、义务的时候，他才是真正的"天子"。在这套制度中，"名""分"是统一的，身份与相应的责任、权利、义务是统一的，它们是不能相互分离的，否则社会秩序就一定陷于混乱。孔子厌弃"君不君，臣不臣"的现象，因为处于这样一种混乱而无序的状态，人其实是没有办法真正实现其存在的意义与价值的。孔子深刻意识到这一点，所以他把"正名"作为政治活动的第一要务。《论语·子路》记载："子路曰：'卫君待子而为政，子将奚先？'子曰：'必也正名乎！'"而当时子路曰："有是哉？子之迂也！奚其正？"孔子表现出鲜有的气恼，怒斥道："野哉由也！君子于其所不知，盖阙如也。""正名"的实际意思，便是重建社会制度，重整公共秩序，使社会上的所有成员都能拥有恰当表达自己名分的公共场所、手段与方法，使所有人都能够通过公开的方式实现自己的生存意义与价值。

经过孔子的阐释，西周真正的核心价值便体现出来了。这就是社会整体管理的有效的秩序化，是必须体现为公共制度建设的，通过制度的公共性来实现天下人民生活的公共秩序，走向整体性的公共和谐。这是制度的第一点意义。第二，制度之所以能够导向公共的秩序与和谐，是因为制度关于公开的个体行为的规范,是体现了责任、权利、义务的统一性的,这也就叫作"义"。正义的制度,使社会成为实现人道价值的基本场域。换句话说,只有处于良好的秩序之中,人才能更好地实现自身的价值,包括仁义礼智信在内的道德。第三,在这样一种良好的、确保了公共生活秩序的制度之中,个体的价值实现同样是得到保证的,每个人原本就内在地具有实现自己、成就自己完善人格的本质力量,而公共的社会制度是要为个体的价值实现提供保障的。

我们都知道,孔子周游六国,试图回归西周制度,重建政治秩序,他"祖述尧舜,宪章文武",是尧舜之道、礼乐之制的信仰者与阐释者。因此照我的理解,唯西周时代堪为中国文化的轴心期,而孔子的学说,反而是轴心期文明终结以后第一期突破的代表。中国轴心期文明的终结,迫使人们从不同的角度与面向寻求突破。

首先,是以儒墨道法等诸子百家为代表的思想突破。诸子百家虽然观念不同,但他们的问题来源其实完全一致:他们都怀抱着对于西周的美好记忆,都试图回归西周那样的天下有道的文明状态,只是其手段与方式各不相同罢了。如果没有西周礼乐制度文明曾经的辉煌,大抵不会有诸子百家根本上对于政治的关切,对于公共秩序的向往。面对西周衰亡的事实而走出来的,首先就是这些思想家。

其次,是寻求制度上的突破。大家都知道,公元前221年,秦始皇最终统一了天下,终结了战国,也终结了周朝。秦始皇所采取的是郡县制,它与西周实行的封建制不同。从政权结构上说,封建制是"散点式"的,天下有许多侯国,公共的礼乐制度把天下的诸侯结为一体,"天子"是诸侯的共主。但在郡县制下,"皇帝"至高无上,郡县等各行政单位都是下级服从上级,所以称之为"中央集权"。显而易见,"中央集权"也是构成社会公共秩序的一种方式,只不过它与西周制度下的秩序化形式不同而已,二者的组织结构与运作方式也是各不相同的。儒家认为西周封建与秦制的不同,体现为天下为公还是天下为私的观念不同,历史上的儒家都批判秦制,缘故在此。但这里我们不展开这一话题。

秦始皇统一天下之后,如何看待秦朝与周朝的关系,成为一大问题。战国时,邹衍喜谈"五德终始",顾颉刚先生的《五德终始说下的政治和历史》一文可以参考。尽管"五德终始"观念本身不可取,但从中透露出的一些观念信息却是有价值的。周是火德,秦自任水德,尚黑。秦覆灭了周,便被转化为观念上的"水克火"。可是到了汉代,它和秦又是什么关系呢? 一直到汉武帝之前,汉代一直没有明确自己是什么"德"。先为"土德",土克水。但汉沿秦制,也有人提出汉为"水德",几次讨论后,确定汉为"火德",这表明汉朝明确自己是周朝的继承者,承认他们在制度上的突破是以周代文明为范本的。可以看出,在处理与周的关系上,秦、汉的态度是不同的。秦朝取克制者的姿态,但汉代终究采取了继承者的角色,这也是我试图说明为什么西周是轴心期的另一理由。自汉代开始,西周制度的价值典范意义被重新彰显出来,重新成为历代王朝对于理想政治的向往。

总而言之,我想说明一点:雅斯贝尔斯提出的"轴心期文明"概念,对不同区域理解自己的历史文明是有益的,试图以人类通史的眼光来考察不同区域文明的共性,也是值得赞赏的。但共性的强调完全有可能掩盖独特性。当我们接过这一概念,并把春秋战国理解为中国的轴心期文明,我认为是不符合事实的。中国文化的确有一个"轴心期",它为全部中国文化进行价值奠基,这个"轴心期"是西周,而不是春秋战国。要讲确切的年代,从李学勤先生的考证来看,就是公元前1046年至公元前771年;西周的鼎盛年代,即所谓的"成康之治",则是公元前1043年至公元前996年。在中国文化的这一轴心期,中国是世界上最早实现了制度文明的国家。"成康之治"便是礼乐文明之治。在这一时期,提炼出了后世全部中国文化所遵循的价值体系——仁义礼智信,作为"德",它们是政治合法性的保证,因此在周公那里,"敬德保民"就成为政治的"第一原理"。经过孔子孟子,政治与道德必须保持现实性上的同一性,更是儒学所特别坚持的基本价值原理。"德"的重要性,对于个体而言,它是成就全人格的基础。它本原于天,而又内在于己,人人本具,只要在现实性上将它实现出来,便是全人格的完成。

"轴心期"文明所显化出来的价值理念,在中国文化的自身历程之中,并没有随着时间的推移而淡去,反而在人们不断的追忆当中变得越发鲜明。每当遇到外来文化冲击之时,中国文化的主体性便凸显出来。所谓"文化主体性",在中国文化中,主要体现为价值的主体意识。"孔子之作《春秋》也,诸侯用夷礼则夷之,夷而进于中国则中国之。"中国人最没有种族意识,但始终抱持一种很高的文化意识。对于不同的文明形态,中国文化向来以文明为标准,而不是以种族为标准。正是这种高度的文化主体意识,使中国文化数千年来既能够接受各种外来文化的影响而对其进行价值同化,同时又能够彰显自身的主体性而实现其存在的历史绵延。在今天,如何实现中国传统文化的创造性转化与创新性发展,仍然是一个重大的时代主题。

答 疑 互 动

听众一:公元前1000年至公元前700年之间,是什么使周人挖掘出这些重要价值并以之为基石?

董老师:我一直觉得,决定一种文明基本样态的,是人们实现日常生活的基本方式。如果说文化是生活的创造,那么生活本身就一定有它之所以是如此这般的根本理由。追溯到文明初始时代,大概以游牧与农耕两种生产方式最为基本,并且奠定了不同的文明样式。游牧作为生产方式,实则直接从自然界取得生活资料,而并不直接介入自然界的生产。农耕则很不相同!农耕的实现,是人力与自然力直接进行交换。农耕文明的本质,我认为就在这里。一方面,人是依附于自然世界的,是受到自然力的制约的,但另一方面,人是能够在自然世界中实现自己本质力量的对象化的,人们是能够用体力改变自然界存在的本来样态的。黄河流域与印度河流域的文明,皆是农耕文明。印度文化能够进入中国落地生根,我觉得与这一点也有关系。农耕文明使人不仅体会到"我"的存在,更体会到天的存在。天是作为"第一真实"而存在的。"天有四时,春秋冬夏,风雨霜露,无非教也",这就是天地之至教。把天地之至教转换为民众的公共价值理念,便是圣人之至德。人们为了实现自我的生存,必须去实现对于天地之运行秩序的观察,并将它转换为价值的本原形式。照天地之序去行动是合适的、恰当的,也就是"义"的,所以照我个人的观点,如果要对仁义礼智信做一个排序的话,义乃是第一价值。"义者,宜也。"当其时而行其事是义,"允执厥中"是义,"谨权量,审法度"同样是义。天之道永远是公平正义的,所以基于天地之序而建立起人道秩序便是具有永恒的正义价值的。

听众二：中华文明的身份认同是文明认同还是族群认同？

董老师："中国"首先是指中原，这一地域因为是先王之道所化之地，所以便转换为"文化"概念。中华文明的身份认同，首先就是对于这样一种王道的文化认同，而不是种族上的认同。哪怕是"夷狄"，行中国之道则中国之，这是最为显著的文化观念，也是非常特别的。基于文化的统一性，身份认同就是文化认同，就是价值认同，就是对仁义礼智信的认同。所谓"春秋大义"，根本上就是要通过公共的价值认同来构建文化共同体。

听众三：如何看待易学在主流文化中的失势？

董老师：《周易》是群经之首，其重要性是不言而喻的。《周易》的内容，一般地看，当然是要包括风水、堪舆等等在内的。但实际上，《周易》是中国文化关于世界存在及其秩序之本初理解最早也是最完善的代表。世界上存在的不只是我，还有他人，还有其他物类，还有日月星辰、风起云涌、山呼海啸，这些共同构成我们的生活现场，脱离了这些，就无法称之为"生活"。《周易》在中国古典文化中的特殊性，是因为它最完整地代表了一种关于宇宙存在及其秩序的观念。"一阴一阳之谓道。"一黑夜、一白天，一阴一阳，就是世界存在的本初秩序。人的存在同样是处于一阴一阳之本原秩序之中的。对于《周易》的义理研究，一直是古代学术研究的重要组成部分，从未衰落。而随着现代科技文明的发展，对于《周易》的神秘化解释不可避免地要淡出人们的视野，但这并不意味着《周易》在现代文明格局中不再重要！视域转移全然有可能带来全新的问题意识，以及古老问题研究的新视界。

听众四：轴心期文明为什么会衰落？为什么只是回忆模仿而不是重新建构？

董老师：任何一种制度，终究是需要人去执行的。但一个人如果对制度所体现的价值理念没有认同，再好的制度，他也不会执行。孔子说："吾观周道，幽厉伤之！"周厉王、周幽王因有私心，便弃周道于不顾，不去实行，礼乐文明制度就成为束之高阁的东西了，自然也就丧失了它的现实意义与价值，所谓"礼崩乐坏"，此之谓也。正是因为有历史作为借鉴，所以后来孔子就特别强调"人能弘道,非道弘人",他的教育就是要培养君子。一个真正的君子,不但能够对自己负责,并且是有天下情怀,能够担当起天下大道的。这是儒学最重要的关于人格的理想。对于"轴心期"文明所体现的制度及其文化理念,后代其实也有建构并且付诸实施的,就是宋代对于儒学的重新体系化建构。这属于另外一个问题了。

向着公正的中西竞逐：找回丢失的中国故事

刘　东　教授

2022 年 4 月 27 日

　　大家好！此次公开课叫"向着公正的中西竞逐"。大家知道我现任中西书院的院长，在我以前主持的清华国学院，四大导师全都学贯中西，这在整个中国的其他地方都是没有的。暂且不说他们的国学如何，就西学功底已是天下一绝。当时很少有从哈佛毕业回来的，清华国学院的陈寅恪、赵元任和李济都从哈佛回来。在我几十年的学术生涯里，莫不经历着这样的中和西之间的碰撞。我先在北大的比较文学所，然后再到清华园，再到这儿的中西书院，都与此相关。

　　副标题我待会儿再跟大家解释。今天讲演的主题是从哪本书里边来的呢？是从我 2021 年出版的书《我们共通的理性》来的。这本书属于我的个人丛书，这套丛书本来叫作"立斋文存"。"立斋"是清华的一个楼，后来被拆掉了。到了浙大以后，我就借机把它改名为"咏归文存"了。正如刚才王俊老师说的，我是40 年前在浙大玉泉校区教书，现在又回来了，用孔子的话叫"咏而归"，所以就叫作"咏归文存"了。在新冠疫情闹得最凶的时候，我被迫闷在三亚海滨的家中，进行了这次不期而遇的写作。既然无法再去利用图书馆的资料，我就尽量调动以往的知识储备，不仅包括一般的中西文史哲知识，也涉及国际汉学、比较文学、政治哲学、文化人类学、政治经济学、认知心理学，乃至人文地理学的知识，以便接过包华石在《西中有东》中做出的论述，来进一步回答那个更困扰国人的问题——既然正如这位友好的汉学家所说，受到了儒学范导的古代中国，无论在价值理想上还是在制度设计上，都曾相对领先于同时期的欧洲，由此才会经由此后的文明接触，逐渐影响到了整个欧亚大陆，那么，这个曾对"公平正义"如此敏感的民族,到现代又何以会被别人甩在了后边呢? 为此,一方面,我提出了历史中的"机运"问题,借助其间无法预判的"偶然性"来解释中国历史的"欲速不达"和中西之间的"交替领先";另一方面,则又提出了在这种作为世界普遍潮流的、向着"公平正义"的文明竞逐背后,却正铺垫与支撑着彼此共通的"理性"精神。如此,我就不仅指出了历史中存在的最大公约数,也指出了今后达至人类"大同"的精神基础。理所当然地,这也就反驳了各种极端而夸诞的中西"二分法",因为它们不仅在学理上是大大失足了,而且在实践上也是被严重误导了。意味深长的是,这部由一本汉学新作所引发的与之进行深度对话的新作,本身也表征了新一轮学术事业上的"中西竞逐";而由此也就越发清晰地显示出,其实当今之世的知识增长点、文化生产性,往往恰好就产生于既丰饶又犬牙交错的"中西之际"。本来这本书是有一个副标题的——向着公正的中西竞逐,后来副标题被删掉了,出版社也没说为什么。所以我干脆把副标题当正标题再讲一遍。

这本书原本一共分 10 章,后来因为章太多了,就改成了 3 章 10 节。第一章是为中国人民申辩,第二章是历史在哪里打弯,第三章是我们共同的理性。因为这本书包含了如此多的学科内容,我想,有一个问题是,即使我本人用一个半小时来给大家讲一本书,大概也只能走马观花,大家对它的了解只是表面的。为此我想了一个办法,把点题的内容标成了重点。

我写这本书是为了和包华石教授的《西中有东:前工业化时代的中英政治与视觉》对话。包华石是美国密歇根大学中国艺术与文化教授、中国研究中心主任,在中国视觉文化研究领域算得上是国际前几名的专家,他过去经常来中国。在这本《西中有东》之前,他写了两本书,都得了列文森奖。为什么他的那些书都没有在中国出版呢? 那是因为他离婚了,还有一半版权在前妻手里,前妻坚决不同意,我们就没办法译出来,因此,《西中有东》是他在中国出的第一本书。那为什么会出这本书呢? 我在清华国学院的时候,模仿当年梁启超的讲学社,请国外的知名学者来华讲学。大家知道 20 世纪初中国是非常贫弱的,中国能够请大牌人物来讲,讲一个学期或讲一年,这样的情况很少。因为梁启超先生的操作能力比较强,一共请过 4 个人,都是用讲学社的名义请的,第一个是杜威,第二个是罗素,第三个是泰戈尔,第四个是杜里舒。梁先生很快就在清华谢世,后来我复建了三大讲座,就是梁启超纪念讲座、王国维纪念讲座和陈寅恪纪念讲座。包华石是以"王国维纪念讲座"的名义请来讲的,共讲了8次。八讲对清华的学制来说刚好是一个学分。我在这个讲座的设计里加了一条,一定要有一个至少同等学力的学者跟主讲者对话,让大家能够同时知道中西。尽管我们请了七八个非常大牌的学者,包括法兰西学院科学院院长兼巴黎高师副校长巴斯蒂夫人、德里克、麦克法兰、薛凤、柯安哲等等,每一次都有一个大牌的中国学者与之对话。这样就可以让同学们知道,尽管知识是在这个权威的喉中,它仍然是方生方成的,你只要有足够的功力,也可以马上指出其中的门路。

包华石讲课非常幽默,他一上来说"包子曰",同学们就笑了,因为他姓包嘛,他就说自己是包子。一开始听课人数很多,清华上百人的大教室坐不下,最后扯了音响线到另外一个教室,大家看不见主讲人,但也跟着听。但是,三四次课以后人就不太多了,为什么呢? 他一直在重复西中有东这一件事,同学们一上来听得很解气的,后来就难免厌倦了。同学后来主要是听我怎么反驳他。这个过程也是非常重要的,这样听下来,大家就知道怎么去写论文。如果接受的都是一些具体的固定的知识,那远远不够,必须得看这高手过招的精彩场景才行。

包华石的主要观点就是西中有东,他作为一个汉学家,为什么会自己主动提出这个名字? 实际上是利用了苏轼"画中有诗,诗中有画"这样一个句型,所以叫"西中有东"。但是西方人拒不承认这一点。这种情形叫什么? 这就叫"文化政治"。用我的书里边的一段话来说:

> 如果说在 18 世纪,罗伯茨是根据传教士李明的介绍,才"将我们称之为依照法律的规则与依照人意的规则这两件事情并列起来了,后者在当时的英国就是一个标准",那么,到了 19 和 20 世纪,一旦西方人借助于文明间的仿效,领悟到了更高的政治组织标准,随即就"有意识遗忘"了它的发明者,甚至把刚从自己那里摘下的帽子,顺手就戴到了那位老师的头上:"罗伯茨将上述两个在根本上就不同的政治组织模型并置,这在英语中是首次。而恰恰是这种并置成为冷战时期民族主义史学的突出特点之一,鼓吹冷战的人将中国投射到罗伯茨给予英国的角色之上,并将'西方'投射到

> 罗伯茨给予中国的角色之上，这是多么讽刺的事情啊。"（刘东：《我们共通
> 的理性》）

换句话说，本来那是你的，结果我接受了以后，就说那是我自己的。这是包华石这本书反复说明的一件事。大家应该去看原书，不能听我这么说这一句话就了事。他的书里有大量的材料，作为一个杰出的西方学者，他找到了很多史料，非常偏，我也是头一次见。

那么什么叫"文化政治"？包华石又对这个东西进行了理论概括：第一，就其本性而言是辩证的，当来自某种传统的知识分子解释或重新解释另一传统时，它就出现了；第二，通常是自卫的，是为了回应来自某些"他者"的挑战而设立的；第三，通常具有战略性以及机会主义的特征，而不是根深蒂固的信念产物。为了替想象中的民族荣誉辩护，知识分子可能会诉诸含糊其词、信息替换、知情不报或转移焦点等方法构建民族神话。这学期我一直在给哲学学院的同学开悲剧课，上过这门课的同学一定知道文化政治是从哪儿开始的。从埃斯库罗斯的《波斯人》开始，就有了制造一个他者的习惯。前几天亚洲文明研究院来访问我，我也告诉他们，你们喜欢用"亚洲"这个词，而"亚细亚"本来是个腓尼基语，它本来是在说它旁边有个欧罗巴，欧罗巴这里是自我，亚洲那是他者，是野蛮不是文明。所以我们自己说自己是亚洲，是东方，是黄种人，是龙的传人，我们就上当了，等于把别人给你们套的东西压在你身上。

我当然同意包华石在清华八讲里反复申述的观点，这就是杰克·古迪在《偷窃历史》中揭发的现象。对于古迪，我感到非常遗憾。我当时刚想邀请古迪来清华上课，他就去世了。他写了很多书。其中《偷窃历史》就揭露了西方是如何偷窃历史的：

> 我们可以从两种不同的规定来考察欧洲和亚洲的历史，即用两种截然不同的传统强调两个大陆，西方和东方之间的区别：西方世界源于希腊和罗马等地中海社会的古典传统，并在文艺复兴、宗教改革、启蒙运动和工业革命时期达到了巅峰。这就是我们平时学的，我们一直把它看成一个单线的、线性的，其实卡尔·马克思是最坚持的，他那五种历史形态就是在说这

件事情。东方世界来自另一个其他的源头，但是作为另一种选择，我们也可以把着眼点置于欧亚两大区域的共同遗产上，来源于青铜器时代的都市革命及其新的交流手段（书面文字）、新的生产方式（先进的农业手工业，包括冶炼、耕犁和转轮）和新的知识系统的运用。许多西方的社会学理论、历史学和人文科学强调的是前者，从而造成了看待西方和东方这两块大陆的不同途径。我们并不否认文化传统，包括欧洲文化传统方面确实存在特殊性，但不可以过于夸大这个特殊性。尤其在涉及我们自己社会的时候（尽管我们是在过去几个世纪取得了非凡的成就）。（杰克·古迪：《西方中的东方》）

古迪写得非常好。他作为一名以研究撒哈拉大沙漠以南地区而闻名的人类学家，写了好多好多的书，比如《烹饪、菜肴与阶级》。我们过去以为一定要有菜肴的，他告诉我们实际上非洲没有菜肴。现在在德国的马克斯-普朗克研究所里就专门设了一个杰克·古迪讲座，我把那个讲座的内容引进我主持的刊物《中国学术》里边。我们现在经常说欧亚大陆，其实你看看地图就知道，实际欧亚是一块大陆，它没有任何地理上的界线，如果有界线那也是一个心理界线。而且真较劲的话，如果印度是次大陆，那为什么不说欧洲也是次大陆。真正的大陆就是亚洲这一块地方，欧洲和印度其实是两个半岛。所以，大家要懂一点人文地理学。

我在清华写了一篇文章《一块我们可以共居的欧亚大陆》。我在里面写道：

更进一步的问题就应当是，借一个杰克·古迪爱用的术语，为什么即使到了全球化的今天，还是只提一个"我们可以信靠的欧洲"呢，而不是一块"我们可以共居的欧亚大陆"呢？还想如埃斯库罗斯当年写作《波斯人》那样，强行划定欧洲和亚洲间不可逾越的边界吗？须知在历史上，这块大陆从未这么壁垒森严过，就连你们此刻想要保守的基督教，以及你们想要排斥的伊斯兰教，原本也都并不属于你们想要予以封闭的欧洲，而统统来自位于西亚那个小城——耶路撒冷。（刘东：《一块我们可以共居的欧亚大陆》）

　　古迪是论战性非常强的一个人，我把他的《偷窃历史》推荐给大家。古迪的意思和包华石一样。本来你欧洲人跟人家东方人学的，学完了以后拒不承认，把脸一抹，说谁曾经那么野蛮，野蛮的是你们呀。实际上不久前，欧洲还因为人家那样先进而生气。这种方式是包华石在课堂里面反复说的。我承认这种文化政治的存在，我跟他俩不断在说这件事。因为当时他反复地申诉，我也就反复去解释，我说这也是常见的现象，中国照样有。大家知道东方主义吗，爱德华·萨义德的东方主义？其实中国有的是西方主义，我们的《环球时报》里就有很多。我之前的一个同事叫陈小眉，写了一本书，叫《西方主义》，中国人关于西方那些论说也完全是跟东方主义一样，是一个 discourse。所以，一方面要揭发这种文化政治，另一方面不要大惊小怪，任何文明都会这样。

　　这是我在三亚的海滩上写的，既然这属于一种理论概括，那么就要从理论本身的抽象性来分析。在这个世上就不应该存有这样一种"理论"，它只是适用于解释"某个"孤零零的现象，只是为解释这个现象。发明理论，就要使得这样的理论有辐射性。如果你没有理论上的这种能力的话，那么你就麻烦了，你就只能用别人的理论。所以说，文化政治这个东西也许是一种理论，那既然是理论，就不能说这天下只有一个苹果掉地上，剩下都飞天上去了，那牛顿就找不出地心引力的问题来了。这个逻辑意味着什么呢？这种以文化政治来强化文化认同的策略，未必不是我们自己的策略，即使人们对此还不够自觉和明确，即使他们在这上面还没有特别处心积虑。这就像西方人造东方学，我们也造西方学。西方人会制造他的中国形象，这在我主编的"海外中国研究丛书"里多的是。其实我们也会造自己的西方形象。包华石反复去说的东西，我很赞赏，为什么呢？他作为一个西方人，反复说自己那个民族有这种偷窃，人家历史还拒不承认。我作为一个中国学者，如果成天也说这个事，就显得我太爱记仇，太小心眼了。

　　研究中国历史的同学，尤其是研究中国制度史的同学，应该知道，中国古代特别是唐宋以来的政治文化确实对近代西方有积极的影响。而且正因为这样，儒学本身就是一个启蒙话语，中国近代主题并非启蒙与救亡。接下来有两点补充。首先，我在北大的时候，我们比较所有个孟华教授，在巴黎读的博士，博士论文是研究伏尔泰的。也许到现在为止，大概也只有孟华一个人去读了伏尔泰这么多还没有发表的东西，才知道伏尔泰把中国当作了他的理想国。所以说，儒学传过去就是启蒙话语。当时伏尔泰当然想手刃自然神。手刃自然神的最大问题就是西方的宗教和道德是连在一块的，杀掉这个自然神，道德怎么解决？巧的是，传教士回来说：我告诉你，那是一个没有宗教可是有道德的民族。伏尔泰就高兴坏了，他在大量哲学书里都在研究这个事情。其次，中国近代的主题不应是启蒙与救亡，这也是我和我的老师李泽厚之间的争论。李老师写过一篇非常著名的文章，叫《启蒙与救亡的双重变奏》。后来在纪念五四运动的时候，我在北大讲演时说，情况不是李老师说的那样，儒学话语本来就是启蒙话语，当它传到西方的时候，西方用了 Enlightment 这个词。启蒙的意思大家知道吗？过去 3 岁小孩上学叫作启蒙、发蒙、破蒙。你们读书就不能叫启蒙。Enlightment 或者德文 Aufklärung，对应着启蒙。中国早在轴心期的时候，就以启蒙特色而闻名，怎么到了近代反而又要启蒙呢？

话说回来，包华石的论述里边有一个很大的漏洞。他一旦提到西方的时候，往往都是现实，一旦提到中国，往往都是践行孔孟学说的理想状态。我提出反驳：你们也有同样的理论，你们没有完全实现，我们也有同样的理论，我们也没有完全实现，我们的朱元璋恨不得想把孟子赶出夫子庙。

不过我依然要为包华石辩护。就算包华石所说的并非是"中国"与"西方"之间的真实落差，然而，一旦这种"理论"与"实际"之间的差距被接纳到当时人们的基本常识中，并形成了一种共享的心理框架，就总会在某一天"一觉醒来"，便不自觉地转为人们的"内生动机"。也正是在这样的契机中，所谓"平行"式的思想对比，就自然会在接下来的实践中，生出对于行为的"影响"效果来。此外，尤其需要特别强调的是，也正是借助这种"影响"的轨迹，以往的历史也就清晰可辨地记载着，来自中国的，尤其是来自儒家的思想观念，无论它带来的实际"影响"是大是小、是强是弱，总是切实地渗入了欧洲的政治现代化进程。

比包华石这本书厚重得多的一本书，是安田朴（René Etiemble）写的《中国文化西传欧洲史》。安田朴是法国最有名的东方学院的院长，老先生如今也过世了。我在我的另一本书《天边有一块乌云》里讲过这些事情：

如果从"启蒙与儒学"的深层内在关联而言，就它们对于宗教神学的共同拒绝而言,就它们对于蒙昧巫术的共同祛除而言,就它们对于知识本位的共同坚守而言,就它们对于人类理性的共同坚持而言,就它们对于现世生活的共同执着而言,就它们对于死后世界的共同悬置而言,就它们对于永久和平的共同憧憬而言,就它们对于成熟状态的共同追求而言,就它们对于人类潜能的共同肯定而言,儒学不仅曾经在过去的历史中,切实充当过启蒙运动的先驱者,而且可以在当今的世界上,继续成为启蒙思想的同情者,乃至应当在未来的发展中,仍然可能成为启蒙事业的后继者。(刘东:《天边有一块乌云:儒学与存在主义》)

这话说起来又是有背景的。在西方,尤其在美国哈佛大学,哈佛宗教委员会的罗伯特·贝拉(Robert N. Bellah),以及和他关系密切的杜维明,老是说启蒙反思。这在一批神学家看来已经是臭不可闻了。那么,我在这里边挑出的话题——启蒙——带来了很多问题,我们究竟是像哈贝马斯那样去拯救启蒙,还是完全像阿多诺那样强调启蒙辩证法,说启蒙反而被弄坏了。

在《我们共通的理性》里,我曾讲过:

尽管正如我一再指出过的,包华石有关中国和英国——乃至欧洲或西方——的对比,由于往往只是选取了中国历史的这个侧面,来强烈地反衬英国——乃至欧洲或西方——历史的那个侧面,也就难免存在着相应的主观性,或相对性,可即使如此,我们还是应当平心地指出,他这种独出心裁的反向对比,由于总还是凸显了曾被无意遗忘掉、或刻意抹煞掉的那些侧面,就仍然有助于恢复历史本身的复杂性。只可惜,再从另一个方面看,还是以上述的检验标准来衡量,又可以发现到了剧烈的中西碰撞之后,近代中国人自己所进行的文化对比,就不光是根本未曾想到要呈现这样的复杂性,而且反倒要尽量地忽视任何的复杂性,从而让所谓"中与西"的对比框架,越是一目了然和高下立见就越好,遂也就直接等同于"旧与新"、甚至"劣与优"了。(刘东:《我们共通的理性》)

当年胡适在《新青年》里发表文章,声称自己对文学进行比较的主要目的就是让中国文化相形见绌，陈独秀也是这个观点。那么所有这些问题其实来自谁？

在此先说一个好玩的事。王俊是北大毕业的，我是教过北大的，我们北大有一个老校长严复。严复一共翻译过 8 本书，就被当成了文化大师。有一天我和刘北成两人喝酒，我问他翻译多少本书了？他说有 30 多本，然后我说这数量已经 3 倍、4 倍于严复了。刘北成说道，如果是这样的，那你那里每年都有 3 个"严复"产出。在我主持的丛书里，每年都有二三十本书翻译出来。因为 8 本书成为一代学术大师，现在已经做不到这个事情了，因为国家根本不承认翻译是学术成果。但是大家别忘了，其实到现在为止，我们并没有意识到严复对于中国近代思想道路的影响有多厉害。换句话说，我们根本没有理解严复对我们的影响之深远、隐秘。实际上当时有一个人的学问比严复好，那就是辜鸿铭。辜鸿铭当年是爱丁堡大学的硕士，而严复是伦敦格林威治的皇家海军学院（Royal Naval College）的学生。这两个人回来以后，我们发现，相对来说，辜鸿铭说的东西太难懂了。只是，一个说得难，一个说得简单。因为当时中国人尚简易，他们宁可信一个学理工的而且是专科学生说的西方是什么样，也不信那个有两个硕士学位的辜鸿铭。

严格追溯起来，真正在文化比较方面开先河的，还是被推为近世西学第一人的严复。当时大家的西学都不好，就把他传成西学第一人。我也曾在各种场合反复指出过，虽然严复仅凭翻译几本原属于别人的作品就占据了如此显赫的文化名人位置，看起来简直是不可思议，至少也不可重复了，可是，这位翻译家对于现在中国的影响恐怕迄今为止都被大大低估了。换句话说，你们要是懂得严复，就知道从张之洞到康有为到孙中山到毛泽东，他们之间的差别很小，他们都接受了严复所建立的这个中西框架，他们的差距无非在于用什么办法把中国从这一极推到那一极，是激进的还是缓进的。到了当代中国，他的影响甚至仍然完好地存留在大多数人的潜意识中，从而构成了某种无可回避的极其顽固的路径依赖。后来袁世凯上台的时候，严复就变成另一种样子了，抽了大烟。为什么严复要翻译书呢？他出国的时候并没有学翻译，后来当了北洋水师总教习以后，跟李鸿章闹不和，就购了几本书。我为了编译丛书，每天挑书可费劲了。严复的几本书没什么好挑，任何国外图书馆和书店里，这几本书都是横躺着的，

根本不用去找。都是《论法的精神》《国富论》《论自由》这样的书,一共译了 8
本。因为他当时吸大烟,所以需要很多钱,商务印书馆给了高于市场几倍的稿
酬,才够严复买烟土。

严复深远的影响究竟体现在哪儿呢?如果就方法论而言,就体现在他对于
中西的这种截然二分的划分方法。凡是学比较文学的都知道,我们最恨的就是
这种截然二分法。我在北大的时候,有一次弗朗索瓦·于连在北大讲二分法。
后来杜小真叫我评议,我就说这种办法就像比较我和陈嘉映。刘东胖一点,陈
嘉映高一点。你闭着眼说三遍,你就可能以为刘东是弄相扑的,陈嘉映是乔丹
了。就是因为比较思维本身会有极化的情况,后来我才专门为这个事在《读书》
上写了一篇文章反对这种截然的二分法。

我们来看严复的这段话。严复对中国的历史有巨大的影响,影响主要表现
在这段话:

> 自由既异,于是群异丛然以生。粗举一二言之:则如中国最重三纲,而
> 西人首明平等;中国亲亲,而西人尚贤;中国以孝治天下,而西人以公治天
> 下;中国尊主,而西人隆民;中国贵一道而同风,而西人喜党居而州处;中国
> 多忌讳,而西人众讥评。其于财用也,中国重节流,而西人重开源;中国追
> 淳朴,而西人求欢虞。其接物也,中国美谦屈,而西人务发舒;中国尚节文,
> 而西人乐简易。其于为学也,中国夸多识,而西人尊新知。其于祸灾也,中
> 国委天数,而西人恃人力。若斯之伦,举有与中国之理相抗,以并存于两
> 间,而吾实未敢遽分其优绌也。(严复:《论世变之亟》)

严复说他也不知道哪个好,但是他都说成这样了,哪一个好哪一个坏就不
用说了吧。实际上就是因为他是从西方回来的,于是就在别人眼里成了西学第
一人。这把辜鸿铭给气坏了。当时有"福建三杰",第一严复,第二辜鸿铭,第三
是林纾。辜鸿铭说,恨不得杀二人以谢天下。为什么呢?那两个人全在胡说。
这 12 组的对待("对待"是庄子用的词),中国怎么样,西方怎么样,以为这只是
严复本人的匠心独运,那未必太过天真,视界狭小了。坦率地说,如果你现在把
我们人类学所的所长梁永佳喊来,他也会告诉你,西方人研究哪一个非西方民

族都会创造出这 12 个对待的。

事实上，现代世界的严峻结构，并没有给任何微小的个体留下太多自由发挥的空间，对此我们下面还要再来回顾。于是这就意味着，即使就连严复本人都觉得，他在上文中讲的那番文化对比是他基于他自己的独立观察、独运匠心，都仍然要被这种倾斜的宏观结构所认定，从而只能作为西方文化给中国带来很多泰山压顶般的影响。其实最为白纸黑字的证明，就印在约翰·穆勒的那本《论自由》中，而众所周知，那正是严复据此译出《群己权界论》的底本。事实上，回顾一下前文中的叙述，我们很容易恍然大悟，这位英国人正好就生活在 19 世纪，也即那个刚刚从之前的"中国热"转变成为当时之"中国冷"的世纪。也正因为这样，即使穆勒毕生都未曾获得过中国经验，在他心里也仍可装有负面的"中国形象"，因为那已然成了当时欧洲人的共识：

> 欧洲何以至今不至遭此命运？欧洲各兄弟民族何以成为人类的进取之群，而不为静止之邦？不是由于他们之中有着更为优秀的卓越品质，这种品质即便有，也是结果而不是原因；而是由于他们的性格与教养异常歧异多元。个人、阶级和民族，彼此之间都极为不同：他们开拓出大量各种各样的道路，每一条之通向都有其可贵之处；尽管在每一时期那些走上不同道路的人们彼此都曾不相宽容，每个人都认为最好是迫使其余所有人都走上他那一条路，不过他们阻挠其他人自我发展的企图几乎没有获得过持续的成功，而每个人也总是能够随时在忍耐之余，接受别人提供的好处。依我的判断，欧洲之所以能有其进步与多方面的发展，完全归功于多种多样的路径。但是它所拥有的这种益处，却已开始有相当程度的减少。它显然正在日益向千人一面的中国理想趋近。（约翰·斯图尔特·穆勒：《论自由》）

里边有一个很大的话题。英国作为一个国家还是伟大的，就个人而言，维多利亚时代的英国人其实非常谨小慎微，也很渺小。渺小的个人显然不能支撑伟大的英国，那么在他们眼里渺小的个人像谁呢？像中国人。如果我猜得没错，正是这个东西刺激了他，才使他想要翻译这本书来警醒中国。穆勒是没受过我们常规意义上的教育的,他是他爸爸自己教出来的,这种只凭道听途说就敢大发议论的做法,在穆勒家族中还是其来有自的。约翰·穆勒的父亲叫詹姆斯·穆勒,也是根本没有去过遥远的印度,却写了长篇大论来挞伐那个糟糕的、因而注定应当被殖民的国家。

德国学者奥斯特哈默在《亚洲的去魔化:18 世纪的欧洲与亚洲帝国》中写道:

> 詹姆斯·穆勒的《英属印度史》不只是 19 世纪后期意义上的历史著作,前 500 页系统描述着前殖民时代印度教的印度文明。书中大部分内容,都在正面攻击印度文明,认为此一文明毫无价值,无法改造,因而穆勒至今在印度声名狼藉……由于他的印度知识来自二手或三手资料,穆勒事实上应该表现得小心与谦虚。……(转引自刘东《我们共通的理性》)

实话实说,约翰·斯图尔特·穆勒《论自由》的结论差不多就是把他老爸的《英属印度史》里边的关于印度的结论直接平移过来的。

在这方面真正可怕的,并不是一位外行发出的"可怪之论",而是接下来居然又有人,而且是一位比约翰·斯图尔特·穆勒更了解实情的、土生土长出来的中国人,反而又把他的这一番"可怪之论",视作了出自权威之口的"不刊之论"。这一点,严复后来后悔莫及。后来人家一再给严复各种荣誉,严复都说自己那时候说错了。可是没有用了,因为他激发了从梁启超到毛泽东一批人。如果你再敢说回来的话,马上就认为你落后了。当然我们也应当平心地承认,这位传播者的动机也并非要自毁长城,恰恰相反,很可能正是在穆勒说法的刺激下,才使得严复暗自感到了锥心之痛,也才促使他想要把这本"警世之书"译出来,以便唤醒尚在"酣睡之中"的、业已大难临头的国人,从而达到他那个"寻求富强"的救国目的。

我说的"寻求富强"又是一个典故。这个典故出自史华兹写的《寻求富强:严复与西方》。史华兹是费正清的两大弟子之一,另一个弟子叫列文森。史华兹在这本书里边说,严复想要引进自由,然后引进个体,这样整个社会就活起来了,于是整个民族就可能富强。

如果说在穆勒那里，自由（liberty）是一个信仰，那么到严复这儿，自由则变成了一个工具。我们中国的自由主义者都信这个，但是经常看不出其中的门道。实际上我和北大李强教授都看出来了，穆勒除了《自由论》还有另一本书，是关于功利主义的，他本来就是强调功利主义的，所以只从自由主义这一面看穆勒是不够全面的。

好，那我们再接着说。包华石还有另一个论点，就是 liberty 在孟德斯鸠那里面指的是一个特权：

> 大约在 18 世纪 60 年代之前，甚至对于很多 19 世纪的写作者来说，"liberty"与"rights"指的是世代承袭的特权，它与现代意义上的普遍权利恰好相悖，因为一个人由世袭所得到的特权与其社会地位是联系在一起的。而前现代语境的"自由"早已与个体能动性甚至解放政治言论的观念合为一体了，它与现代术语中的"自由"主要是程度上的不同，而非性质上的区别。（包华石：《西中有东：前工业化时代的中英政治与视觉》）

打引号的这个"自由"是 freedom。我不知道同学们知不知道这个 liberty 和 freedom 的差别。liberty 这个词本来还有地位权力的意思。所以包华石说：

> 这些知识分子被中国的政治体制所吸引，恰好是因为中国的施政权力与先赋性的社会角色不是合而为一的。废除世袭特权以及建立法律平等被孟德斯鸠说成是"专制独裁"，而孟德斯鸠所捍卫的"自由"与世袭而来的特权也没有什么区别。西方文明的教科书却简单地忽略了这个细节。（包华石：《西中有东：前工业化时代的中英政治与视觉》）

中国人有时候看不明白这一点，为什么呢？因为中国古代很长时间内实行科举制，社会向上流动也比欧洲社会大。我们可以比较两部著名的戏。一部是《天鹅湖》。里面那个王子看谁都不喜欢，最后喜欢那个天鹅了，那个天鹅是公主变的。在那个时候的西方，身份是不能改变的。第二部是《西厢记》。甭管怎么着，只要读书好，就可以收获爱情。那个时候，社会的向上流动要大得多，是相对比较公平的。这就是问题所在了。废除世袭特权以及建立法律平等,被孟德斯鸠说成是"专制独裁",为什么呢?西欧的世袭特权是贵族的,如果英王或者法王想随便都把它拿走,那是不行的,因为它是世袭特权,而孟德斯鸠所捍卫的自由与世袭而来的特权没有什么区别。孟德斯鸠家在波尔多,世袭法庭庭长,他自己也是庭长。我们以为这个庭长是像苏东坡那样赶考出来的,实际上不是,是因为他祖宗就是庭长,他家里的头衔就是庭长,而且那个庭长是可以卖的,还可以租,租了以后还可以拿回来。在波尔多,那个时候谁有罪和没有罪,完全是这个庭长说了算,而这个庭长是随便就任的,你们想想这个制度是不是比我们现在所能想到的恶劣制度还要恶劣。

但是,西方的很多教科书忽略了包华石提供的信息。大家知道包华石主要是个美术史家,他能够知道这些东西,说明学问不小。这可以看出中国的美术史家和美国的美术史家在学问上的区别。你要跟我们中国的美术家讨论政治制度,No,No,他们一般不懂,但是包华石就能懂,这是我赞赏他的一面。但是,当时在清华的时候,我也马上反驳了他。大家知道,美国的立国主要是建立在洛克和孟德斯鸠学说基础之上的。如果你去查那个《牛津高阶辞典》(*Oxford Advanced Dictionary*),你会查到 liberty 的双重含义。考证了 liberty 一词的双重含义,我们就能指出共和政体的好处。它是通过白纸黑字地被查找到的,这种词义确实曾在历史中存在过。我们从《牛津高阶辞典》的 liberty 的词条下发现这样的释义:"由君权授予的一种特权或特许权"(A privilege or exceptional right granted by the sovereign power),或者"通过法令或赠予得享的特权、豁免权或权利"(Privileges, immunities or rights enjoyed by prescription or by grant)。于是,你会想到孟德斯鸠的庭长职位就是这样的。liberty,可以租,也可以永远卖,两个价钱不一样。包华石能懂到这儿,那真的是比一般人知道的多得多了。大卫·贝尔说:

> 在古罗马,"liberal"和"liberality"(拉丁语:liberalitas)这两个词与个人自由没有关联,而是意味着高尚、高品格的宽宏大量,带有强烈的道德意蕴。到了 18 世纪,"liberality"也与没有偏见,特别是没有宗教上的偏见相关联。"liberalism"作为用来表达一种连贯的思想体系的词,一直到 19 世

纪才出现，最初是辱骂那些反对传统宗教和君主制的人们的用语。洛克从未称自己为"自由主义者"（liberal）。（大卫·贝尔：《自由主义的前世今生》）

这就是这个词的复杂性。如果自由主义在美国属于一种普遍通行的常识，以至于现代自由主义对于"自由"的解释，大体上就构成了一般人乃至一般学者对于"自由"的"前理解"，那么古典共和主义对于"自由"与"权力"的看法，相对而言就不那么流行和普及了。如果你这个时候不能马上就从你的知识库里调出政治哲学里的共和主义来，你完全就没有办法接着往下思考。咱们系里的徐向东教授应该懂，这需要在政治哲学的涉猎和学养方面具备更广泛的阅读面和更专门的学科知识。有鉴于此，恰恰是考虑到来自共和主义的视角，才能更富于历史感、更具启发意义地帮我们窥知这两个词义之间究竟具备和发生了怎样的关联，那我们就接着再打开这方面的著作一探究竟吧。我当时在清华也跟包华石说了共和主义，但是他还不知道。那么我就要自己来说一说：

原来英国语言中的那种"看似矛盾"，恰好来自英国历史中的事实，而那错综纽结、却又并非脱节的历史事实，其本身也同样是"看似矛盾"的，——那就是当社会已分化为"一人"（君主）、"少数"（贵族）和"多数"（平民）时，根据由来已久的、以往确定的政治习俗，那种只能属于少数贵族的、被包华石正确地理解为"特权"的东西，如果拿来跟平民的可怜权利相比，的确也具有"不平等"的意味；不过，一旦贵族们的这种并非"自上而下"的、而是在社会分化中历史形成的"特权"，再拿来跟高高在上的、却"并非绝对"的王权相对，却又意味着身份上的相对独立性或自主性，乃至政治权力上的分享与制衡，于是，它也就同时具有了"自主"或"自由"的意味。（刘东：《我们共通的理性》）

这个共和主义来自亚里士多德的《政治学》。一人是什么呢？君主。少数是什么？贵族。多数呢？平民。"一人""少数"和"多数"的结构像什么呢？很像一个六味地黄丸。每一味药大概都是有毒的，加在一块就可以互相制衡。为什么共和主义在罗马特别适合？因为罗马一直都是这样的制度，它有护民官。你们知道英国的上议院是哪来的吗？那是英国民主的开端，上议院里面是一批贵族。如果再继续就此追问，就可以从一个大学者鲍曼那里得悉当年作为政治"特权"的贵族身份，以及由此而确定下来的权力分享的政治结构，亦并非来自哪位"明君"的哪次好意的或随心所欲的恩赏，而是来自臣下们对于"自由""自主"与相对"独立"的既不屈不挠又代代相传的斗争，这就是《自由大宪章》的意思。

> 在中世纪，自由显然一直和权力斗争紧紧联系在一起，自由意味着免于服从在上者某些方面的权力，自由的身份证明了赢得自由的人的力量，也证明了不得不勉强认可他的自由的人的软弱。据说，这一斗争最富有代表性、最著名的《自由大宪章》是多种历史因素交叉作用的。[……]《自由大宪章》是强加在一个无力予以反对的君主头上，这一宪章允许贵族们从此以后享有一系列的"自由"，同时要求国王许诺绝不加以侵犯。在所有自由中，避免国王"任意"（即未经其同意）进行征税的要求显得尤为突出。（齐格蒙特·鲍曼：《自由》）

国王权力弱的时候，就会出现这种情况。我们这边在晚清的时候，出现过"东南互保"，就有点儿限制君权的意味了。这是非常了不起的事情。鲍曼又只用了一个简明的句子，便把那个引起不解的语义断裂，从英国历史的独特转折环节中，借着具体的社会实践连接了起来："因此，自由是少数有钱有势的臣民从国王手中赢来的一种特权。"于是，在这里真正显得"复杂"而"诡异"的，也就不再是表层的语言，而是深层的历史了，因为在那些充满了"变数"的历史过程或瞬间，"自由"并不是单纯被释放或溢出于某种"特权"，而是千真万确、不多不少地就等于那样的"特权"。这样一来，我们就不妨把鲍曼那个句子再简化一下，干净利落地读成"自由是……一种特权"。正因为这样，在所谓"一人、少数、多数"之间的制衡，既是亚里士多德政治学的关键，又是孟德斯鸠三权分立学说的来源。

对于曾在历史中作为"少数"的贵族，可以区分出不一样的"两种态度"。其中的一种，当然是以单纯理想化的、或太过天真的态度，对于任何形式的"特权"都不分青红皂白，一概进行情绪上的抵触和道德上的批判；这种态度当然也自有其正确性，因为它至少从最终或理想的意义上，毫不妥协地强调了"人人平等"的口号，并由此在纯粹抽象的最终高度上，维护了人类缺一不可的整体尊严。而其中的另一种，却是虽也理解到了上述的正确性，但与此同时，又看到历史上作为"少数"的贵族，在享有对于"多数"平民来说不够"公平"的"特权"的同时，却也分享或分割了国王手中的政治"权力"，而且这种"少数"对于"一人"的政治制衡，也就否决了所谓"朕即国家"的"绝对君权"，防止它灾难性地沦为"孤家寡人"式的"个人独裁"，——这样一来，这种特定历史中的特定形式的"集体领导"，也就有助于谋求政治决策的相对合理化，同时有助于寻找历史突破的下一个转机。（刘东：《我们共通的理性》）

这就是 liberty 的另一重意思。

这里要介绍另一个学者昆廷·斯金纳。我去过他执教的剑桥大学国王学院，"历史语境主义"就来自这个人的提法。他曾说：

罗马法的《学说汇纂》开头对自由的讨论是人们如今称之为共和主义自由理论的一个主要来源。我在《学说汇纂》中读到的一个基本理念是，与自由相对的术语是奴役（slavery），所以自由人和非自由人之间存在巨大的对立。变成非自由人就是成为奴隶（slave）。这里的对立在于自由和奴役，自由在这里是指一种地位（status），即能够独立行动的人所处的地位。他们不是奴隶，所以他们并不依赖他人或不受他人支配。（昆廷·斯金纳、张新刚：《剑桥学派与思想史研究——昆廷·斯金纳访谈》）

这里面讲到的就是第三种自由。第三种自由不是我们通常想象的那个自由，它是一个与身份相关的自由。不待言，如果跟宣扬"生而平等"的卢梭式理念相比，或者如果跟"多数"平民对于"自由"的同等企求相比，这种有限的状态也还是有失"公平"的,从而在这个意义上,这样的"自由"即使存在,也属于残缺不全的,且还是以别人的"不自由"为必然代价的。不过话又要说回来,即便如此也不能不平心承认,偏偏又只有这种有限的或尚有残缺的社会状态,才表现为真实存在过的历史状态;甚至,也只有这种真实存在过的历史,才能支撑起紧随其后的、向着那个"乌托邦"的继续追求。

即使仅把眼光限于西方文明的内部,也即暂不扩展到文明之间的更为丰饶的思想对话,也足以看到上述那类分野与制衡。也就是说,一方面正如前文中所讲的,那种只是简单"点算人头"的直接民主制,当然是来自希腊城邦留下来的"路径依赖";可另一方面,同样是在古希腊的思想世界,尤其是在亲历了现实政治的甘苦之后,相关的思绪又从警惕这种暴民制度的苏格拉底和柏拉图,一直传递到他们的弟子亚里士多德那里,从而又从太过简单粗暴的"贝壳放逐法",过渡到了对于各阶层相互制约的看重,或者说,是开始重视"一人、少数、多数"之间的分立与平衡。

我们接着讲一个大人物,他就是托克维尔。托克维尔以前是法国贵族,他一到美国,就写出了非常有名的《美国的民主》和《旧制度与大革命》。商务印书馆翻译的书名《美国的民主》有点问题,应该叫《民主在美国》(*Democracy in America*)。我现在准备说的是《旧制度与大革命》。托克维尔到美国一看,发现坏了,美国是一人多数的民主社会,大家不断进行周期性的参与。4 年了,在两个人中间选一个,选举的时候才觉得自己是国家的主人。问题在于美国没有坚实的中间阶层,这就是《旧制度与大革命》发现的最大问题。美国缺少数,因为它是个移民国家,没有把社会阶层整体给移过去,所以就变成了上面选一个总统,底下是一群人。我们看托克维尔怎么说:

> 永远值得惋惜的是,人们不是将贵族纳入法律的约束下,而是将贵族打翻在地彻底根除。这样一来,便从国民机体中割去了那必需的部分,给自由留下一道永不愈合的创口。[……]将贵族根除使它的敌人也萎靡不振。世上没有什么东西可以完全取代它;它本身再也不会复生;它可以重获头衔和财产,但再也无法恢复前辈的心灵。(托克维尔:《旧制度与大革命》)

为什么这本书至今一直是经典著作，就是因为托克维尔看出了美国的一个大问题。与之相比，共和政体就是混合政体。而孟德斯鸠虽然批判中国，却又讲中国是混合政体，由此他才会又说，在所有的专制政体中，中国的情况是较为温和的。

我的好朋友许明龙译的《孟德斯鸠论中国》里曾有这么一段话：

> 中国的政体是一个混合政体，因其君主的广泛权力而具有许多专制主义因素，因其监察制度和建立在父爱和敬老基础之上的美德而具有一些共和政体因素，因其固定不变的法律和规范有序的法庭，视坚韧不拔和冒险说真话的精神为荣耀，而具有一些君主政体因素。这三种因素都不占强势地位，源自气候条件的某些具体原因使中国得以长期存在。如果说，疆域之大使中国是一个专制政体国家，那么，它或许就是所有专制政体国家中之最佳者。（《孟德斯鸠论中国》）

孟德斯鸠为什么会这么说呢？他完全是用一种共和主义或者三权分立的框架去看中国政体的。就像我以往论证的那样，科举制是有它的价值前提的。它来自两个最简单的前提。大家知道，孔子死后，儒分为八，有孟氏之儒，有孙氏之儒。孙氏就是荀子。第一个前提就是孟子说的人皆可以为尧舜。西方人在当时是接受不了的，国王的孩子才能成王，他儿子才能成尧舜的，其他人不能皆可以为尧舜的。第二个是《荀子·儒效》里的社会分层，这就是中国的"理想国"。柏拉图在《理想国》里分了三个等级，荀子也分了好几个等级，圣人、君子、劲士、雅儒、小儒、俗儒、俗人、众人、鄙夫，这整个就像是一个"理想国"的结构。里面体现了荀子尊崇"大儒"的理想："志安公，行安修，知通统类：如是则可谓大儒矣。大儒者，天子三公也。"

根据孔子两大传人的想法，科举制就是一种可以落实的制度。坦率地说，一上来是没有哪个皇帝愿意听的。你要是问坐江山的皇帝，该选谁做当朝大臣，皇帝绝不会赞成大家通过考试获得官位，那一定是要经历长期斗争的。到了唐宋的时候，无论什么祖荫、继承都变成了三世而斩。我在北大的朋友阎步克，喜欢用"士大夫政治"这个词称呼唐宋以来的文官制度，他一辈子就研究它。

士大夫政治相对的优点在于官员受到了儒家教育,经过了科举考试才能上位。士大夫就成为儒家价值理念的载体,于是它就在一人、少数和多数的意义上成为共和主义中的那个"少数"。换句话说,中国也有一个"少数",这个"少数"不是靠分封制。分封制在中国古代是有的,西周的时候我们就是这样的制度。但是到了唐宋以后呢?皇上早早就得起床,每天早上面对司马光、欧阳修这样的人,每天进行廷辩,然后一人、少数的模型就形成了。这可比现在的会议激烈多了,有的时候会把皇帝都气急了。后来说宋人"议论未定,而兵马过河",就是因为做决策要谨慎得多,廷辩的时间也就长了。这就是为什么孟德斯鸠会说中国是一个混合政体。中国曾经的这种相对的进步,至少其中一个关键因素正是来自孔子思想的规范和导引。具体来说,从历史层面来看,如果没有"人皆可以为尧舜"的儒家理想,就不可能激发出对于科举制度的独创,从而使得那个时代的中国社会在"向上流动"方面成为"独步天下"的。公元 1000 年前后,在全世界范围内,中国社会恐怕要算是世界范围内最为公平的了;与此同时,如果没有"天听自我民听"的儒学价值,也不可能激发出对于监察制度的独创,从而在那种被孟德斯鸠称为"混合政体"的古代政治中创设出专门"吃着皇粮"来"挑剔皇上"的官职。更重要的是,这是在制度层面上。包华石没有说到我这一步,他说中国先进了,但是他只是说了一个事实,原因没有说。那么我就得具体落实包华石的主要论点,解释中国当年的政治文化为什么会独步天下、领先世界。那就是因为中国的这样一个士大夫政治,它通过考试制度使得知识分子成为儒家价值理念的载体。它一直延续 1000 多年,至少是完全存在于朝堂之上,而且制度上也做了很多设计。可究竟为什么后来又落后于西方了?恐怕这才是当年在清华听包华石讲课的同学在内心中最为打鼓、最难信服的问题。

无论如何,包华石作为一个美国教授,他能告诉我们这个事情也很好了。可是我作为一个中国高等学府的教授,我告诉大家我们曾经阔过,曾经阔过那又怎么样呢?这个说不定还成了被人利用的话题。作为生活在当代中国的一个人,我们不能够回避这个问题,无论多么尖锐,都不能回避,为什么又落后了?九九归一,这个鼻尖上的问题凸显为:既然受到儒学范导的古代中国,无论在价值理想上还是在制度设计上,都曾相对领先于当时的欧洲,由此才会取道于此后的中西接触,而逐渐影响到了整个欧亚大陆,那么这个曾经对"公平正义"如此敏感的民族,究竟又是因为什么缘故,才远远地落在了,或被狠狠地甩到了后边,以致陷入近代以来"落后就挨打"且还"步步跟不上"的恶性循环呢? 以至于连我这本书的副标题"向着公正的中西竞逐"都被删掉了。鉴于细节上的枚举是无论如何也无法穷尽的,我就不得不索性从历史学,再上升到历史哲学的层面,以便从更高的视角来进行俯瞰。具体而言,我打算进而进行讨论的,毋宁是一个更具理论色彩的有关历史突破中的"偶然与运气"的问题。在我看来,正是这个看似抽象虚缈的问题,才在比较视野的世界文明史中造成了"犬牙交错"和"交替领先"的局面,也才在相当长的一段历史时间中,使得中国不期然而然地错失了制度与思想上的"领跑地位"。这就涉及一个也许在人类的历史中迄今为止最神秘也最没有定论的问题,那就是现代西方社会究竟如何形成。

我当年在歌德学院学德语的时候,写了一篇文章叫《多元标准下的"进步"概念》。我在里面写道:

> 改变世界历史轨迹的最神秘起因不在于别的,而在于构成现代化运动之充要条件的全部初始因素。在这方面,我们究竟相信 Karl Marx(物质生产),还是相信 Max Weber(精神气质),抑或相信 Douglass C. North(制度变迁)? 恐怕谁也没有充足理由妄下结论。或许上述研究成果其实并不相互排斥。也就是说,促成近代工业文明的条件是在欧洲凑到一起了。Iring Fetscher 在《人类的生存条件:进步尚可挽救吗?》一书中就把近代"进步"概念的来源总结为下述五种:其一,基督教拯救思想的此岸化或世俗化;其二,通过改善对于自然因果链的认识而加强人对自然的统治;其三,个人尊严和个性自由从等级秩序中的解放;其四,经济"自然秩序"从政治统治之"非自然"障碍下的分离;其五,由自由和自主的公民的制宪行为所带来的民主制度的衍生。也许人们还可以为之再增添一些别的条件,比如"世界地理"的发现等。(刘东:《多元标准下的"进步"概念》)

上面已经是 5 个了,这还没完。这份名单至少应当再加上费尔南·布罗代尔(《15 至 18 世纪的物质文明、经济和资本主义》)、伊曼纽尔·沃勒斯坦(《现代世界体系》)以及部分意义上的卡尔·波兰尼(《大转型:我们时代的政治与经济起源》),也许还应算上那位戴维·兰德斯(《解除束缚的普罗米修斯》)……这回十几个了吧。

这里边的奥妙在哪儿呢?没有一个人的说法是被大家普遍接受的,或者成为普遍真理的。但是只要敢碰这个问题的,准是大师,而且准是第一流的大师,所有的理论都是从他们而来。问题在于,最后你会觉得谁说得准?好像每个人说的都有点道理,但每个人都没说完。一方面,正由于在"现代世界之兴起"的问题上,上述理论家们所提出的解释,表现为"公说公有理,婆说婆有理",所以,他们那些"针锋相对、相争不下"的言论,到了后世学者的阅读世界中,特别在教科书式的"浓缩读本"中,又总会表现为"多重耦合,缺一不可"。于是我们一下子就有了十几重偶然原因。可在另一方面,一旦人们围绕这个"神秘的"问题提出了各种各样的偶然肇因,而且,这类"不一而足"的偶然肇因,又不光表现为"缺一不可"的,还大都具有正面的价值或意义,于是,它们也就从各种小写的"偶然",至少在人们的潜在心理中,悄然叠加成一个大写的"必然"了。也就是说,竟能把这么多偶因都给凑齐了,而共同烘托出这么个现代的文明,仿佛就是有某种"必然律"在支撑着;而且,这种冥冥之中的带给人们神秘感的"必然",不仅以其"怎么看怎么合理"的价值昭示了现代文明自身的"合法性",也以其"神意"般的历史目的论,暗示了到底谁才是上帝的"选民"。

实际上,正由于"怎么看就怎么好"且"怎么找就怎么有"的现代西方,已是千真万确地落成在那里了,于是,这一群"密涅瓦的猫头鹰"们,不管分头找到了它的什么起因,最终都会在流传到后世时,在理解中被叠加成观察的中心、比较的坐标和价值的主轴。而受其影响的学术"二传手"们,便也只有从这个认识的端点出发,才能再去观察和解释非西方的文明。也就是说,不管前边提到的那些理论家,就现代西方的起源乃至时间与地点,寻找出了何种别出心裁的肇因,都马上会被心领神会和举一反三,进而再用这种"唯西方独有"的因素,反过来证明非西方文明的缺失与失败。然而,对照前边那些正面的案例,接着我又针锋相对地引证了彭慕兰、麦克法兰、王国斌和罗森塔尔的最新研究,来说明西方历史进程的偶然性。可以说,这些西方学者的晚近研究,才代表了国际学界的最新趋势。

在我的"海外中国研究丛书"里边,有一本彭慕兰写的《大分流:欧洲、中国及现代世界经济的发展》，里面写着："围绕着劳动密集发展起来的东西方的差异不是必然的而是极为偶然的；人口增长的分布状态（与其总体规模相对比）最终证明是一个重要变量，又与 16 世纪到 18 世纪欧洲的市场变形和 19 世纪向新大陆的移民发生了很大关系。"从学术史上来说，在彭慕兰前面有黄宗智，他研究中国的农业经济的时候利用了格尔茨的内卷理论。为什么中国有内卷，为什么工业革命时期的西方可以不内卷呢？这是因为新大陆的发现，而它的发现又是极为偶然的。彭慕兰是我的好朋友，他曾在美国加利福尼亚大学尔湾分校担任教职，现在调到了芝加哥大学历史系。他后来还因为《大分流》这本书当了美国历史学会会长。我还请过一个人来清华讲学，他叫艾伦·麦克法兰。他和格里·马丁一起在研究中讲了一个非常好玩的关于玻璃的故事。简单地说，如果说没有玻璃，西方将不会有文艺复兴，也完不成工业革命，也就难以发现新大陆。那为什么中国人不要这个玻璃呢？因为中国人喝茶，又有那么好的景德镇瓷器用来装茶，所以我们就不用发明玻璃。这个玻璃本身是那么偶然，却引起了一连串的蝴蝶效应。

事情就是这么巧合。麦克法兰和他的同事马丁，仅仅基于一段有关玻璃的故事——也展示了一种新的研究方法——希望对那些"老的问题"发挥出"新的洞察"。而这样的研究方法，用我本人的概括来表述，则是"可被视为对于一种精巧历史方法论的尝试，因为作者把玻璃的发明这样一个小小偶发机遇，逐渐推演成卷起了巨大历史风暴的'蝴蝶效应'，从而既不回避欧亚近代历史中现实存在的种种差距，又避免把这种差距归结为任何形式的历史目的论"。当然，这本书看上去有点儿开玩笑。王国斌和罗森塔尔在《大分流之外：中国和欧洲经济变迁的政治》中又说："欧洲在长期的战争威胁之下，意外地形成了一个非常有利于经济变革的环境，而较少面对战争的清朝所推行的经济政策，则更易于促成'斯密型成长'而不是工业革命。"王国斌是 ABC（American-Born Chinese），他会说中文，但是中文是高中以后才学的，所以中文是他的外语。他在本科、硕士的时候还没有专攻中国史，而是主要研究欧洲史，然后突然做比较历史，所以他们都可以跟踪最新的西方历史的研究，写出来的书也在西方处于领军地位。不论是麦克法兰和马丁，还是王国斌、罗森塔尔，他们几个人都突然不再说西方不断得胜、从胜利走向胜利的话语。

如果麦克法兰们的"玻璃故事"相形之下总还带有"玩笑的色彩",那么,王国斌们做出的历史追踪,却连"悲剧的色调"也谈不上了,正如他们在书中自觉回顾的:

> 在我们所讲述的故事中,既没有大英雄也没有大反派。那些政治冲突的意外后果,才是我们着力突出的主角。从戏剧性的角度而言,我们的叙述也缺少了那种因果相继、目标明确的发展节奏。在战争之中,欧洲既有可能陷入万劫不复的贫穷(如果战争的破坏性太强),也有可能先于中国走上资本集约化的发展道路。相反,中国的农村手工业可能会长期延续,但是却不会经历欧洲那样的"黑暗时代",也不会被"百年战争"那样残酷的战乱所蹂躏。(王国斌、罗森塔尔:《大分流之外:中国和欧洲经济变迁的政治》)

返回我们对于偶然性的反思。

说到这里,不得不提大哲学家理查德·罗蒂。在美国,有两个最有名的哲学家,一个叫罗尔斯,另一个叫罗蒂。咱们中国研究罗蒂比较多的是黄勇。我当初在斯坦福教了一个学期的书,巧的是,罗蒂正好在比较文学系。然后我俩差不多天天中午坐在一起吃三明治。后来我还打算把他引进北大来的,结果我正想操作这个事儿,他给我写了封信说:"刘教授,我来不了。"我正想写信问他为什么,噩耗传来了,他得病死了,太可惜了。

在此之前的西方历史中,无论是歌德还是别人,谁一旦把事情的缘由归于偶然,就会被指责为愚蠢。一旦西方思想史延伸到了现代,就有可能摆脱这种"想当然"的束缚了,那么,作为一种自觉的反抗或自赎,则不单是"偶然"一词的分量会变得越来越重,就连那钟摆也要自觉地偏向另一极了。这方面比较突出的例子应推罗蒂的极端看法,他从本国实用主义的传统出发,坚持一种对于世界的唯名论理解,由此便凸显了"偶然"的优先地位,并肯定了"偶然性"的普遍意义。罗蒂这位自封为"反讽主义者"的哲学家,就这样来凸显"偶然性"、唯名论与历史主义同"必然性"、超越性与目的论之间的消长关系,乃至于彻底的反比关系。他在《偶然、反讽与团结》一书里写道:"根据我的用法,'反讽主义者'

认真严肃地面对他或她自己最核心的信念与欲望的偶然性,他们秉持历史主义与唯名论的信仰,不再相信那些核心的信念与欲望的背后还有一个超越时间与机缘的基础。"大家要看罗蒂早期的那一本《哲学与自然之镜》,一旦他用奥卡姆剃刀把那个哲学的所有预设给砍掉,用什么来保证黑格尔说的那种必然性?一旦从世界观落实到了社会观,那么不管罗蒂具体援引了谁的思想,是尼采的历史观、戴维森的语言论,还是弗洛伊德的心理学,他都把这些论据给编织到了一起,并引向了社会过程本身的"偶然"性质,或者不妨说,是引向了过往神学立场的对立面。他的理由在于,既然无论是我们的信仰还是欲望,抑或我们用来描述这些价值的语言,都无非是具体历史语境中的"偶然"产物,那么也就并不存在任何唯实论意义上的、足以超越具体时空的前定基础了,或者说,是不存在任何作为最终支撑的、有资格被称为"必然"的东西了。

在斯坦福期间,我也曾当面跟罗蒂交流过,而且对于以往有关"必然"的独断论,我也是心存由来已久的不满,不过自己反忖起来,仍无法认同那种彻底的"偶然论者"。说白了,要真是那样的话反而省事了,再碰到眼下正要处理的难题,我也就不必再劳神进行索解了,只说这纯属"碰巧"或"独化"就可以打住了。与此同时,我还念念不忘的是,即使跟任何其他复杂现象相比,人类社会的现象都还是太过复杂了,它不像在自然科学领域可以通过实验重复一遍。如果人文社会领域有了那样一个可实验可重复性,我们就可以把中国历史在实验室里再演一遍了。因此,从根本的方法论来讲,一旦涉及历史发展的问题,我既不赞成罗蒂强调的偶然性,又不赞成纯粹的偶然性,因为我还要强调"人心所向",正是这一点具有必然性。

一旦谈到"人心所向",我在马上要出版的《德教释疑》中写下了这么一句话:"天地容或不仁,人心却要向善。"在我看来,既可说绝处逢生,又可说退无可退的是,就像孔子当年在看到了"天道远,人道迩"之后,又看出了"我欲仁,斯仁至矣"一样,我们也同样有理由这么来认定:如果在这个纷繁嘈杂的人世间,还有什么堪称"规律性"的东西,那也只能由"人心所向"的"大势所趋"来支撑了。——这种"人心所向",可以像斯蒂芬·平克所讲的那样,是内在地受驱于我们"人性中的善良天使",也可以是我在《天边有一块乌云》中,通过引证动物心理学研究成果所提出的,来自人类在"公平"观念上禀有的生物学基础:"从

'天生烝民,有物有则。民之秉彝,好是懿德',到'仁义礼智,非由外铄我也,我固有之也,弗思耳矣',这些中国古人的箴言都绝非虚词,相反倒是听从着暗中敲响在心间的作为族群遗传的潜能之声。"心理学、人类学、动物行为研究都证明了这一大趋势。

再从历史的负面来看,如果沿着中国固有的路径,而不是受到了蛮族入侵,那么就不会只让宋代独领风骚,而让此后的明代,说白了只不过是半个宋代、半个元代。我们有一个很著名的宋史学家叫漆侠,他就说中国历史有两个马鞍形,宋代是第二个马鞍形的封顶。我们还有一个宋史学家邓广铭先生,他是邓小南的爸爸,他说我们中国人到现在为止并没有享受到宋代人在物质和精神生活上的高度。忽必烈这么一打,我们就再也回不去了,历史就开始倒退了。在我主编的"台湾国学丛书"中,有一本唐君毅先生的《中国文化之精神价值》,里面说道:"宋元之精神为智,而欲由贞下起元者也。惜乎元清异族入主中夏,盗憎主人,而中国文化精神之发展,乃不免受一顿挫。"我们清华国学院的陈寅恪先生也在《邓广铭〈宋史职官志考证〉序》中说:"华夏民族之文化,历数千载之演进,造极于赵宋之世。后渐衰微,终必复振。"可是到现在为止还没复振,这件事以后再说吧。我在清华国学院的另一个前任王国维,他也说:

> 宋代学术方面最多进步亦最著。其在哲学始则有刘敞、欧阳修等脱汉唐旧注之桎梏,以新意说经,后乃有周(敦颐)、程(颢)、程(颐)、张(载)、邵(雍)、朱(熹)诸大家蔚为有宋一代之哲学;其在科学则有沈括、李诚等于历数物理工艺均有发明;在史学则有司马光、洪迈、袁枢等各有庞大之著述;绘画则董源以降始变唐人画工之画而为士大夫之画;在诗歌则兼尚技艺之美,与唐人尚自然之美者蹊径迥殊;考证之学亦至宋而大盛。故天水一朝人智之活动与文化之多方面,前之汉唐,后之元明,皆所不逮也。(王国维:《宋代之金石学》)

宋代是被视为最厉害的朝代,就是这个道理。我们现在都身在宋都。我们中西书院本来打算起名叫"新宋书院"的,也是这个用意。那么你们想想,如果人类历史在公元1000年左右遭遇一个小行星,"啪"一下砸在地球上,人类就完了。如果人类进程中止于公元 1000 年左右,那么中国宋代就属于世界历史的顶端,这种偶然性原本也是不能排除的。我们后面再看的话,会发现宋朝就像一个琥珀,一下子被冷却在那里面,就成了人类最高的模板。不过,我却又接着指出,即使是"造极于赵宋"了,就连当时最好的科举制度,在造成了相对合理化与公平化的同时,其本身又有欲速不达的问题,反而造成了皇权的不可动摇。大家过去都没说这个问题,包括内藤湖南在内都只是顾着在说它怎么好。可是实际上有一个巨大的问题。那种设立在皇权下的"监察制",甚至连相对的"独立地位"都还谈不上;同样,即使中国的科举制的确是"独步于天下",还被邓嗣禹赞誉为所谓"第五大发明",可它终究还是无法摆脱官场的积习乃至恶浊,而且这样的污染说到根子上,还是派生于它主要作为"进身之阶"的从而要求士子最终要向天子负责的性质。

既然如此,我们就进入了真正的要害问题,即为什么中国当年的"相对领先",反而使它到了后半程却"沦为落后",或者说,为什么中国当年赢得的"相对公平",反而在后世形成了一把"双刃剑",阻碍它朝向更"公平"目标继续进发?如果西方是在"偶然"的"好运"中,突然由"落后状态"转成了"后发优势",那么,中国也同样是在"偶然"的"背运"中,逐渐由"领跑状态"转成了"先发劣势"。

这是很简单的一个道理。武则天喜欢科举,是因为在"一人、少数和多数"的结构中,皇帝受到很大的压力,任何一个选帝侯这样的人物都可能随时被取而代之。我们看莎士比亚的戏剧,里边这种情节不是多得很吗? 于是,皇上要把所有的少数都干掉,于是就要依靠另一个少数,也就是天下的读书人。"王侯将相宁有种乎?"既然不能靠生下来的地位,那就得靠考出来。这不是已经很公平了吗? 问题在于,科举制又并非只是源于儒者的"一厢情愿"。事实上,在当年"大一统"的君主政体下,他们的这种思想上的"积极性",又必须由另一种现实的"积极性"来配合,那就是君王本人的切身利益与政治安全。也就是说,当年的君王之所以这么"从善如流",接受了作为书生的儒者的建言,不光是因为遵从了"帝王师"的教诲,而且是因为它偏巧暗合了自己的利益,即使后一层考虑并不能"冠冕堂皇"地被摆上人人得而见之的明面上。事实上,只有当这两种"积极性"凑到一起,而并非仅仅表现为书生的"与虎谋皮",或者更具体地说,只有当这种可以摆上台面的、完全符合"圣人之言"的建议,能让那位作为"一人"

的君王,简直是"正中下怀"地暗中意识到,这正好也能帮他在同贵族的"分立"中尽量收回以往被"封建"了出去的权力,从而摆脱来自那些"少数"的威胁,他才会采纳这种至少也是"于己有利"的建议。

两个积极性弄在一起反倒不成了。也正因为有了这种复杂动机的"耦合",我们接下来又不得不心情复杂地来正视另一种同样复杂而矛盾的中国史实,那就是恰在"开科取士"最多的有宋一代,当然也是自先秦以后"言路最宽"的那个朝代,其在一方面的效应,当然是庶民的"向上流动"更为充分,而富家巨室的"承袭祖荫"也相对更不足道,从而无可置辩地显出了社会的"公平"一面,但其另一方面的效应,正像我们在从亚里士多德到托克维尔那里已经可以在学理层面把握到的那样,伴随着《世说新语》里那种魏晋的"少数"贵族失去其特权的,不光有作为"多数"的寒门的脱颖而出,还更有作为"一人"的皇帝的权力巩固。正是缘于这样的"两面性",偏偏在华夏文明得以"造极赵宋"、获得繁荣的同时,那种在"汉承秦制"后一直作为"九五之尊"的君权,也竟然对抗着不断"走向公正"的潮流,而在后一个千年纪的中国历史中,反而得到了难再撼动的强化与固化。我们都说宋以后再无政变,就是这个意思。没办法,连个八王之乱都没有,大家从心里边就固化了。宫崎市定在他的《科举》这本书里就提供了很多相关方面的史料。

由此便构成了"一人之下,万人之上"的、先天压在人们头顶上的天花板。正因为以往的贵族制已被夷平了,而亿万斯民也都缘此获得平等了,其向上流动的"进身之阶"也都拉平了,所以,这些人在以手加额、弹冠相庆的同时,反而受其最高理想与出息所限,也都自然止于"万人之上,一人之下"了。毕竟,再想去"更上一层"的"不臣之心",那既会是极度危险,又会是招人唾弃的,基本上只能招来既可怕又羞辱的"灭族之灾";再说已经明码悬赏、相对透明的"进身之阶",也大体上满足了"致君尧舜"从而"光宗耀祖"的个人抱负,由此也就在晚近1000多年的历史中,牢牢吸引住了中国精英的注意力,几乎从下意识处就压抑了"造反"的情结。像王阳明或者曾国藩这样的人物,即使可以取而代之,也不敢有半分僭越之心,这样的话就产生了耦合。这1000多年来,中国的精英完全被控制住了。

正因为那种独创性的、足以傲世的科举制,反而使中国在空前享有"向上流动"的同时，竟又缺失了对于"一人"的与来自贵族地位的分立与制衡，从而反倒让那"一家一姓"成为独一无二、无可替代的了。这样一来，由此带来的历史吊诡就势必是，的确在一方面，这种制度可以保证相对的"平等"与"公正"，惜乎在另一方面，它难免带来的后遗症却无情地表现在，居然就难以再去争取更上一层的"平等"与"公正"了。

你们看过《徒手攀岩》这部电影吗？

到了影片最为紧张的高潮阶段，我们会发现最大的陷阱正在于：只要一位攀岩者还想爬上那个顶端，就万不可朝那个方向去直接攀缘，而需要曲曲折折、绕来绕去地，耐住性子朝它的侧翼去包抄迂回；一旦有谁受到了自己视觉的误导，一上来就瞄准了看似"最可能成功"的方向，那么，他就一准会在眼看"就要成功"的地方，突然发现自己被卡死在彻底的困顿与绝望中了……这也很像我们少年时玩过的"九宫格"游戏。

就中国古代历史来说，我把它的演变比作"徒手攀岩"。这个比喻一方面意味着，如果人类的历史确实就中断于宋代了，就像攀上一个悬崖峭壁那样，那么确实就是中国处于世界领先了。但很可惜，正如任何比喻都是跛脚的，人类历史是没有止境的，并不像攀一个山顶那么简单。影片中的"徒手攀岩"虽说也不容易，甚至惊吓得观众们简直透不过气来，可那终究并非"第一次"。实际上，那位攀岩者在拍摄之前，已经准备了一年半的时间，并且已经在设备的辅助下实地登临过那个现场 60 余次。他已把所有将要经过的道路，都前前后后地探寻了个遍，也已把所有要遭遇的难点，都清清楚楚地标注了出来。以这部惊险的影片做对比，还是不能真正够味地传达出，想要在制度的"处女地"上进行创新会遭遇到多少意想不到的困难。更不消说，这种"徒手攀岩"的目标，终究还只是一次性的，只要他有一次"侥幸"攀上去，也就大功告成、一劳永逸了。可相比起来，人类在制度安排上的进取，受驱于他们永无餍足的动机，却是向着尚不确定的未知世界，在进行着永无止境的"试错"式的摸索。这就既不允许我们"穿越性"地来到历史终端，把沿途上所可能遭遇到的风险，都一五一十地给盘算清楚；也不允许我们只要侥幸成功一回就找到了理由班师回朝，心满意足地告慰平生了。

徒手攀岩爬到峰顶就算完了，可人类的历史没有峰顶啊。宋代那个时候中国已经攀得最高了,攀到现在这个时候又会觉得美国更高。要是再攀下去,又发现美国说不定也会因为什么事儿在哪个地方,比如因为它的选举人团制度、福音派或者少数族裔被困住动不了了。这都可能使得它很快就落后于你,也有可能我们赶超目标只是一次性,我们不管用什么办法,都是只侥幸一回。可无论如何,我们毕竟还是找回了那个中国故事,它曾经被埋没在长期被西学掩盖的话语中,在国人的心目中给弄丢了。这个故事就是中国曾经一直是全世界最强调公平正义的国家,而且这种公平正义曾经刺激西方,帮助它们实现了政治现代化。这个东西后来我们居然丢了,丢的故事得从严复开始讲起,于是我们中国人误以为我们中国人最不强调公平正义。

如果再来对比一下发端于古代希腊的、主要是基于欧洲经验的共和主义理论,我们就还能从古代中国的政治操作中看出相对的"分权"、"监察"与"制衡"来,而且,真正在这里起着关键作用的,还在于古代中国的独特的精英构成,或者说,还在于介乎"一人"与"多数"之间的那个"少数"。历史的复杂性在于:一方面,无论如何,只有入世才能匡世救民。儒家从它的价值理想出发,的确是脚踏实地地在一个君主专制的特定政治结构中尽可能多地争取到了爱民、清廉、尚贤、使能、纳谏、勤政等,比较切合它那人本理想的开明政风,以至于和别的文明在其进化过程中所产生的同类整体比较起来,中国古代社会的考试制度、监察制度等,都显示了独到的成绩,也都更接近现代的价值观念。但另一方面,无论如何,只要入世便必然沦落随俗。由于儒家必须以承认君主专制的合法性为代价来赎取统治者对自家价值观的首肯和让步,所以他们几千年来就只能充当君主的讽喻劝诫者,而不能成为其叛逆批判者。在这 2000 年间,至少在黄宗羲之前,我们没有领悟到最上面的那一个人也应该废掉。黄宗羲在《明夷待访录》里就是这么主张的。当然了,它只能是一个未竟的故事,而且一旦说到这样的话题,那么无论在中国还是在西方,也无论对古人还是对子孙,它都只能表现为一个未竟的故事。

我们现在这时候最怕的就是把西方当作一个标准化的模板来看,那不一定啊。现行通则加速崩解和相互证伪,就算今后仍有普适的基准可言,也要有待于更加透辟的思力。真正体现出人文关怀的社会学说,绝不会是医头医脚式的小修小补,而必须以激进亢奋的姿态,去怀疑、颠覆和重估全部的价值预设。有意思的是，也许再没有哪个时代，会有这么多书生想要焕发制度智慧，这既凸显了文明的深层危机，又表达了超越的不竭潜力。我主持编了18套丛书，"海外中国研究丛书""人文与社会译丛"，还有即将面世的商务印书馆的"社会思想丛书"，把大部分的好书都引进回来了。你们以为美国就是理想的吗？通过这些书，我们会发现，美国所有的书生都在那儿写各种各样批判他们的制度的书。正是因为这样，我们才可以说在制度创化上未有穷期，难道谁敢说自己在这个时候就已经在理想国待着了吗？

我再说一个话题，如果不是异族入侵，那么在宋代的基础上，接着往下走，该怎么走？

在中国固有的"路径依赖"中，这种作为"人心所向"的历史潮流，仍会既一波三折又不屈不挠地，冲决出用来减压的特定"决口"，并进而形成它自己特有的、用来宣泄郁结势能的"河床"。比如说，人们也许会采取民间采风的形式，去倾听民谣以体察百姓的企求；人们也许会采取普遍举荐的形式，去不拘一格地推选出社会贤达；人们也许会发明出科举的制度，以激发社会得以"任人唯贤"地向上流动；人们也许会发明出监察的制度，来谋求政治决策上的尽量合理化；人们也许会更努力地兴办书院与学堂，来启迪民智以便提高民意质量；甚至，人们最终也可能会像黄宗羲那样，干脆以对于皇权本身的彻底否决，来触碰与颠覆这个"不公平"的最大根源。（刘东：《我们共通的理性》）

大家记住，黄宗羲是儒家的骄傲。那个时候中国没怎么接触西方，黄宗羲自己从儒家里边就已经写出《明夷待访录》，就已经看出皇权的不对。所以，儒家从来不完全是皇权的合作者。但我们毕竟由此看到了，一方面，中国曾经既相对最讲公正，又在这方面进行过制度创新，并且切实以此启发过西方；另一方面，中国今后也绝不会放弃公正，所以只要是从长时段来看，在中西之间只有向着公正的竞逐。

如果不找回这个丢失了的故事，那么就连我们祖先都失去了当年的方向，我们自己更找不到历史的准星。我们可能会忘了，为了公正，中国古代士大夫上朝,有时候是抬着棺材去皇帝处辩论。于是,我们这些置身其中的历史主体,也就会失去彼此认同的目标,而失去了价值校准的历史,就会沦为一个深不见底的黑洞,沦为一群无头苍蝇的盲动。

从更加深层的角度看,在这种"中西趋同"的根基处,无论基于哲学的还是心理学的学理,都毕竟还是因为在历史背后,一直铺垫着"我们共通的理性",而这正是我这本书的正标题。中西为什么可以向公正千帆竞夺?是因为我们都是从晚期智人而来,都是从东非走出来的,我们都有共同的心理,我们都有理性,都要追逐那个公正。政治哲学的常识告诉我们,人们只要秉有基本的理性,就会意识到自己的存在,从而发展出自己的主体意识,也会意识到别人的存在,从而逐渐建立起主观间性。

梅西耶和斯珀伯在《理性之谜》里指出,只要能设计出相应的决策程序,也就有可能至少是部分地"悬置"那些导致"偏见"的"私心":

> 兰德公司的两个研究员,诺曼·达尔基和奥拉夫·赫尔默认为,若让每个专家了解其他专家给出的回答(比如说通常性回答),他们可以做出更好的预测。专家基于这一信息做出新的预测;试验人员平均这些预测,然后再一次提供给所有的参与者,让参与者再一次做出预测;以此类推,进行几个轮回。这一反复平均的技巧,被称为德尔菲法……与面对面的讨论相比,德尔菲法有好几个优势。在面对面的讨论中,提供最好的预测可能不如达成共识或取悦上司那么重要……(雨果·梅西耶、丹·斯珀伯:《理性之谜》)

这种看来是源自希腊的"德尔菲法",也正属于合理利用"理性"的"理性程序"。人类只要基于每一个人自己的一个想法,比如说是男人好还是女人好,肯定一半人赞成这个,一半人赞成那个。通过"德尔菲法",我们就有了一种可以合理利用的理性程序,我给"理性"下了11个定义:

> 此间的题中应有之意也就在于,我们这些具有"理性"本性的个人,正是在彼此间的社会交往中,乃至在相互间的思想交流中,经由"理性"的前

述那些特征，即论述上的"连贯性"、思维上的"清晰性"、推理上的"逻辑性"、意识上的"清醒性"和思想上的"恒常性"，而得以共同阅读到"理性"本身的力量，从而也导致了对于自身认识的共同扩充，乃至对于自身立场与预设的同步修正。也正因为如此，我们由"理性"的上述那些思想特征，也就自然会推展到了它的另一些特征或功能，即在说服力上的"雄辩性"，精神方面的"对话性"，和相互之间的"可理解性"，以及由此又可派生出来的，在规则方面的"可操作性"，在行动方面的"可预期性"，和在效应方面的"可重复性"。这样一来，我们才能再喘口气、定定神了，发现自己这个物种终究还是"有救"的，而且我们借以"救度"自己的手段，还在于自身禀有的这种"理性"特点。（刘东：《我们共通的理性》）

关于这个，我们可以看哈贝马斯。他认为我们最终在交往行为过程中间会产生一个合理化。毕竟，"万国之上，犹有人类在"，毕竟，我们就是同一种晚期智人，所以决不能一叶障目地弄得就好像天下只有西方人、东方人，而在地球上就找不到人类本身了。

顺便要提到一个人，詹姆斯·穆勒，也即约翰·斯图尔特·穆勒的爹老穆勒。严复是从约翰·斯图尔特·穆勒那里抄来的说法，他提的是印度，受他影响，后来印度人，无论是圣雄甘地还是查特吉，都开始去抄老穆勒的话。具体我就不说了，大家可以看我的"人文与社会译丛"里边的《民族主义思想与殖民地世界》，它的作者查特吉号称是印度第一号的学者。因为涉及印度，北大季羡林的女弟子段晴帮我张罗找的翻译。大家可以从查特吉那里看到：

西方化 vs 印度化

理性 vs 非理性

现代 vs 传统

精英 vs 大众

自由 vs 等级

凝聚 vs 松散

功利 vs 沉思

入世 vs 玄远

对查特吉来说,资产阶级理性主义是不能接受的,他明显受了马克思主义的影响。所以,理性在他那里一概成了资产阶级理性。这和我说的作为一个基本程序的理性正好相反。这样的话,它是倒过来利用了西方的评价。按照查特吉的逻辑,西方不是说我们那些不好吗?那好,我们就反过来说,那就是我要的,我们就是非理性的。我们中国有查特吉吗?只怕更多。由此可知,所有那些一味逢迎,编造亚洲价值、中国价值的,都属于对中国人基本理性精神的否认,都是既在知识上有悖学理,又在实践上有悖人心的。他们这些人弄错了一件事,学术界毕竟不是什么服务业,不是为了让别人获得快感的,不是为了让别人听了感觉爽的。

我在这里引用约翰·霍布森在《西方文明的东方起源》里的一段话:

> 在 1700 至 1850 年之间,欧洲人按照想象……迫使世界分裂为两个对立的阵营:西方和东方(或是"西方世界和其他")。在这一新的观念中,西方被想象成优越于东方,这种虚构的贬低东方的观念,被作为理性的西方观念的对立面确立下来。确切地说,西方被想象成天然具有独一无二的美德:理性、勤勉、高效、节俭、具有牺牲精神、自由、民主、诚实、成熟、先进、富有独创性、积极向上、独立自主、进步和充满活力。然后,东方就成为与西方相对的"他者":非理性、武断、懒惰、低效、放纵、糜乱、专制、腐败、不成熟、落后、缺乏独创性、消极、具有依赖性和停滞不变。也就是说,西方被赋予的一系列先进的特性,在东方则不存在。(约翰·霍布森:《西方文明的东方起源》)

你们看,西方人就造了这个逻辑,所有好的都给了他们,所有倒霉的都给了我们。一旦再沿着那种专事"比异"的"二分法",针对着现代西方所主动排列出的有关"自由""权利""个人"的价值优先性,索性"针尖对麦芒"地也相对排列出了有关"责任""义务""集体"的价值优先性,那么,不管这类听起来"自成一说"的论述在政治操作的层面上有何盘算,却总是在学理的层面上有欠考虑,也肯定会对未来的发展多有贻误。我们不能认为，中国人天生就不要权利，天生是喜欢义务。

更加令人痛惜的是，纵然严复曾经有所闪失，曾经把穆勒指鹿为马的判断贸然带回到自己的故土，还伪装成了自己的思考，从而把这种文化的"输出—回馈"，无端变成了"飞去来器"，锋利地割伤了自己的祖国，但至少当年的严复还知道，在这种机械的二分法中，究竟哪一边是属于文明的、非理性的。可现在的这种腔调倒好，干脆就"拿着不是当理说"，反而说那些不公正的侧面，恰恰正是我们最想要的，正是所谓亚洲价值、中国价值。难道我们就是不要权利，我们就是喜欢贡献吗？难道我们不要个人，都只爱集体吗？

我刚才对王院长说："你们给我的公开课设计的那个宣传海报不太好，怎么弄个兵马俑代表中国呀，那我们就更没有个性了嘛，是吧？"如果我们要的恰恰是所谓的亚洲价值、中国价值，这样的话就是绝对有悖学理、有悖先祖、有辱先祖啊。无论如何，同学们，大家在这个问题上得知道，从我们祖先一直到现在，我们都是对公平正义有要求的。即使只从砥砺意气的文化策略来看，也是从doing things with words（以言语行事）的语言策略来看，也决不应向一个正在争取"自由"的民族讲，你们最基本、最要害和最不可更改的"民族性"，就是从来都不会关切、珍惜和捍卫"自由"，甚至根本就不知"自由"为何物。无论如何，你要是只对一群温顺的绵羊说：你们这个群体千百年来都任人宰割，自始至终都不知道进行反抗，祖祖辈辈也都不会去争取"自由"，祖祖辈辈也都没有"公正"的意识，那么，这种被你视为先天就缺乏"主体性"的动物，还会有奋起赢得"自由"的任何希望吗？

正因为这样，我们就必须旗帜鲜明地反对这种既唐突历史又污蔑古人的说法，它好像是说，在这颗星球上，既存在着一种西方的、争取公义的"正人"，也存在着一种东方的、嗜痂成癖的"负人"。而从这个角度来看，这就不光是为了拯救中国了，也同样是为了拯救整体的人类。只有这样，才能真正"使公平如大水滚滚，使公义如江河滔滔"，从而即使不能完全达到"天下大同"，也至少可以做到"和而不同"。

我今天就讲到这儿，谢谢大家。

答疑互动

听众一：刘老师您好。今天听您的讲座,让我想到了 2010 年您邀请德里克教授来清华讲学。讲稿集结成了《后革命时代的中国》一书。他在里面提到了中西二分法的框架的漏洞,尤其表明了对在中国兴起的国学热的担忧。在这种文化间的比较过程中,欧洲中心论很容易倒转为中国中心论。不知道您怎么看待这个问题?

刘教授：德里克讲课的时候我就在场,当时就是我评议了他,我还在德里克的那本书后边写了一个评议。德里克是我的好朋友,是汉学家中美国后殖民理论方面的领袖,他也是《中国学术》的编委。可惜前一阵子过世了。在美国的汉学家中间,理论水平比较高的人是德里克和杜赞奇。德里克的担心不无道理,但是所指应该不是针对我。与所谓的东方主义相对的就是现在逐渐热起来的西方中心主义,它确实容易在比较中把自己给走偏了。我有个好朋友叫作柯文,我也请柯文到北大开过讲座,他也请我到哈佛的费正清中心讲课。他写过一本书叫《在中国发现历史》,这本书的副标题叫作"中国中心观在美国的兴起"。我就对他的这种做法有过批评。我告诉他,如果说西方中心论或者欧洲中心论不对,那中国中心观就对吗? 那也不对。再说了,柯文是一个美国的教授,真的做得到中国中心观吗? 其实他一论述起来,说的还是西方中心论。现在到处跟风的就是这种西方中心论,书出了一拨又一拨。这是很有问题的,我们都应该警惕。每种文化先天的主体性给自己的视野带来的限制,是不可避免的,正如他们一上来就会有点儿西方中心论,我们中国人往往也会有点儿中国中心论。可是在我们之间应该有一个中间地带,就是说在汉学和国学之上,还有中国学这个可以交流、可以讨论的部分。这就是我主编《中国学术》的用意。按照我的要求,所有中国人的论文由西方人审,比如张伯伟的论文就由宇文所安来审,因为宇文所安的论文也由张伯伟来审。在尚未发表的知识生产过程中,通过这种方式就可以获得来自文化他者的批评。这就是我们创造这么一个文化阵地的用意。换句话说,不是中国中心观,也不是西方中心观,而是我们都尊重对方发言的分量,都去意识到对方的视野限制,然后建立一个大家能够接受的 overlap 的地方。我想我和德里克对这些学理都不会产生任何疑问。

听众二：刘老师好。我读到过一则史料，大致意思是说，在某个地方，因为税收的事情引发了社会事件，当地人为了维持公平，自己成立了独立的机构监控银两的使用，大大限制了当地政府的权力。但是因为这个东西还不够完善，没有落实为规章制度，后来也没有坚持下去，就不了了之。我从中看出，咱们中国自己也可以自发地成立一种具有自治优势的治理组织，但是经常没办法落实为具体的协商体制。您怎么看待这个现象？

刘教授：我没有彻底明白你的意思。但是我先说一下自己的看法，你看我说的话到底对不对。确实有很多的汉学家，都在研究中国各个地方的文化，比如说《中国精英与政治变迁：20 世纪初的浙江》《北京的人力车夫：1920 年代的市民与政治》等都是这一类的书。在中国，每当王朝走向末年，它自己的控制不太灵光的时候，就会出现民间自发性的力量。像我刚才讲到的"东南互保"的那个时候，各地的商会都发挥了很大的作用。这些史实是存在的，而且哈贝马斯的公共领域的理论在相关的研究过程中帮了很大的忙。公共领域或公民社会这套理论被罗威廉应用到汉学研究中，写了《汉口：一个中国城市的冲突和社区（1796—1895）》这本书。我坚决批评这种做法，把哈贝马斯的理论和中国连一块，简直是混同。但是大量的人都用这个模型在研究，什么人力车夫、汉口、南通茶馆都是这样，还有一个马上要翻译出来的，Joseph W. Esherick 和 Mary Backus Rankin 两人的《中国的地方精英与统治类型》(*Chinese Local Elites and Patterns of Dominance*)，也是在说这种事。

在这个问题上，这些汉学家说的一半对一半不对。不能说中国完全没有这种精英，不然古代每天在朝廷上讨论、党争、与皇上争辩的都是什么人呢？怎么能说没有这号人呢？中国当然有，问题在于每一个文明自己内部的精英构成是不同的。在中国，精英就是士大夫，他们构成了关键的少数。如果你们了解俄罗斯的情况，就会发现在俄罗斯的历史上，沙皇之下就没有什么了。可是我们看到，从 12 月党人、赫尔岑一直到跟苏联对抗的那些人，他们才是俄罗斯的关键少数。中国也有各种各样的复杂情况，只不过那个关键的少数是承载着儒家的价值观念的。我们不能像那些汉学家一样人云亦云。对西方的汉学家来说，要是他们研究一个整体的话,未免难以把握,所以往往就掐头去尾地找一小段、一小块去研究。他们研究地方自治组织的可多了,但是与我要讲到的那个大问题没有什么关系。对我来说,我关心的是,在整个中国的大的历史结构中,真正构成了能够类比共和主义的那个关键少数是什么,为什么那个少数导致了包华石所讲的中国历史在公元 1000 年的时候在追求公平正义方面是世界领先的。

听众三:您认为在当代的通识教育中应该怎么学世界史? 怎么才能从世界认识中国?

刘教授:这两个问题放在一起很有意思啊。当代通识教育怎么学世界史,这个好像是我们眼睛朝外的,结果他突然把眼睛朝内了,怎么才能从世界认识中国。

第一个问题是怎么学世界史。当然就是要好好学外文,好好读书了。我刚才说的那一大堆西方的大师们,把他们一个一个读通了,然后又不完全相信他们,去怀疑,再去使劲读。这非常重要。世界史是一个圆,中国人之所以后来读得不怎么好,就在于我们太早地给学生们分科了。所以要像我今天这样讲,前提是你得懂这个事,要靠人文社科的整个知识去思考,除了文史哲,什么人类学、社会学、政治学、心理学、语言学都要读,只有这样,才能学明白世界史。你不仅要语言懂得多,知识懂得多,还要有批判思维。世界是圆的,我们的学科就是圆的,不要被瓜分豆剖。

第二个问题,从世界认识中国。我的"海外中国研究丛书"已经做了 35 年,那就是一种从世界认识中国的表现啊。你们知道美国有多少个汉学家吗? 6000 个。他们每人写一本书就够你们读了。实际上,最早的时候,我们创造"海外中国研究丛书"的时候,很多人都在耻笑我们,理由是外国人哪懂什么中国啊。实际上,后来读者们都掏他们的钞票当选票,来买我们的书,我们一直都在挣钱。还影响了好几代学者,很少有人不受这套丛书影响。怎么从世界认识中国,一方面要大量阅读汉学著作,意识到关于中国有两个不断增长的知识,一种知识是中国的国学,另一种是西方的汉学。汉学作为我们的对手,一点儿不弱于我们。但另一方面,我们从世界认识中国,还有一个麻烦:现在的年轻人,受我那套丛书的影响太大了,每一次答辩的时候,一翻后边参考书目,有一大半都是我主编的书，甚至连论文的标题都写得很像那些书的名字。这样的话，中国的国学意识又太差了。所以，怎么从世界认识中国，一方面要看出去，另一方面自己别忘了自己的老本行。我们清华国学院五大导师都是这么做的，虽然一个个都出去过，但是一个个的国学底子还特别好。

你们在内心都要有巴赫金说的那样一个对话意识。如果是这样的话，你们的心就特别的宽大，于是你的世界就特别的宽大，于是你们就会觉得汉学家也不是句句在理，而是要借着汉学家向你们提出的那些问题，像我那样跟他们辩论。包华石也看过我写的这本书，说佩服极了。这就是说，我们从他们那里又认识了一遍中国，他们也从我们这里再认识了一遍美国。我们的学术就应该是这样。

听众四：我们应该如何看待政统和道统的关系？

刘教授：大家都知道，我是从清华来到这里的。很多国家领导人都是清华毕业的，但是他们毕业了以后，到底是谁教谁，就不好说了。这种师徒传承的关系可能还不如当年二程和皇帝那样的关系明确。所以道统是一定要有的。我今天讲到的这个道统，在亚里士多德的意义上是由那一个关键少数去承担的，这也就是孟子说的"无恒产而有恒心"的群体，是他们支撑了价值理念。他们有时候也会迂腐，内部也会斗争，可是他们在支撑着道统。我们首先要从制度上保证自己国家有这样一个队伍，而且这个队伍的来源得是多样的，例如可以来自民间的书院。知识分子不能轻易地都被收编了。你们看黄宗羲，他就不参加科举，他的弟子万斯大、万斯同，也不去参加科举。让他们去修《明史》，那才使得《明史》修得特别好。所以即使在黄宗羲那个时候，中国民间的书院仍然和科举构成了比较良性的循环，可是我们现在连这都没有了。"皮之不存，毛将焉附？"我们现在读书都是为稻粱谋，写篇论文也是为了评职称、拿学位，如果都这样的话，那就坏了。所以要构成一个这样的群体，要为道统的精神去奋斗。如果不应该这样，历史就是一个黑洞，我们所有的历史主体就是一些无头苍蝇；只有这样，历史才有了光亮，公义才能滔滔如江河，才能够百川归海。

听众五：刘老师您好。诚如您刚刚讲的，对公正的追求是斗争所得的，而且在斗争过程中存在着偶然性的因素，那么我们在未来互联网遍布的社会中，偶然性的因素越来越多，对公正的追求会不会因为这种偶然性导致某种异化，或走偏？老师您怎么看待这种异化的问题？

刘教授：由于偶然性而导致的公正可能会走偏路，公正会因为别人有自己的私利而损失，从古至今都是这样。过去大臣上书，都是赌自己的身家性命和家里几十口人甚至是九族；现在因为这种事情，顶多封你几天或者封号，不算多大损失。可是不论怎么样，公正从来都是我们斗争的结果。他会用互联网，你也会用，对不对？一方面，人家不断地删帖，另一方面，要是没有互联网，外界发生了什么事，我什么都不知道。所以，怎么就能说存在一种"异化"呢？我不知道你是在什么意义上使用这个词的。"异化"是一个非常诡秘的词，来自黑格尔。按照他的说法，好像我们原先有一个公正，后来我们又不公正了，再到后面又有了。这叫辩证法。实际上没有这回事儿，公正从来都在那里，哪怕天地不仁，我们还可以人心向善。互联网是中性的，他们可以用，我也可以用。我们要有理有利地利用所有现成的技术手段，去实现潜伏在我们心中的对于公正的呼求，这件事将会是永远未有穷期的。

顺便说几句，我有位好朋友叫姚大力，是复旦的知名教授。他最近在上海，因为疫情很郁闷，前几天给我发消息，问我在忙什么。我说我最近差不多连读了300本书。因为接下来我准备再编一套新的丛书，叫"社会思想丛书"。大概现在已经买了四五十种书的版权。他问我："你哪来这么多书？"我说："你居然不知道，现在英文学术界的学术生产力仍然相当旺盛，而且因为疫情，这些教授都没事干，憋在家里写书呢。"写的都是什么事呢？绝大多数都还是和我们今天讲的公正有关。有从女性主义的角度写的，有从反宗教的角度批评福音派的，等等。姚大力说："原来是这样啊。"当然就是这样，公正是我们永远要为之付出斗争的一个事情，而不是像卢梭说的那样，它本来是有一个好的，后来异化了。没有这么一回事儿。这学期我给浙大学生上悲剧课，在课上对同学讲，我们是后来才有了婚礼这件事儿。在之前，包括现在的很多民族都没有婚礼，一上来都是野蛮的 marriage by capture，抢婚。在丛林里边，怎么可能一上来就有个公正。你们以为丛林里是亚当和夏娃吗？丛林里边从来就是抢婚、强奸，这样公正吗？公正是我们慢慢地建立起来的，一步步地变得公正一点的。

人工智能与神经科学时代的意识研究

倪梁康　教授

2022 年 5 月 4 日

吴校长,各位老师,各位同学,今天是一个比较特殊的日子,不只是因为五四青年节这个青年人的节日,今天也是文殊菩萨的诞辰日。文殊菩萨是智慧菩萨。今天我讲的内容,不是讲人的智慧,而是讲人工智能的智慧,是吴校长团队正在做的这种智慧,是意识的一种形式。今天讲的是"心",可以说是从东西方的整个文化背景来讲,不是讲"心脏"的"心",而是讲"mind"。看到今天这个海报,我不能说是批评,而是要确定一个事实,就是说我讲的东西不是这个,这个是"脑",虽然通过脑来谈心现在是大趋势。

先要有一个开场白。开场的这个人物是使我与这里的同仁尤其是计算机学院的同仁能够谈到一起的人物:哥德尔。我做的是胡塞尔。哥德尔算是胡塞尔很边缘的学生,他有几句话,我称之为"意识研究的箴言"。

第一句:"不要搜集材料。如果你知道了关于自己的一切,你就知道了一切,为大量材料所累毫无用处。"这是一种反经验论的、反实证论的、反感觉论的说法。在这一点上,哥德尔是跟着胡塞尔走的。胡塞尔讲的本质直观,要去看本质,而不要去收集资料,要从经验着手,但不能停留在经验层面。

第二句:"一旦你理解了自己,你就理解了人性,其他的也就顺理成章。"在胡塞尔那里,我们现在通常称之为"先验的还原",但实际上应该是"超越论的还原",就是你要反思自己,反思自己,你就知道了一切。奥古斯丁说"真理在你心中,不在外面,不要往外走,回到你自己",也是这个意思,真理就在你心中。

第三句:"在哲学研究中把你的视野限制在个体上,比一开始就观察社会要好。"这又是一个至关重要的观点。哥德尔在晚年,19 世纪 50 年代末、60 年代的时候讲了很多话,后来被华裔教授王浩记下来了。我发现真正了解胡塞尔的,可能就是哥德尔。胡塞尔在晚年的时候说:"没有人与我同行。"但是实际上,不是在他身边,而是在思想上,与他同行的有好几个人,后面我还会提到,而哥德尔是其中的一个。

最后一句:"胡塞尔彻底的系统化开端好于康德的散漫结构。"这个暂且不论。

关于哥德尔,现在有一些争论,有的人说图灵是人工智能之父,有的人说是哥德尔,好像争论还比较激烈。但是哥德尔的确参与了人工智能的最初创立。

开场白之后,我今天主要谈三个与意识有关的定义,然后得出三门关于意识的学科及其不同的方法、不同的研究领域,这是我的正题。第二,我要谈谈神经科学的意识,即我所称的"准(quasi)意识"研究及其问题。第三,我要谈信息科学的意识,学界称之为"类(like)意识",与"类脑"一样,我自己则称之为"人工意识",和人工智能不一样的人工意识。第四,我谈一下三门学科在内容方法上的根本差异,实际上第四点已经贯穿在前面的论述中间了。第五,我要谈意识科学,这是我的本行。我在这里谈的意识科学的意识,我称之为"纯意识",这里的"纯"是指 pure,"纯粹意识"。关于意识科学的"意识"研究及其问题,这里有几个例子:第一个是《意识结构研究》,是胡塞尔本人的;第二个是《意识现象学教程》,是我自己的;第三我要介绍一下古尔维奇、舒茨、哥德尔。

首先,意识的定义和歧义。目前研究课题的三个意识界定。第一个"意识"是自然生物层面的,也就是"神经的相关机制"。现在我们在讨论、研究的,我们学校里面医学院和计算机学院在研究的,无不与这个"意识"有关系,意识神经的相关机制,人脑的特有功能,如此等等。第二个"意识"是个体意识,叫作"主观的内心世界",这是我本人一直在研究的课题。第三个"意识"是"信息",我称之为"第三世界"。"第三世界"是借用了卡尔·波普的一个概念。卡尔·波普说,除了精神、物质之外,还有个"第三世界",把它称为"信息世界",这个他在很早就提出来了,但是我们现在可以拿来用一下。实际上,我们在思想史上经常可以看到这个说法,就是有三个世界,第三个世界,或者是观念的世界,或者是意义的世界,或者是信息的世界,称呼不同而已。

这里边有相互关系的问题,或叫作"奠基关系"。"奠基关系"就是说它们之间的关系像盖楼一样,有个一层楼、二层楼、三层楼,有三层楼必定有二层和一层,有二层楼必定有一层,但是有一层不一定有二层,不一定有三层。现象学在研究意识的时候特别注重"奠基关系",这是一个精神科学的概念,也是一个超越论逻辑的概念,不能将它等同于自然科学、形式逻辑、数学中的论证关系。这是一个可以展开讨论的问题。

萨瑟兰(Sutherland)是一个心理学史家和心理学家。他在 1989 年为《麦克米兰心理学词典》撰写的"意识"条目十分简短扼要:"意识"就是"有知觉、思想、情感、觉知"的意思。他说:"除非使用一个更难理解的、没有把握住意识的含义的术语给意识下定义,否则意识是不可定义的。""意识是不可定义的",这一点我倒同意,"意识"不太好定义,就像"存在"不好定义一样,就像"物质"不太好定义一样,"自然"也不好定义,"时间"也不好定义。特别难定义的是"善",什么是善?佛教有佛教的定义,但是都讲不清楚。最基本的哲学概念是不可定义的。他接着说:"意识是一种令人着迷但又难以捉摸的现象,不可能具体说明它是什么,能做什么,或者为什么会进化出意识。"这都可以,但最后一句是很伤人的,他说:"还没有任何值得一读的有关意识的作品。"他是说从笛卡尔以后,那我觉得要么他是无知,要么就是他对"意识"的理解与我们通常的理解不一样。

这一个词条现在被很多人引用来定义"意识"或者用来说明意识研究的窘境。你看《生命3.0》,还有发现了镜像神经元的里佐拉蒂(Rizzolatti),还有我后面会提到的上海复旦大学生命学院的顾凡及老师,他们都在引用。如果你将他们引用的条目追根溯源,就会回溯到科学哲学家查默斯(Chalmers)的《有意识的心灵》这本书上,他首先引用,然后大家都跟着引。这个是意识研究的比较大的问题。根据一本心理学词典的"意识"条目来了解和评判意识研究的课题,这个做法可以让我们再次联想起斯诺(Snow)的两种文化的隔阂与冲突说。他在1959年说的两种文化,是人文文化与科学文化,我们在这里完全可以将此引申理解为自然科学的文化和精神科学的文化。

查默斯对这个"意识"下了很多定义:"觉知、内省、可报告性、自我意识、注意、自主控制、知道",有这么多,这些都不能算是定义,只能算是对它的一种描述。但是我认为这本书最重要的地方,就是把"意识"这个概念称为是个"难问题"。我们现在在神经学、脑科学甚至人工智能里边谈的意识,都是容易的、可以解决的问题。"难问题"是真正的意识本身,就是我前面说的"纯意识"的问题。"类意识"和"准意识"的问题都不难解决,而且迟早会解决。这是查默斯所做的第一个限定。

他的第二个限定是"意识是不可还原的",就是说你不能把它进一步还原为神经系统的某种机制,还原为脑的某种功能。意识系统是一个自为的、自在的系统。当然大家也会说,这个意识系统是受限于神经系统、受限于我们的生理系统等。本体论上面有个奠基,如果没有本体的话,意识这个本体也就不可能产生,但是这是另外一个问题。我们现在讲的不可还原性,在胡塞尔那里就叫作它有它自己的、本己的本质(Eigenwesen),自己的本质必须要用一种本己的方法、特有的方法来研究,不能用信息科学的方法来研究,不能用神经科学的方法来研究,必须要用意识科学自身的方法来研究意识自己的本质。

我认为这是查默斯书中就意识问题所提出的最为重要的两点。但是他做了这两个界定之后谈的所有的问题都与"容易问题"有关系,他这本书实际上不是谈意识,而是谈"准意识"和"类意识"。

胡塞尔对"意识"有三个定义,在《逻辑研究》里就有,也是一种描述。真正的一个大的、根本的概念是没办法定义的,因为定义都是种加属差,不太容易来界定最基本的概念。我们后面再讨论这个现象学的"意识"概念。

这里先谈第一个定义,神经的相关机制。就是萨瑟兰所说的。他有一本书,德文版出版于 1982 年,题目叫作《人的意识》(Das menschliche Buwusstsein),这是很有意思的。他在 1989 年的时候说:"还没有值得一读的有关意识的作品。"看起来他把自己的这本书也包括在里边了,他自己可能认为这本书实际上是不值得一读的。的确,他讲了两个重要内容,第一个是"大脑与意识",第二个是"大脑是如何起作用的"。事实上,他谈的还是大脑,当然他会把意识看作是大脑的一种功能。这是心理学研究或者说意识研究方面的一个境况。在这个时期(20 世纪 80 年代),讨论"意识"问题的心理学和神经科学好像确实还没有在这方面提供具有科学价值的结论。(那时的或更早的现象学家如舍勒和梅洛-庞蒂曾依据过神经科学方面的"意识"研究成果,但这些成果现在大都是已被证伪的或可被证伪的。)

实际上,最初将心理的和神经的问题,或者我们讲心理的和生理—物理的问题结合在一起做研究的,是在 100 多年前的德国的心理学家、物理学家费希纳(Gustav Theodor Fechner,1801—1887)。那个时候既是心理学家又是物理学家的人蛮多的,我们现在仍然还有既是心理学家又是物理学家的学者,刚才所说的《生命 3.0》就是个物理学家写的,我们学校唐孝威院士也是物理学家,他也有关于意识问题的著作出版。费希纳首创了一门心理—物理学来处理这个意识和大脑或者和神经的关系的问题,他也提出自己的心理—物理律,从字面上看,这个规律既适用于心理,也适用于物理,有这样的规律吗?

那么这里要谈到第二个人,就是布伦塔诺(Franz Clemens Brentano,1838—1917),他是胡塞尔的老师,终身的老师。布伦塔诺和费希纳之间有一个通信集,现在有德文的版本,但是好像一直没有受到关注,不仅英文没有翻译,而且中文也没有翻译,但是我觉得是值得翻译的。他俩就在讨论心理—物理学的问题,因为这是一个心理学史上开创性的东西。布伦塔诺就认为,费希纳做的心理—物理学是不错的,但是划界的问题仍然没有解决。为什么?因为仍然存在如何区分心理和心理—物理的问题,以及如何区分物理和心理—物理的问题。费希纳的研究只是把一个区域加宽了,但是没有把这两个区域无缝地对接在一起。费希纳当然是一个划时代的人物,我认为最接近现象学的心理学家艾宾浩斯的记忆心理学的工作,也受他很大影响。

第三个就是艾宾浩斯(Hermann Ebbinghaus,1850—1909),他也是既做心理学又做物理学,待会我们还会讲到他创建的杂志。费希纳与布伦塔诺讨论之后开始区分内部的和外部的,或者说内在的心理—物理学和外在的心理—物理学,实际上还是要把心理—物理学再做进一步划分,它解决不了鸿沟的问题。我经常在校长面前抱怨说,我们的研究与人工智能研究和神经科学研究格格不入。格格不入就在这里:它有两套系统,两个规律,两个对象,两种内容,或者说我们有两种方法。

特别是神经科学和脑科学中间常常使用的"意念"概念。我大致地讲一下我们学校做的一个研究"72 岁的高位截瘫患者用意念喝可乐、打麻将",还有其他报道,例如"意念控制特斯拉",或者说"意念交流将成为现实,用意念打字,意念加 AI 算法,复原每一个手指"等等,都是用的"意念"这个词。但到现在为止,"意念"这个词没有一个统一的概念,因为意念是意识哲学要研究的东西,神经科学和人工智能还做不起来。这个还真的是要合作起来做,自然科学中间没有对它做明确的定义,will、idea、desire、mind、thought 等都叫"意念",这个翻译我觉得是有问题的。"意念"在中文里边有动机、起意、起念、意动、诚意的意思,儒家说"正心、诚意、修身、齐家、治国、平天下","诚意"中的这个"意",是要把意念变得真诚。王龙溪有"一念自反,即得本心",佛家所说的"万念俱灭",还有基督教所说的"要"(Fiat),如"上帝说'要有光'(Fiat Lux)",这个"要"与"意念"是一样的吗?"要可乐"和"要有光"都是一个"要"。

我总结一下:神经科学研究的首先是意识发生的条件,即佛教里边所说的"根缘"。其次是意识能够作出的成就,也就是"身业"。(马克斯·韦伯和舒茨所说的"行动的意义"也是这个意思。)换言之,神经科学研究的是意识的"输入端"和"输出端",但不是意识本身。

而意识哲学研究的问题在于意识本身的结构与发生。结构是什么?横向的、静态的结构,还有纵向的、发生的结构。主体构造客体,这是横向的;主体构造自己,不断地积累、积淀,这是纵向的。胡塞尔称之为"横意向性""纵意向性"。横意向性是主体和客体;纵意向性是主体在构造客体的过程中,在与世界交往的过程中,在与他人交往的过程中不断地积淀,然后构造出自己。这个"自己"有一半是天生的、本性的,可能不止一半,也可能有 70%,但是无法量化;可能还有 30%是习得的,是习性的。佛教里边说有两种性,就是本性和习性。那么精神科学的动机律和理解方法,也就是要对本己意识行为和功能的反思把握,同情的理解,对发生逻辑的追踪等等。

这里举一个最简单、最近的例子,就是帕托尼(Patoine)写的《意识的谜底是否可以在大脑的褶皱中得到揭晓》,这篇文章写得很不错。我觉得她是神经科学家中离我们意识科学家或者意识哲学家最近的一位。她应当是个意大利人,也是一个神经科学家。翻译文章的人就是我刚才讲到的复旦大学生命科学院的教授顾凡及。我在这里简单讲一下。有一个邓普顿世界慈善基金会,捐助了一个耗资 2000 万美元的国际研究计划,叫作"加速意识研究"。在第一个阶段,要讨论把意识定位在大脑的某一个部位或者某一个褶皱里边,或者整个大脑。我之前问过胡海岚教授有没有与"自我"相应的神经元,她认为是有一组。"加速意识研究"共给研究立论完全相反的两个团体 1000 万美元,每个团体 500 万美元,然后先让他们把自己的成果拿出来,再比较对照,再对话,这叫作对抗性合作的方式,"解决脑如何、何时、何处处理有关我们自己和周围世界的主观觉知的一些基本问题"。我们也看到"觉知"这个词,刚才查默斯也用它来定义过这个意识。

这个计划也是科赫(Koch)支持和推动的。科赫是诺贝尔奖获得者,他担任了邓普顿项目的顾问。他在1990年合作发表了一篇开创性的论文,提出"严格研究意识的神经相关机制的路线图"。他已经提出一个路线图,因为之前人家是不碰这个东西的,所以有人就半开玩笑地说:"克里克可以这样做,因为他是个半神……退休的人也可以这样做,但明智的一线科学家却不从事意识研究,这是事业杀手。"这个很有意思。我也是快退休的人,不过我已经研究了三四十年了。很多研究者,包括我们的唐孝威院士,还有刚才讲的顾凡及,都是退休的。

无论是1990年前的关于意识的论文,还是目前科赫支持的"加速意识研究"的计划,都不是真正意义上的意识研究,对我来说只能是"准意识"意义上的意识研究。

帕托尼这样写道:

> 或许可以称作"知觉"研究或者"神经相关机制"研究,三十多年间发生的变化在于,如托诺尼所说:"关于意识的科学理论现在已经无处不在,而且层出不穷。托诺尼指责大量关于这个问题的书籍说:我们已经从你不能谈论它,变成了每个人都可以谈论它。然后他又狡黠地补充道:这不一定会让事情就变得容易一些。"

我完全赞成顾凡及教授在该文的"译者点评"中所写的一段话:

> 最为重要的是,这两个理论,即帕托尼文章中提到的被资助的两种意识研究理论,都在实质上回避了意识的主观性问题。在全局神经工作空间理论的研究中唯一牵涉到主观性的是把受试者的主诉用作数据,也就是根据主诉"意识到"或"没意识到"时分别测量到的脑内活动进行对照研究,而

得出当"进入意识"时脑活动的变化,以后的理论研究都是基于这些客观印记来进行的,不再牵涉到主观性。而在整合信息理论的五大"公理"或基本"假设"中根本就没有主观性这一条。在笔者看来主观性正是意识最核心的性质,由于研究主观性的困难性而暂时回避是可以的,但是如果始终回避这一核心性质不谈,那么意识问题就不可能彻底解决。

这也是我对目前神经科学的"意识"研究工作的总体看法和评价。

我们现在接下来谈第二个可能性。第二个意识定义:人工意识,或者说"意识是信息",或者也可以说"意识是可辨读的神经回路和生物电信号"。这个定义现在为越来越多的人所讨论和接受。在我看来,这个意义上的"意识"定义就是"人工意识"的定义。即是说,如果我们要做人工意识的话,它可能会成为第三元。

我们不可能把人的意识还原到人工意识上。不管怎么说,人类的人工智能的发展,尤其是人工意识或类意识的制作或产生,为第三元的产生提供了可能。这里需要进一步思考的问题是第一个人工智能的人工意识或人工心灵,我称之为 AI、AC、AM,三者稍微有点区别。人工心灵也可以不讨论,直接就谈人工意识。人工意识是不是需要有一个类脑、类神经系统做支撑,然后才可能建立一个类意识的系统?而后人工意识与人类意识的异同是什么?这都是问题。建立了一个人工意识,就像我们现在用数码录制了一个音乐一样,可以播放起来,好像是流动的,好像是活的。但实际上它不是活的,不是在剧场里边乐队演奏的音乐,有的时候会弱一点,有的时候会更强一点,有的时候会慢一点,有的时候会快一点,每一场演出都不一样,每一场演出都会有个几秒甚至几分钟的差异,就是在速度上面,在强度方面也是如此。所以录制下来的数码音乐、电影等视频,原则上都不是活的。但是意识是活的,是个体的、个别的。人工意识,怎么把它变活?如果我建立了一个人工意识,怎么将它变活,这是一个很大的问题。

当然有的人就知难而退。这里有李忠伟给我的一个材料,是 2019 年出版的书,叫作 *Human Compatible*,作者斯图尔特·罗素(Stuart Russell)也是个人工智能研究者。他写道:

在意识领域我们真的什么都不知道，所以我什么都不会说，人工智能中没有人在使用意识，即使机器有意识，也没有人知道从哪里开始，也没有行为将意识当作先决条件，所有那些好莱坞关于机器神秘地变得有意识和憎恨人类的情节，真的错过了这个要点。重要的是能力（competence）而不是意识。

他干脆就想把意识这一块放弃掉，这是一种趋向。用智能来取代意识，用人工通用智能（AGI）来取代意识，这当然也是可以考虑的，只要大家还没有想法说有意识的机器是未来发展的必需。但是斯图尔特·罗素对好莱坞电影的评价，我是不同意的，我们待会就会看到好莱坞电影走得比人工智能界和神经科学界要更快更前。

当然，马斯克（Musk）就已经在反对罗素了，马斯克在2022年3月27日说："人们可能会把他的'个人意识'复制到特斯拉正在开发的人形机器上，这种机器人明年可能会进行适度规模量产。"这也是蛮厉害的一个设想或愿景，要承认他真的已经做了许多他预告的事情。接下来他还说："然后有朝一日人类还可能把自己大脑中的内容下载到擎天柱里，我们可以下载那些我们认为使自己如此独特的东西。"当然，"如果你不在身体里了，肯定会有区别，但就保留我们的记忆、我们的个性而言，我认为是可以做到这一点"。马斯克在这里虽然没有提到意识，但是他讲的都是意识，是那些"使自己如此独特的东西"，"我们的记忆、我们的个性"都与意识有关。记忆与意识是有内在关系的，它是意识的一种权能，是意识的一种能力。

再往前看，2月10日，苏茨克维（Sutskerver）发推文表示："现在的大型神经网络可能已经有微弱的自主意识了。"这也是一个在网上热闹了一阵子的话题，大家有不少讨论。然后三天之后，杨立昆（Yann LeCun）亲自下场，异常坚决且简单明了地说："不对……甚至'微弱意识'里表示微量的形容词和'大型神经网络'里的表示大型的形容词，都是错的。我认为这需要有一种当下所有神经网络都不具备的大型架构来支撑。"他说的是对还是错？他说你讲的"微弱"不对，你讲的"大型神经网络"不对，但是他自己说的"大型架构"又是什么东西呢？我不能说他说得不对，我只是说他的说法仍然很空。什么样的一个大型架构能够做到让里边有意识,也就是说有某种自主性?

我现在要讲好莱坞的电影了。我们先讲《超越》(Transcendence),即《超验骇客》(这个译名有误),2014 年拍摄的。影片说的是,一个科学家在临死之前,在知道自己大概还有一个月就要死的时候,他把他自己大脑里边的信息全部传到了网上。你们如果看电影就会发现,这里有一步是最后跳过的:传上去了以后,他死去,然后就开始启动计算机,或者说,启动我们刚才所说的可能的"大型架构",例如一台或几台大型计算机,或者其他等等。

我要问的是,他的意识,现在是在计算机中储存的信息,究竟是怎样激活的?你们回忆一下:跟他最好的两个朋友,在电脑旁边等了很长时间,一点动静都没有,然后在他们快要放弃离开的时候,突然有一个微弱的声音出来了:我是谁? 我在哪? 然后慢慢开始越来越鲜活。激活的步骤神神秘秘,究竟怎么样完成的,文学家肯定不会告诉你们,这要由科学家来解释。

还有一部电影,我们现在把它翻译成《失控玩家》(Free Guy)。在电影里,"玩家"在一个游戏里只是一个背景角色,没有一个玩家来操控他。他是银行的出纳员,他的陪玩的习惯性动作就是,有人来抢劫银行了,然后人家拿了枪对着他,他把手举起来,然后把钱给别人。每天都是这样一套,或者每次都是这样一套编好的程序。但是有一天他突然有了自主意识,这就是我们讲的意识的另外一个定义。在查默斯那边已经提到了自主性,自主性就是说它可以"自由"了,它可以按照自己的"Free will"、自己的意识来行动。这个就是我们刚才讲的讨论:大型的神经网络已经开始有自主意识。这也是在电影上映后才有人开始讨论的问题。所以刚才我们讲,帕托尼曾经说,现在看枯燥的人工智能的纪录片,还不如去看一下好莱坞电影,好莱坞电影里边确实有很多是走得比较超前的。

第三部电影或电视连续剧是《西部世界》(2016 年)。我关于"人工意识"的说法应当比《西部世界》更早。网络上的这个说法是在这个电视剧的简介中提出的。我的这个想法是在 2014 年电影《超越》上映之后便在成都西南民族大学的一个讲演中提出过,就是把一个编写好的意识系统全部植入到一个机器里边去,这个电脑可以是一个算法,一个芯片,或者某种"大型架构",是可以无须以神经系统为基础的,而是以一个类神经系统为基础的信息系统。

也就是说,我根本不需要和神经科学或者脑科学来结合,只需与人工智能系统相结合，就可以做到。我理解的这个意识系统，里边不仅包含智能。智能在意识里边就是智识系统或者我们所说的知识系统、思想系统，表象和判断系统，或者认知系统。我们人类的整个意识至少可以分为笼统的三块，从柏拉图到亚里士多德以来一直有知、情、意三块，即知识、情感、意志或意欲。要将它们都纳入人工意识系统。《西部世界》里边就有这么一个场景，女主角在哭哭啼啼地叙述她的悲惨的时候，自然人给她下个指令，或者说，程序员给她下个指令说：关闭情感系统，她就立即停止哭泣，而后坐在那就非常理智地叙述她的故事，不掺杂情感。这个当然是《西部世界》的编剧们设想的。但的确，一个真正的人工意识应当不仅具有刚才我们讲的智能，还要有情感，而且还要有意欲，有好的意欲，也有坏的意欲。要不要把坏的欲望也放进去？这个以后再讨论。是不是要把整个人类的意识都复制进去？还是只复制我们讲的进化了的、已经非常文明的部分？这个是接下来可以讨论的，要有一个大团队来讨论。

不管怎么说，我讲人工意识，或者说有意识的机器，这个问题现在越来越迫切需要得到回答，要不要、如何要？胡塞尔与海德格尔的学生，责任伦理学家汉斯·约纳斯（Hans Jonas）在几十年前就已经预测，大约在 2050—2300 年之间（这有点像霍金，他也会预测），世界会因为一个有自识和反思能力的电脑而变为后生物的世界。他好像没有说这是好还是坏，而只是预测。但是，我相信哲学家的预测是靠不住的，哲学家预测过很多，未来学家的预测可能也靠不住，真正能预测的还是科学家。卡尔·波普尔有一句名言，即历史是无法决定的。他是反对历史决定论的，他说，没有一个科学家能预测科学和技术未来会向哪个方向发展，以及发展到什么程度。由于没有人能够预测，因而也就没有办法说历史是已经确定的。

总结一下：从 AI 到 AC 的发展必定是一个质的飞跃，因此必定会有新的要素加入。在我看来最主要的就是把 AC 系统激活，并使之生活在当下那样的一个要素，或许它已经包含在算法的要素中了，对此我没有把握。这是人工意识的设计者和制作者要回答的问题。

我现在讲第三个定义，叫"个体的内心世界或主观体验"。实际上今天这个报告是我这个春季学期开的一门课的一个概括，这门课叫"意识结构研究"，主要谈的是第三个定义，其他的都是背景知识。我们讲"人工智能与神经科学时代的意识哲学研究",就是把人工智能和神经科学作为背景来处理了。

有一个期刊叫作《心理学与感官生理学杂志》,这个期刊非常厉害,艾宾浩斯担任主编。以前的杂志主编都是很厉害的人物,比如说胡塞尔主编了《哲学与现象学研究年刊》,乌悌茨主编了《性格学年刊》,等等。在这个期刊上,很多著名的人发表过文章,包括胡塞尔,艾宾浩斯自己也发表过批评狄尔泰的文章。你们一看杂志的名字就和现在不一样,当然现在也可能继续存在这样的杂志名称,如《心理学与感官生理学》,但实际上我们现在要讨论的跟感官没有关系,就是心理学。艾宾浩斯在做记忆心理学的时候,完全不是一个现代意义上的客观心理学家,他是一个主观心理学家。当然这是 100 年前的事了,在我们这个时代讲主观心理学,大家会嗤之以鼻:主观心理学,主观的怎么能做? 心理学必须要客观,必须要把心理作为一个客体来研究。但是,"心理"本身就是个主观性的东西,你怎么能用客观的方式来研究? 这是一直到今天还在讨论的一个问题,当然是在哲学界讨论,或者是在主观心理学界讨论。

我把这本杂志拿出来,上面还贴了一个条子。这个很有意思,下次要请吴校长来参观一下我们的文献馆,我们文献馆里边收了很多很珍贵的书。插个花絮,上面这个条子表明我买的这本书是艾宾浩斯本人的手藏本,他是这本杂志的主编。这是出版社的编辑寄给艾宾浩斯本人的,虽然上面没有他的签字,但是这本书是他自己的藏本。这样的事情现在经常碰到,我觉得这个世界还是蛮小的,我收了一批。王俊有个建议,我们出一本书,把我收藏的胡塞尔的,还有所有现象学家和心理学家的通信、手稿、签名等等都出版给大家看一下。

那么现在我要下一个定义:意识是个体的所有心理活动,无论它们是否被自己意识到。也就是说,它包括无意识,包括没有被自身意识到的心理活动和心理功能。现象学学会第一任会长叫库恩,不是托马斯·库恩,而是赫尔穆特·库恩(Helmut Kuhn)。他说,在谈论意识的时候无法不考虑无意识,或者也无法不考虑前意识和潜意识,当然还有下意识等等,但正如其语言形式所暗示的那样,这些概念被归入了"意识"概念的一类。我 5 年前还认为意识不能包含无意识,就是说现象学不能研究无意识,但是后来我越来越清楚地看到,无意识是可以用现象学的方式研究的。

最好的例子就是刚才艾宾浩斯的例子,他是用主观的方法来研究心理,他研究记忆曲线,完全是自己做受试者,弄十几组完全没有规律的、没有任何含义的字母,就在打字机上面打一组,比如说每 10 个一组,然后他把每一组记在自己脑子里,看用什么方式可以把这些记得最牢、记得最快,每隔 5 分钟读一遍,再过 15 分钟再读一遍,再过 2 个小时再读一遍,再过 1 天、1 周、1 个月,读这么十几次或者二十几次以后就记下来了。但是如果你一天读一遍,你可能读 300 天读一年还是记不住它,因为你记了又忘。他有一个记忆曲线或者叫作遗忘曲线,是用反思的方法在个人自己身上来做实验的,这是一个现象学实验的先例。

可以说主观心理学并不一定就不是实验性的,主观心理学也可以实验,客观心理学也可以实验。今天我们讲主观心理学,已经很生疏了,包括我们这里也有做逻辑的,我要问你们听说过"主观逻辑"吗? 可能没有人听过,但是在 100 多年前,"主观逻辑"是一个概念。现在又是一个纪念哲学家的日子,贺麟 120 周年诞辰。我看到有个说法,贺麟说他一生就提出两个核心的概念,对"心"有两个定义,他提出一个"新心学"。他说用两个定义来支撑,第一个叫作"心理",第二个叫作"逻辑"。他的新心学就是一方面是谈心理的,一方面是谈逻辑的。现在大家会讲,这怎么能够搭在一起呢? 但实际上你只要想一想,最早以"逻辑学"命名的图书或者说著作就是黑格尔的《逻辑学》。黑格尔的《逻辑学》就是主观逻辑学,我们也称之为"精神逻辑学",就是意识的逻辑、心的逻辑。我们现在讲"心理"实际上是心的道理、心的秩序,就是说这个心是有规律的,心是有逻辑的,现象学或者心理学要把握的就是这个规律,而不是心理物理的规律。心理物理规律当然很有用,我相信现在做的所有这方面的工作都是非常有用的,但是它不能替代真正的纯粹的心理研究和意识研究,这是广义上的意识。

狭义上的意识,就是被觉察到的、被知觉到的,或者说被自身意识到的个体心理活动。比如你睡觉的时候做梦。大家都知道睡觉的时候你脑电图上还很活跃,但是你自己不做梦。列宁说他从来不做梦,也可能就是说他有梦,但是不被意识到。如果没有被意识到,那么这个就不是意识。如果做梦还是被意识到,那就是"梦意识",就是叫"梦中意识",这个是佛教领域也在讨论的一个概念。无梦的睡眠中的心理活动、昏迷状态中的心理活动都不算是意识。

意识在佛教里和在现象学里都有三分:见分、相分、自证分。就是同一个东西可以分为三块。第一块,意识的活动,这个叫"见分";意识的活动总是有意识对象,所以叫作"相分";意识活动在和意识对象交互的活动中,它自己意识到它自己,这叫"自证分"。当然佛教里玄奘这个系列说有四分,但是现象学认为只有三分,即意识活动、意识对象、自身意识。它是同一个东西的三个组成部分,或者三个面向,而不是三样东西。

你有了自身意识,你就意识到自己的意识。比如说像我现在在讲课,你们在听,你们同时也知道自己"在听"。如果不知道,你们就睡着了。你们如果知道,那么以后返过来,过个 1 天、2 天、1 个小时、2 个小时,你还可以反思、回忆它,这个时候就有了"自身认识",你知道我刚才做什么,你对你自己有一个了解。反思,在这个意义上是区别人和动物的一个非常关键的因素。动物不会反思,动物可能会回忆。我们当然可以讨论什么是回忆、什么是反思,这是另外一篇文章的题目。动物可能有记忆,但是没有反思。我们说"人是理性的动物",在胡塞尔看来或者在现象学看来,就是"人是会反思的动物",会反思、会反省,这是人之为人的第一要义。所有其他的自然科学对人的认识,都必须建立在这个方法论的基础上。这个方法论通过观察、省思、内省达到纠正改善的目的。所以机器是个智能的机器,是个主体,机器主体;人是理性的动物,就是在这个意义上而言的。

我们再看一下,这是另外一个菩萨,不是文殊菩萨,是挂在我办公室的一幅字《解深密经》里边的。有人问释迦牟尼说:世尊,怎么样修行才能让我自己获得菩萨的广大威德? 就是我的德性。释迦牟尼回答说:"若诸菩萨善知六处,便能引发菩萨所有广大威德。一者,善知心生。"什么叫"善知心生"? 心的发生,心的产生,意识的发生。"二者,善知心住。"什么叫"心住"? 意识稳定不变的结构,就是停在那里、不会变动的东西。"三者,善知心出。""心出"是指你在意识活动的时候能够构造世界,能够把外部的世界,亦即外部的社会世界、自然世界、文化世界、历史世界一步一步地构造出来。这是胡塞尔《大观念》的主题。《大观念》中文版出了第一本。第二本、第三本现在只有德文本,现在马上要出中文本。第二本、第三本都是讲精神世界、自然世界、物质世界怎么通过意识构造出来的。这是在一元论的立场上来谈的,世界是被构造出来的;如果从本体论角度来讲,当然构造的基石的秩序是另外一个。但是不管怎么说,它是一种观点。佛教是讲"唯识无境",只有意识,没有外面的对象,对象都是被构造出来的，唯识无境，所以叫"善知心出"。"四者，善知心增；五者，善知心减。""心减"和"心增"是什么呢？通过修行你可以去掉一些东西，比如心里、意识里有一些不好的东西，学习一些好的东西，比如跟修行有关的东西。我们现在整个的教育也是这样，输入好的东西。我们现在讲，如果我们要做一个人工意识的话，也是要给它输入好的东西，要把不好的东西排除掉。"六者，善知方便。"这个是很重要的，第六条才讲到方便，"方便法门"讲的是方法，你要知道整个的方法是什么，你要理解意识，你要知道把握意识的方法是什么。再回到哥德尔前面的话，你不要去收集材料，收集多了没有用处，你要去把握根本的东西。

刚才讲到何为"意念""起意"等等。王龙溪有一句话，叫作"一念自反，即得本心"，很有意思。这个问题在思想史上讨论了很长时间，我想从明代到现在大概已经可以装满一个书架的书了。什么叫"一念自反，即得本心"？"本心"当然是你最根本的意识了。"自反"是什么意思？一个念头"自反"。如果我有个念头，我反过来反思它，那是两个念头，就不是"一念"了。孟子也说："今人乍见孺子将入于井，皆有怵惕恻隐之心，非所以内交于孺子之父母也，非所以要誉于乡党朋友也，非恶其声而然也。"什么意思？说我看见小孩掉到井里边，我去救，就是一念就去救了，你不会去想说"我跟小孩的父母亲关系不错，所以我应该去救"，也不是说"我救了他以后，我在这个乡里边大家会称赞我"，也不会是因为"这个小孩掉到井里边哭起来太烦人，我才去救他"，那些都是第二念。必须是第一念，当然修行要把握住第一念。但是在一念里边，我们看到刚才讲的自证分，我在讲话的同时，我已经意识到"我在讲话"，我在干好事、干坏事的时候，我都知道自己在干什么。但这个知道不是一个反思的知道，不是一个把它对象化的思考，而是说在做的过程中，伴随着这个"做"，就已经有了这样的一种非对象性的意识。当然这是我们把佛教的、儒家的这些相关的思想都拿过来用了。

我们现在不去讲别的，回到胡塞尔这里。对他来说，最重要的是意识有一个本己的本质，自己的本质。我这次上课的时候讲的这套书，就是2020年才出版的胡塞尔的手稿《意识结构研究》，我正在翻译这本书。我觉得自己的意识研究工作已经做得差不多了，无论是在系统的论述方面，还是在历史的梳理方面，大家很快会看到的。我现在在剩下来的工作主要就是介绍胡塞尔的书。第一卷是《理智与对象》，第二卷是《感受与价值》，第三卷是《意志与行动》，一共3卷。

一直在讲胡塞尔的"意向性"，那意向性到底是什么？这里举三个例子，我在课上用过。这个是维特根斯坦用的《鸭兔图》，比较著名的，你可以视它是鸭

子，可以视它是兔子，在这个地方意向性是什么？意向性不是这些感觉材料，它们只是布伦塔诺所说的物理现象，或者说我们讲，我们的意识内容或者说意识对象是这样的一张图，在这个图里边，在感觉材料完全同一的情况下，通过意向的变动、意识的能动性，你可以把它看作是一只兔子，也可以把它看作是一只鸭子。这样的观点或说法，在公元前的印度就已经有了，我在印度的资料中看到过，我称之为"马象图"，看起来是马，又是象。你的意识的能动性，在这里看就很小很小。你不可能把它看作人，你是受限的，你不是自由的。但是你有一点自由，你把它看作马还是看作象，把它看作是兔还是看作鸭，这是你的自由，这个意识的能动性就在这里，一点点。另外一个是跟《鸭兔图》同时期的俄罗斯的一个画家画的《我的太太和岳母》，也是根据稍微意动，通过目光的转换移动，应该能看出来这是老人的鼻子，实际上是一个少妇的脸。以上这些，我们讲意动、意念、意向性的变换就可以完成，这是非常重要的。布伦塔诺说，我们看到的这些都是物理现象。那么什么是心理现象？心理现象最基本的本质就是有意向性，这个意向性就是刚才我们讲的，你把它看作鸭子还是兔子。在此，这个意向性你还看不出来，但是你一旦把它统摄了，你的意向性就在那了。意向的能力在人这里是非常强的，而且可以通过训练不断增强。意识系统一旦形成，就会按自己的规律来进行，它的最基本的规律就是意向性。现象学、意识现象学确定的第一法则就是意向性，然后才慢慢展开其他东西。也就是说，意识不仅仅是被动接收到的感觉材料的总和，它的意向性意味着某种能动性，对最初的感

觉材料进行加工、统摄、构造、赋义——就是给它一个意义的能力,也就是表象的能力,构造客体的能力,以后还包括对它的感受——"我喜欢不喜欢"、情绪、着色。着色就是带有感情色彩,也是一个很微妙的给对象赋予情感色彩的能力。最后包括它的意愿、欲求、向往、行动的能力。

在所有这些能力中,意识的能动性具有主导性的地位。这里说的能动性,与意识的自主能力、自由能力有关。意识行为的行进方向、行进速度、活动强度等都不再受神经系统控制,而是遵循动机律。无论是主动生发的动机还是被动引发的动机,在大多数情况下习性——我们后天习得的本性——对意识活动的方向、速度、进程起着比本性更强烈的作用。在这个意义上,自由意志不是完全无拘无束的,实际上它受缚于动机律,也就是服从主观的心理规律。所以主观心理学并不是说随意心理学、没章法的心理学。心有心的秩序,心的活动是有规律可循的,一个情感、一个欲望产生是有原因的,不是自然科学、因果律意义上的原因,而是精神科学、动机律意义上的原因。所以我说精神科学和自然科学要区分开来,两者不能还原为一。

再来讲讲人文科学。我现在讲的人文科学外延更大,因为原先我们是人文学院。在这个方面实际上是可以进行合作研究的,比如意识研究的文学方式,意识研究的史学方式。意识研究的文学方式,譬如刚才我们看到那么多电影都是文学家的创见,很深刻。但是也可能是一些有文学才华的、有文学创作欲望的自然科学家的一些成果。意识研究的史学方式,这个也是很重要的。最后还有一个意识研究的哲学的向度,哲学的向度包括胡塞尔《意识结构研究》、古尔维奇的"意识场域"研究、舒茨的"行动意义"研究、哥德尔的胡塞尔研究,最后还有我的《意识现象学教程》。

在文学领域我先讲三个人。刚才那个萨瑟兰的话讲得比较伤人,他说到现在为止还没有一部值得一读的意识作品,实际上值得一读的太多了。

第一个就是普鲁斯特(Proust),第二个是穆齐尔(Musil),第三个是乔伊斯(Joyce),他们都是意识流的描述大师,他们都在把自己的意识活动记录下来,完全可以把它输到电脑里面去,作为一个个体的记忆、个体的意识的记录。个体意识的描述,它不仅是意识。普鲁斯特的《追忆似水年华》,我们浙江大学许钧教授也参与了翻译。我本来想翻译穆齐尔的《无个性的男人》,只可惜已经被北大外文系的一位德语专业的老师翻译了,我还为自己感到惋惜。举例子来说,他们三个都是心理小说家。现象学和心理学可以解释回忆,有些回忆被有意或无意地浓缩和减少,有些回忆被无意或有意地稀释或增加,有些回忆的时间被颠倒,有些回忆的空间被误置,回忆欺罔和回忆误差都是现象学和心理学研究的材料。穆齐尔的《无个性的男人》,是受过心理学家胡塞尔和舍勒熏陶过的学生完成的作品。普鲁斯特受柏格森影响,也是一个研究意识的法国哲学家。我不知道乔伊斯有没有受过哲学家的影响,但也有可能他反过来影响了哲学家。

然后,在人文学科史学领域的意识结构研究和意识发生研究方面,首先要提的是狄尔泰(Dilthey)和约克伯爵(Graf Paul Yorck von Wartenburg),第二个是埃利亚斯(Elias),最早还有历史心理学家修昔底德(Thucydides),最后还有一个柯林伍德(Collingwood)。意识研究的历史方式,名句就是"历史就是心灵史"。柯林伍德说:"一切历史都是思想史。"也可以说,都是心灵史。伊利亚特(Iliad)说:"埃利亚斯是社会心理学家和历史心理学家。"约克伯爵说:"历史作为科学只能是历史心理学。"将历史上的所有的人物的心理活动记录下来,再现出来,这个做法现在我们也有,叫作"传记心理学",可以从传记里边讨论出心理的发生与结构,总结出心理学的规律,或者说发现心理学的法则,所有这些都与此有关。

胡塞尔所做的当然是对意识结构和意识发生的反思和把握。胡塞尔的两大弟子,一个是古尔维奇,一个是舒茨,都见过胡塞尔,听过胡塞尔的课,但实际上不是胡塞尔指导的学生,但是他们还是很出色。古尔维奇把意识场域理论建立起来了。舒茨把胡塞尔和马克斯·韦伯结合在一起,舒茨的社会世界的意义构造,也算是一个。我觉得这两个人已经可以为胡塞尔的理论系统做充实、深化和扩展了。靠这三位:胡塞尔、舒茨和古尔维奇,还可以加上舍勒,再有普凡德尔,一个总体的人类意识系统已经显露出轮廓,借此也就可能造就一个人工意识的系统,目前我是这样想的。

胡塞尔的全部思考和研究都是意识哲学,也就是哲学方式的意识研究。他认为纯粹现象学是整个近代哲学的"隐秘的渴望",整个近代哲学都是要想进入胡塞尔最终找到的领域。进入纯粹意识领域有四条道路,第一条是笛卡尔道路,第二条是英国经验论的道路,第三条是康德的道路,第四条是莱布尼兹的道路。在此我想说明一点，笛卡尔、英国经验论和康德这三条道路，是我的老师耿宁先生提出来的胡塞尔进入纯粹意识的三条道路。但是我前年发现还有一条莱布尼兹的道路。如果我可以攀比一下我老师的话，就是紧跟着老师做一下的话，我认为有四条道路，也的确是四条不同的入口，进入纯粹意识领域。

最后说一下我自己的研究结果：《意识现象学教程》，2023年6月就由商务印书馆出版了。这个是比较系统的，胡塞尔没有这样做。胡塞尔在弗莱堡的最后10年想要做，他在他的所有书里都在谈，要做一本"基本书""系统书"，但是一直到去世也没有完成。我现在试着完成的就是这样一本系统的书。第一编是勾画横意向性，对意识结构的描述，结构的奠基，比如说谈第一基础：感知。梅洛-庞蒂说过，"感知"在哲学中居首要地位。在感知基础上有想象、回忆及各种当下化的行为，然后有图像意识，有符号意识，等等，一步一步奠基，一层楼、二层楼、三层楼都盖起来，这个结构是稳定不变的，我们称之为"静态的奠基"。

第二编，或者第二部分，讲对意识发生的说明，发生的奠基。发生的奠基是纵向的，跟时间线一样，分前面和后面，个体的意识萌生之后，通过意识的活动，不断有意义积淀下来。比如说我们在3岁的时候，或者我们在10岁的时候，看一棵树，和我们在20岁当了生物学家、植物学家或者成了植物学专业的大学生时看这棵树，眼光已经完全不同了，到30岁你成了一个植物学家，到40岁你成了中年人，到了60岁你成了老年人的时候，你看这棵树，和10岁的时候看到这棵树，看法是不一样的，这就叫作"发生"和"积淀"。这个意识的发生是一种积淀发生。当然我一直在想人工意识里会不会再有这样的发生这个问题。因为在人工意识里，我觉得没有什么确切意义上的"深度"。"深度学习""深度欺骗"等这样一些"深度"的说法，讲的是神经系统的层次深度。我认为，在人的意识里是有真正"深度"的说法的，意识活动发生得越早，通常在意识积淀的底层就埋得越深，在我们的记忆中就藏得越深，在发生时间中慢慢过来，然后养成各种各样的习性，然后你的本性也可能发生各种各样的变化。这个发生和积淀的过程基本上可以分为三个段落，胡塞尔把它分成三个段落，弗洛伊德把它分成三个段落，就是从小到大的意识发生，弗洛伊德称"自我""本我""超我"等，胡塞尔称"前自我""原自我""本我"等。此外佛教唯识学讲三能变，"初能变""二能变""三能变"，阿赖耶识是初能变，末那识是二能变，前六识是三能变，也是在表明这样三个发展阶段。很巧，都是三段论。为什么？它的道理在哪里？如果我们看遍整个世界的心理研究理论、意识研究学说，它们有哪些共同的地方值得我们关注？我觉得这是我们在这里要留意的问题。

最后一个部分，就谈意识研究的方法和任务，主要是方法。反思的方法，也就等同于超越论现象学的"还原"。我在《学术月刊》上面还专门发了一篇题为《Transzendental：中译与解释问题再议》的文章。到现在为止，"先验的"这个概念的翻译是错的。在康德那里，不能算是错，这个词是一个解释，而不是一个翻译，只适用于康德的某一个阶段。现在有很多这样的问题，但这里只是随便一说。第一章讲反思，反思就是"超越论还原"。第二章讲"本质直观"，也就是讲"本质还原"。胡塞尔的两个还原在这讲里面。意识现象学的方法必须要研究纯粹意识或者我前面讲的纯意识，你绕不开这两种方法。你可以有第三种、第四种，但这两种方法我同样认为是不能再还原的。

最有趣的是最后面的这一个，我要以哥德尔为开头，也以哥德尔为结束。哥德尔在 1959 年的时候，把胡塞尔的所有东西都研究了一遍，有许多体会和感悟。我翻译的胡塞尔这个三卷本的遗稿在 2020 年才出版，在这之前没有人看过，只有编者几个人看过。但是我发现胡塞尔在这里边写的东西，好像哥德尔已经看过了，所以他才能够对胡塞尔有那么透彻的把握。他说："胡塞尔的方法中留下的是对心灵运作的观察，这是澄清时间等概念的方式，并非通过研究它们在科学中的作用。"的确是！我也没有研究过，意识研究对科学研究（如人工智能和神经科学的研究）会有什么帮助，偶尔我会觉得在人工智能这里，可能会有一点作用。而后哥德尔还说："即使科学，还是会偏袒特定的方向，日常生活中的知识也难免于偏见，有两种方式可以超越这偏见，第一，现象学，第二，回到石器时代。"你们看，哥德尔还是很风趣的一个人，可惜他去世得太早。他很可能听过胡塞尔 1935 年的维也纳讲演，就是《欧洲科学的危机与超越论现象学》；在此之前他读过胡塞尔 1929 年发表的《内时间意识现象学讲座》。在此之后，1959 年，他将胡塞尔当时出版的所有书，包括新出版的《胡塞尔全集》全都研究过。（后来还有对现象学的追踪研究，包括购买过我的老师耿宁 1964 年出版的《胡塞尔与康德》。）

计算机学院门口有哥德尔的塑像，我想借此来构建意识哲学与人工智能的桥梁，以便跨越它们之间的鸿沟。

好，我就讲这么多，谢谢大家！

答 疑 互 动

听众一（吴朝晖院士）：我向倪教授提几个问题。刚才听了倪教授这个报告，整体学了不少东西，信息量非常大，对意识问题有了更加全面的认识。我本人是搞计算机人工智能的，也跟意识有点关系，关于人工智能搞意识，我提两个问题。

第一个问题是，刚才这个报告当中提到了从三种科学方法去看意识问题，一个是从神经科学，一个是从信息科学或者说计算科学或者人工智能去看意识，然后从意识本身看意识，意识科学的意识。我听了以后很有启发。我的第一个问题是，按照你的体会来看，有没有可能综合利用这三个方面，对意识有一个比较全面的认识？关于意识有好多的主义，如神秘主义，还有所谓还原这个方案。我本来是比较偏还原的，所以我想请你看看有没有可能从这个角度，通过综合这三个方面，对意识有比较好的深入研究？或者说，不能对意识问题全面研究的话，哪几个部分是能研究的？这是我第一个问题。

第二个问题是，你本人是搞现象学的，我刚才从胡塞尔《意识结构研究》这本书的宏伟蓝图看，他认为是可以从结构角度来对意识有一个全面的考察、全面的认识，换句话说，意识是可认识的、可解释的、可还原以及可思想的。从这个角度，请你谈谈，从现象学的角度看，能不能把意识解释得更清楚？包括潜意识，包括前意识，包括意识，刚才讲的自我意识、自我反思等问题。

倪教授：谢谢吴校长！我刚才讲的三个意识，我也把它称为"三元论"，三个意识概念实际上是三元论、三种科学，而且是三种方法。实际上前面讲了自然科学、精神科学或者说意识科学，以及信息科学，其实吴校长做的是信息科学。我本来认为只有两种方法，要么就是自然科学的因果解释的方法，要么就是精神科学的动机理解的方法，或者动机描述的方法、动机发生的追踪的方法，一个动机出来，下面一个动机又会引发下一个动机，然后怎么样去追踪它，这是精神科学，或者说从黑格尔那里就开始要做的事情。我没敢说的，上次跟吴校长聊天的时候讲过的,就是信息科学是不是也有自己的方法?我还真是不敢讲。如果信息科学有自己的方法,有自己的对象,那么当然我们讲,这个世界就是由三元组成的,物质的、信息的和意识的三元。但是,信息科学的方法,是不是吴校长说的集合论、大数据的方法?我们甚至可以讲集合论的、信息论的,还有大数据的,整个在一起,我在这猜。如果有这三种方法的话,我觉得不太容易能够把它并在一个领域里边来进行研究。

胡塞尔自己是数学家,他在数学史上和在心理学史上的地位都有不多不少的那么一笔,包括希尔伯特、康托尔都对他非常赞赏。胡塞尔认为他的现象学的方法是数学方法在意识领域中的运用,但是的确,这个和我们通常理解的数学方法是不太一样的,他将数学视作一种 Mathesis Universalis,就是"普遍的数理模式",我们可以这样说,有一个普遍数理模式。所以上次我们在讨论的时候,我特别想问的一个问题就是,我们要是想做人工意识的话,是不是都必须是形式化的?如果是数码化的话,当然就是形式化。如果是形式化的话,能不能把情感和欲望这些东西都形式化?这个东西我还没有想清楚,但是我觉得我在我这本大概有 50 万字的书里边已经把基本上的形式化的东西勾勒出来了,剩下的事情可能要由我们的团队来做,就是我们的学生来做。我已经让我的学生去画一个图,我也想做一个路线图。路线图是什么路线?我们一块能做到什么地步?怎么把它做成算法,甚至变成一块芯片,变成一个个体的意识系统,具有本己的个性,具有独特的回忆,具有个人的情感和意志,还有独特的自我意识等等,这些要交给你们去做了。

我这里讲胡塞尔这一生的工作都是在做"意识科学"。现在我们讲做意识哲学的话,大家可能会想,他们做的大都是这套那套思辨的、主观的、内省的等等方法。胡塞尔在看黑格尔的《精神现象学》的时候,他也有这个感觉,他看了黑格尔《精神现象学》导论以后,就看不下去了,他说,这不是我要的东西,我的现象学跟这个现象学完全不一样。他的现象学是有科学的成分在里边。而且他认为,他的"科学",就是德文中的 Wissenschaft,就是希腊语里边的 epistēmē,就是"知识"的那个东西,他认为那个"科学"才是叫作严格的科学。他和海德格尔都认为,自然科学的科学只能叫作精确的科学,量化的、精确的科学,从伽利略以来数学化了的科学,那叫精确科学。他想要谋求的科学是严格的科学。因此在这个意义上,我一直在说格格不入,没办法把胡塞尔讲的这一套系统放到比如说神经系统的研究里边,或者说信息系统的研究里边去。到现在为止,我都没有看到有什么其他的出路。我在翻译胡塞尔的书的时候,一边翻一边还总在想这个问题,他和自然科学的认知科学的研究能不能无缝地接轨? 比如说,概念是怎么形成的,从概念到判断是怎么产生的,他现在讨论的"s 是 p"和"s 有 p",如何一步一步地把它构造出来,这个意识的活动怎么样才能把它构造出来,然后把它表达出来。这些,他在自己的最后期的一本著作《经验与判断》里面都有做,即怎么从经验达到了判断等等。所以,可能我这辈人,我这一代,或者说我这辈子是完不成吴校长的想法了,我还是留在我这边安安分分地做好自己的事情,但是我相信我的学生里边可能有很多会跨出这一步。我在这一篇文章里特别讲过,中间有一条鸿沟,两边都在自己耕地,而有的时候抬头看看对面,打个招呼,然后继续埋头。这一条鸿沟,如果要是能够跨越的话,我觉得希望是在信息科学那里,它的确可以做到,但是做到这一点也有可能就是后生物时代,它既不是精神的,也不是物质的,也不是语言的,甚至语言哲学和意识哲学的辩论不要谈了,因为这个问题已经不存在了,物质第一性,还是意识第一性,还是精神第一性也不用谈了,因为这两个都已经化为一体了。但是这样的一个信息世界是以什么方式运作的? 这个好像不是我能回答的问题。好,谢谢吴校长。

听众二:倪老师您好,很高兴听到您的讲座。我是心理学系的,我本身是做心理研究的,其实在我们心理研究里面意识也是一个大块。刚才您说这些知觉,包括智慧中的反思、记忆,其实已经被广泛地研究,比如说我们的实验心理学、社会心理学研究。对我们来说其实也有些挑战的,譬如说,我们研究意识的老师,一般都会把无意识,就是 unconsciousness,或者潜意识这些研究放进去。但是我们知道,无意识至今都是很难突破的,因为它不可测量,对吧? 所以我想听听,您从哲学的角度怎么去看无意识/潜意识?

倪教授:这个"无意识",我从胡塞尔那里可以读出来,所以我写了一篇文章,是在 2022 年《中国社会科学》上刊发的,叫作《意识现象学与无意识研究的可能性》。我以前认为"无意识的现象学"就有点像"红的黑""木的铁"一样的,好像是一个语词矛盾。但是后来我发现,特别是从艾宾浩斯那里发现,能力,特别是记忆和回忆的关系,在意识现象学这里,我们只能研究——狭义的意识研究——回忆。就是我现在只能回忆我当下能体验到的过去的事情,我可以研究别人的记忆力,但是研究我自己的记忆力好像不行,因为我自己反思不了我的记忆有多强。但是艾宾浩斯已经做了一个自身的实验,然后把自己的记忆力给逼出来,用一种拷问的方式逼出来,我觉得这就是一种可能性。

胡塞尔对于艾宾浩斯也很熟,对于他和艾宾浩斯和狄尔泰论战这个关系也很熟,而且艾宾浩斯的儿子是胡塞尔的博士,所以他对这一个系列都是很清楚的。我认为是可以研究的,但是不能以机能心理学、实验心理学的方式研究,或者说,不是不能,而是说如果意识现象学要研究无意识的话,必须以它自己的方式,就是所谓意识,不然的话它没有存在的必要,就到心理学系去算了,不用在哲学系。我知道心理学里边的意识是有一些问题的。

心理学里边的意识应该是潘菽最早提出来的,他是把它简单地理解为一种思考,或者说是诸如智识之类的。在胡塞尔知、情、意里边,第一块大概是属于意识的,情感和意志应该不属于意识,不属于你们心理学研究的意识。心理学的确是一个很大的范围,也有反思心理学,也有理性心理学,胡塞尔甚至把自己的心理学看作是现象学的心理学,他认为现象学研究得出的每一个规律都可以运用在心理学领域,然后心理学领域里边有很多的规律,也可以用来佐证现象学。我举个心理学上比较好玩的例子。他说这只青蛙在笑什么?我觉得这个是心理学研究的现状,就是说你看到这只青蛙你认为它在笑。当然这是最简单的一个说法,如果现在心理学不再是行为主义,心理学占统治地位的话,我觉得心理学研究跟现象学研究实际上是并行的,且完全可以并行。

只是我们研究现象学的人要比研究心理学的人少得多。我参加过一次在绍兴举办的心理学年会,发现他们声势特别浩大,我们年会已经算是不错了,但心理学年会更厉害。这个行为主义的心理学,我认为有好多前提都是建立在反思心理学的基础上。我特别提到,比如说我们看到的动物的内在。所以我讲镜像神经元的发现时,一开始大家把它吹得神乎其神,后来有很多人也在批评。我们讲神经心理学吧!神经心理学的研究里边有好多前提被忽略的问题,这个前提到最后实际上是建立在反思基础上。如果你不知道同情是什么的话,你是没有办法知道镜像神经元的,你都不会去找镜像神经元。同情是怎么得到的?

同情绝不是你观察别人得到的,而是你自己反思自己得到的。在这个基础上,你知道同情是什么,然后知道别人也有这个东西,然后知道动物也可能有这个东西,然后才能一步一步推。要我讲的话,至少在这上面有四个前提。当然这个可能离你的问题已经蛮远的了,我只是顺便发挥一下,这些内容我本来是放在我文章里边、PPT里边的,后来我把它截出来了,因为我觉得我们今天讨论的不是心理学的问题,是神经科学和人工智能的问题。

听众三(李恒威教授):非常感谢倪老师的精彩报告,跨度很大,横向和纵向都非常大,因为我自己研究意识也有非常长的时期了。您讲了三条进路,一个神经科学,一个是人工智能和信息科学,还有一个是现象学。从某种意义上说,神经科学的基础可能有一点孤立主义或者是唯物论,信息科学的基础是功能主义,然后有一个现象学的。如果说这三个东西都是在研究艺术的话,那么有没有一个统一的哲学基础? 比如说我们知道的一个本体论或者存在论。我想胡塞尔可能不是特别关注存在论的问题其实就是心身关系的问题。因为我看您刚才一段话,让我特别敏感,因为我是个一元论者,我对所有二元的都特别敏感。我是有点泛心论的这样的一元论者。那段话就是,"这里所说的能动性与意识的自主能力,自由能力有关意识行为的行进方向、行进速度、活动强度等都不再受神经系统的控制,而是遵循动机律。"这明显是一个二元论的观点,就说两种东西,人的活动或人的思想。我们身、语、意这三者,可能有两种东西,一个可能是刚才您说的输入和输出,有可能是神经的,而中间有一个东西不是神经的,它不是物质或者不是物理,那么它就是二元。我总觉得多多少少有二元论的倾向,或者可以推出二元论的结论。那我的问题就是,您到底在本体论上持什么立场?

倪教授:在本体论上我是个三元论者,就像波普尔一样,但是本体论要通过认识论来涉及,在认识论上我是一元论。刚才讲的几个前提,肯定是意识为主,所有的东西,包括信息的东西,我们研究的人工智能,我们所有的东西,都是我们意识的产物,所以在这个意义上来讲,是最基础的,是奠基的。但是胡塞尔讲的本体论,它构造出所有的外部世界,他是一个一元论者,所以你比我更胡塞尔。应该这样讲,他认为精神世界、物质世界、自然世界、社会世界、文化世界、历史世界都是意识构造出来的，这个是一元论。而且这个构造如果是本质的，如果这些东西是本质的，它就是本体论。他的本体论是这个意义的本体论，就是说本质论就是本体论，跟海德格尔不太一样。所以在认识论上我是一元论者，在本体论上我是三元论者。

听众三（李恒威教授）：这样的话，在这就有三条鸿沟？刚才是两个人隔地画个鸿沟，咱们相互望一望，现在有三条鸿沟、三拨人对吧？一直隔地，各自相对，那么有没有可能，在我们这个时代，这个意识研究就是说永远是割裂，将永远处于一个分裂的状态？

倪教授：你可以从我这个里边得出这个结论，但是我觉得我确实不太清楚。这个问题应该让孙周兴来回答，未来哲学来回答。科学的研究，我认为就是科赫开始的30年的意识研究，已经表明用科学的方法来研究意识是不行的，或者说我讲的纯意识研究，没有什么大进步，但是类意识和准意识研究是可以的。我认为，后面是不是还能有进步，进入到真正纯意识研究的领域，或者纯意识研究可以把自己的研究运用到其他两个领域？今天虽然是五四青年节，但是我已经没那么年轻了，所以我没有那么大的奢望，我也不敢预言。因为特别是像人工智能，他们上一次在绍兴开心理学年会的时候，就已经在谈这个问题。对人工智能的发展，谁都不敢说将来会怎么样或者不会怎么样。我们原来有个现象学家叫作德莱弗斯（Dreyfus），他是做胡塞尔、海德格尔研究的，我们1995年在南京开第一届现象学年会的时候，他来参加并交了一篇文章，当时我们也没当回事，还向他收了500美金的会费。他写了两本书《人工智能不能做什么？》和《人工智能还是不能做什么？》，引起了很多的讨论。他总是在说明人工智能不能做什么、做不到什么，写了两本书，还是不能做什么，还是不能知道什么。我相信他讲的是对的，就是有好多纯意识的事情他做不到的，但是他原来讲的那些"准意识"和"类意识"的事，后来都做到了。所以一个哲学家还是不要去妄谈科学的发展或者科技的发展，不敢说永远不能。

听众四：谢谢老师。我是中文系的，想通过这个主题以我的角度来提一些可能比较外行的问题。就是听您刚才讲到了意识研究的一些文学方式，我就产生了一些问题。关于意识跟文学，您其中提到，回忆被有意无意地稀释、增加、颠倒,或者空间被误置的现象的存在,我感觉在文学创作中就会存在很多像意识方面、心理方面的现象,而且应该是比较复杂的,所以我的问题是,对于文学的一种心理和意识的研究,是否可能也会是意识现象学研究的一个进步,或者说这种研究是否有意义以及如何做?

倪教授:请你再说一下,我还没有完全理解你的问题,用现象学的方式研究文学还是?

听众四:就是用现象学的方式去研究文学中的意识现象,以及在从人的心到文字倾注的过程中可能也会伴随着一些意识的改变,或者是一些结构上的运作,您认为这个是不是也有一定的研究必要?

倪教授:谢谢!我想第一个问题、第二个问题都应该可以放在一起谈,研究文学作品里边的意识,当然一直有人在做,我想不光是现象学家在做,心理学家也在做,文学家本身也在做。我记得是谁研究过什么文学三大师,专门讲心理文学家、心理小说家,研究他们的个性等等,好像也是一位哲学家在那做。这干脆就省去了传记或者实验的部分,用传记文学作品来研究人的意识结构、意识发生。我觉得这是比较容易做的一件事情,买几本书就可以了,不要建一个什么实验室,花好几百万去弄个场地,然后还要买机器,当然方法是不太一样的。

你第二个问题讲的是,表达的时候会不会有变化,就是意识和语言之间的分歧。我觉得也是处处可以看到的,而且我还写过文章来表述。我翻译的胡塞尔的著作中,你就可以看到,他有两种语言,一种是独白的语言,一种是表达的语言。表达的语言他要写给别人看,他要把自己的意思理得很清楚;独白的语言,他有的时候甚至不用语法,直接就跳出来,他自己懂就行了,然后他可以不去追随普遍的语言规则,这个情形在翻译的时候就觉得特别苦恼。所以在表达语言和独白语言,即思考的语言、反思的语言之间是有差别的,这个也可以作为这个案例研究。

我们现在在英美分析哲学里边经常讲到思想实验,这类思想实验在舍勒的时代就已经有了,现在实际上还是经常在用,我觉得现象学不断地在用这个思想实验。胡塞尔的太太写了一个胡塞尔的素描,用了大概一万多字的篇幅,我把它翻译出来了,叫《胡塞尔生平素描》。她把胡塞尔分了几个时期,按几个地点来分的,最早的留学时期,大学时期,然后是哈勒时期当讲师,然后哥廷根时期当教授,然后到了弗莱堡时期和退休时期。弗莱堡时期时间最长,28年,但她用了500个字。就是离她最近的,她越是不会回忆。她回忆的全是最早的,越早越详细,身边最近的她反而不详细。这个在心理学上或者现象学上叫作"记忆的扭曲",或者是记忆的一种变异,可以这样讲。

对了,也正好做个预告,我今年要出版一本书,可能几个月内就会出来,叫《论回忆》。我是希望把"回忆"和"记忆"分开,或者用中文表述,"记性"和"回忆"。"记性"是无意识,是功能心理学;"回忆"是现象学,回忆是意识现象学的对象。关于"记忆和回忆",我的老师耿宁写了三部意识研究著作:《论回忆》《论同感》,还有《论反思》,三本书合成一本,在德国出了。我翻译了他的第一本,他写完就发给我了。第二本《论同感》,就是我怎么样感受到你感受的东西。原先被翻做"移情"。"移情"这个词是错的,弗洛伊德和荣格讲的移情才是真正的移情,transference,那个才叫移情。他这个叫empathie,实际上是"同感",或者现在叫作"共情"。"共情"也不好,这个里边没有"情",实际上就是"你感受到的东西,我也感受到","深有同感""感同身受",说的都是这个意思。目前这本书也在翻译中。所有这些都是现象学可以研究的东西。

"佛系"是不是"躺平"

——如何理解"佛系"

何善蒙　教授

2022 年 5 月 22 日

　　今天的话题叫"'佛系'是不是'躺平'?"这个话题是怎么来的呢? 我不知道大家怎样看待中国传统的影响,至少我觉得有一点是比较有意思的,就是佛教在我们今天的生活中依旧有着非常广泛的影响。好像昨天晚上有一条新闻,说谷爱凌皈依了佛门。我不知道大家怎么看待这个事情,我觉得,这其实是从另外一个层面反映出佛教和佛学在我们今天这样一个时代依旧受到关注。"佛系"与"躺平",从刚才李恒威教授的介绍来说,大概是想要观察一下我们现在的一些想法,因为无论是"佛系"也好,"躺平"也好,都是当前非常流行的一些词汇。流行的词汇可能很多人不太愿意去看,但我觉得,其实流行的词汇反映了一个非常重要的信息,就是大家在想什么。如果想要关心时代,那就应该关心这个时代所用的一些话语,因为话语反映的可能就是一个思想内涵。当然,如果仅仅是做一个简单的判断,刚才李恒威教授也已经提到了,佛系不是躺平。也就是说,如果从佛学的角度来看,真正佛学的精神与躺平是完全不一样的。

　　给大家介绍一个人:太虚法师。太虚法师被称为"革命僧人"——显然,"革命"与"躺平"绝对是相反的。太虚法师对佛教的影响至今仍然非常深远。我们现在有一个提法叫"人间佛教",是以台湾的星云法师等人为代表的,它的前身其实就是太虚法师提出的"人生佛教"。太虚法师曾经写过一个偈子:

　　　　仰止唯佛陀,完成在人格。人圆即佛成,是名真现实。

"仰止唯佛陀",是太虚法师作为一个佛教徒所具有的基本立场,即对佛有着高度崇拜与尊敬。那这种崇拜与尊敬怎么来实现呢？从自我的人格来实现。既然提到了人格，那就不是超越现实的问题。"真现实"就是真正的现实，出自太虚法师的《真现实论》。这个偈子说明佛教与世间有沟通性与一致性。这种观念在中国传统中是很普遍的。有一个僧人大家很熟悉，即六祖惠能，他也写过一首特别好的偈子：

> 佛法在世间，不离世间觉。离世觅菩提，恰如求兔角。

这是《六祖坛经》中的一个偈子，意思是说，佛法就在世间，成佛与在世间的觉悟是分不开的。想要离开世间寻找觉悟，就好像寻求兔子的角一样（是找不到的）。

这两个偈子都表明，在佛教的传统中，佛法与现实生活具有紧密的联系，所以"佛系"也不会离开现实的生活。

那么今天，我想利用这段短暂的时间，跟诸位交流一下佛学究竟讲的是什么。由于时间有限，我只讲"一"跟"二"："一"是"一个中心"，"二"是"两大支柱"。

"一个中心"即对于任何一种思想来说，都有一个中心关注的地方，有一个核心的问题。佛学的中心、佛法的根本就是成佛作祖。而佛是"觉"，觉是"觉悟"。既然说是觉悟，那就不存在一个超越现实的人格神之类的东西，这也是佛教作为一种教派与其他教派的不同之处，所以佛教有"依法不依人"一说，即要遵从佛法，不以人为转移，不存在个人崇拜。那么，既然佛是"觉悟"的意思，这个"觉悟"又是由谁作出来的呢？是自己。所有的觉悟都是自己完成的，不是佛帮你完成的，佛只是提供了一种见解。进一步讲，我们问，谁可以觉悟呢？这个问题的答案其实也很简单——所有人都可以觉悟。在觉悟这件事情上，人与人之间没有差别，每个人都有成为佛的可能性。当年六祖惠能向五祖弘忍学作佛，弘忍对惠能说："你是岭南人，又是未开化的獠蛮，怎么能成佛呢？"惠能回答道："虽然人有南方和北方的地区差别，但人的佛性却没有南方和北方的不同。我这个獦獠之身虽然和大师不一样，但我们本自具有的佛性有什么不同呢？"獦獠有佛性，和尚也有佛性，既然都有佛性，那和尚能成佛，獦獠自然也能成佛。

这个观念在中国传统中其实很好接受，因为我们经常讲"一切众生皆有佛性"，但其实"一切众生皆有佛性"这个观念在中国被接受的过程是很曲折的。我不知道诸位是否去过苏州，苏州有一个虎丘，虎丘有一个景点叫"生公说法台"，有一个俗语叫"生公说法，顽石点头"。生公是竺道生，鸠摩罗什的弟子，在早期中国佛教中很重要。当时，很多印度的经典还没有被翻译完成，竺道生就以自己对佛法的理解提出了"一切众生皆有佛性"，即阐提也可以成佛（阐提是指断灭了一切善根的人）。这个说法在当时被很多人看作是异端，所以竺道生只能对石头讲法，连石头都点头认为他说得对。中国还有很多俗语都体现了"一切众生皆有佛性"的思想，比如"放下屠刀，立地成佛"，如果没有佛性，那放下屠刀也无法成佛。释迦牟尼在成佛后发出的第一句感叹是："奇哉奇哉，一切众生，皆具如来智慧德相，只因妄想执着而不证得。"每个人的本性中都有如来的智慧德相，可是有很多人都因为妄想执着而不能觉悟。这个说法就很有趣，说明从数量上来讲佛一定不只有一个，佛是觉悟的众生，而众生是未觉悟的佛。这个思想让佛教很特别，因为每个人都可以成佛，所以这就体现了一种平等，说明佛教是一种平等的宗教，佛学是一种平等的智慧。此外，如果佛是觉悟，那么也就说明佛教是无神的，成不成佛只与觉不觉悟有关。

如果说佛是觉，那么众生相对应的就是迷，所谓"迷者众生悟者佛"。迷与悟都是在自我层面上实现的，与外物无关，也就是说成佛这件事是自己努力的结果，是自己成就自己，没有外在的力量能使你成佛。这与中国传统观念也是很契合的，比如我们也经常说"反躬自省"一类的话。当然，佛教也为从迷到觉提供了一系列方法，即"三乘佛法"。"乘"就是"乘船"，从迷的此岸乘船到觉的彼岸去。其实从根本上讲就只有一种方法，说"三乘"只是方便法门。"三乘"即小乘、中乘与大乘。小乘是声闻乘，佛弟子听佛讲经说法而觉悟，主要是听佛讲四圣谛（苦集灭道）；中乘是缘觉乘，即通过对十二因缘的考察，按照十二缘起的观念对其进行理解而觉悟；大乘是菩萨乘，讲究普度众生。中国有四大佛教名山，分别对应大慈大悲大愿大智四大菩萨。菩萨之所以是菩萨，是因为他们都发过非常重要的誓愿，比如地藏王菩萨就曾发下"地狱不空不成佛"的誓愿。显然，从这一点上看，菩萨乘与声闻乘、缘觉乘是不一样的。但总的来说，不管是哪一种乘、哪一种方式，都是试图让人从迷转向悟。

"觉"也有不同的层级,由下到上分别是自觉、觉他与觉行圆满。自觉是自我觉悟,一般就是小乘佛教中的阿罗汉,就好比一只小蝌蚪变成青蛙跳上了岸,看到了美妙的世界,这是仅对他自身而言的觉悟。而当这只小蝌蚪觉悟后,他就要回到池塘,把他所看到的美妙世界告诉其他小蝌蚪,这就是觉他。最后,所有小蝌蚪都变成青蛙跳上了岸,这就是觉行圆满。这与中国传统观念也是不谋而合的,中国人喜欢讲境界,而境界其实就是跟觉悟有关。

苏东坡曾写过一首诗:

稽首天中天,毫光照大千。八风吹不动,端坐紫金莲。

这首诗写得很妙,体现了苏东坡(自认为的)非常高的领悟。"天中天"就是佛,"稽首天中天"就是礼佛。"毫光照大千"是佛的一个状态。"八风吹不动,端坐紫金莲。"意思是说别人对我的评价(不管是好的还是坏的)我都毫不在意,只是端坐在紫金莲上。苏东坡写完这首诗后,觉得非常满意,于是就送去给佛印禅师看,结果佛印禅师直接批了一个"放屁"。苏东坡看到了十分生气,立刻就过江找佛印争论,于是佛印笑道:"八风吹不动,一屁打过江。"

这个故事告诉我们,觉悟并不在于纸上写得有多完满,而在于内心是否真的达到了那种境界。

"两大支柱",即缘起论与业力论。缘起论是佛教的世界观,即缘起性空。业力论是佛教的伦理保障,即业力轮回。如果说所有的宗教都是教人为善,那怎样才能确保人不做坏事只做好事呢?这就必须有一个伦理的保证,保证这个事能够实现。

先来说缘起论。这说的是佛教的空观。缘是条件,起是产生。佛教认为,任何一个现象的产生都是因为各种条件的满足。既然是条件的满足,那就不是必然存在,也不是永恒存在,这就叫空。一切现象的产生都是条件的恰好如此,这就是缘分。所以你的存在是一件很奇妙的事情,因为你的存在是各种条件的恰好如此。同时,你的存在不是必然的,因为任何一点条件的偏差都可能让你不出现在这个世界;你的存在也不是永恒的,因为你终将消失于这个世界。再举一个例子,当且仅当我的手握紧的时候,拳头才会存在,因此拳头的存在是一个恰好如此的存在,它不是必然的,也不是永恒的。

虽然缘起性空强调了空,但并不否认有的存在。拳头的存在虽然不是必然的,也不是永恒的,却是恰好如此的,你既然看到了拳头,就不能说它不存在,你既然看到了这个美妙的大千世界,那这个美妙的大千世界就一定是存在的。这就叫"真空妙有",即:虽然所有事物本质上都是空的,但每个又都是无可置疑的美妙存在。

佛教认为,存在是有条件的存在,空意味着一切存在都不是永恒存在。龙树有《中观颂》云:

因缘所生法,我说即是空。亦是为假名,亦是中道义。

这四句话非常有意思。我们说它是空,是因为它是有因有缘的,即它是有条件的(因与缘是不一样的,因是关键因素,是内在的,缘则是外在的)。既然是有条件的,那就不是永恒的,是空的。那么,我们如何看待缘起所产生的那个东西呢?我们用"假名"来称呼它,即因为它不是永恒存在,它在本质上是空的,所以我们只能假借一个名字来称呼它。"中道义"即"真空妙有"。我推荐大家可以去看一下《心经》,《心经》里说"色不异空,空不异色。色即是空,空即是色",即空色相互依存,这就是中道的智慧,空有不二,不排除空也不排除有,甚至有时我们还会用"非有"来称呼"空",用"非非有"来称呼"有"。本质是空,但空不碍有,是真空妙有。

早期佛教中还讲十二缘起,这个就比较复杂了。十二缘起从无明开始,往后分别是行、识、名色、六处、触、受、爱、取、有、生、老死。生与老死就是人生命的过程。无明就是没有智慧,就是烦恼。

再来说业力论。业力轮回是佛教的伦理保障,讲究因果报应。"业"与"报"是相对的,"业"是行为,"报"就是这个行为所指向的结果,"业"是"因","报"就是"果"。就其主体而言,"业"与"报"的主体必然是一个,即"自作自受",不存在由他人代受己业之报的情况。在形式上,"业"可以分为身、口、意三业;在善恶上,有善业,有恶业,不善不恶的"业"则称之为"无记";在主体上,"业"可以分为"别业"(自己"作"的)与"共业"(与他人一起"作"的),若是"共业",则其"报"就由所有"作"了这个"业"的人承担。"报"最典型的呈现形式就是六道轮回。一个人的"引业"决定了他将轮回至六道中的哪一道,而"满业"则决定了他轮回后是否健康、富贵、快乐等。由此可见,"业"有牵引人命运的力量,故又称"业力"。

舍利佛是因马胜比丘下面这个偈子成佛的:

> 诸法因缘生,诸法因缘灭,我佛大沙门,常作如是说。

缘生缘灭就是有因有果,"种瓜得瓜,种豆得豆"。

那么业会消亡吗?

有一个偈子是这么讲的:

> 纵使百千劫,所作业不亡。因缘会遇时,果报还自受。

也就是说业是一定要报的,只不过有的早报,有的晚报。"业"是不会自己消亡的,其"报"不可逃避,在因缘汇聚的时候自然就会呈现出来,且只能自己承担,所谓"自作业,自受报",这就意味着我们每个人都要为自己的行为承担责任。《增一阿含经》中说:

> 诸恶莫作,众善奉行。自净其意,是诸佛教。

在佛教的思想体系中,就是以业力轮回来规劝人们行善去恶。建议大家可以去看一些明清时期特别流行的《劝善书》,其中很多故事都体现出了因果报应的思想,这个果报观念的背后体现的就是"自作自受"的简单逻辑。因此,每个人都必须承担自己行为的后果,都要为自己的行为承担责任——显然,这与"佛系"的"随便""都可以""没关系"是截然不同的,佛教强调的明显是精进笃实,强调自我责任的承担,而非躺平划水。

我们似乎经常认为,儒家的思想是积极的,而佛教、道家则是消极的。儒家治世,佛教治心,道家治身。这种解释当然有道理,但就我个人看来,其实每一种思想都跟身、心、世有关。有一个说法我觉得很有意思,即"以出世间的心,做入世间的事"。什么叫"出世间的心"? 即对某些事不要过分在意。六祖惠能因

《金刚经》中"应无所住而生其心"一句而顿悟,"无所住"的意思就是不要在某个具体的东西上过分执着,因为那会限制自己。很多选择本身其实并不是错的,但因为我们"住"了,执着了,就有限制了,就不好了。"心"毫无疑问还是在的,只是要以"无所住"的形式展现出来。如果说佛教对我们现在的生活有什么特别好的意义的话,我想就是要保持一颗"出世间的心",这能让我们更好地面对这个世界,让我们更强大,从而成就更好的自己。

答 疑 互 动

听众一:缘分与缘份两种写法哪种更准确?如何理解有缘无分?

何教授:佛教讲究"不着相",所以缘分与缘份都可以。至于有缘无分,我们常说"分内之事",所以分是内在的、关键的因素,而缘则是外在的、偶然的条件,如果缘要圆满,那就需要整个的恰到好处,这是比较困难的,所以"有缘无分"这种说法还是比较准确的。

听众二:佛教讲究不着相,但佛经中又有"三十六妙相"以及对佛广大神通的描述,这两者矛盾吗?

何教授:这两者是不矛盾的。佛经中之所以讲"三十六妙相"等,是因为佛讲经说法是"应机说法",是有针对性的,是权宜的,"三十六妙相"等说法都是方便法门。佛面对世俗的时候就要讲世俗真理,以便世人理解接受,这与最高级的真理是不矛盾的。

听众三:我认为"成佛作祖"中"祖"的概念受儒家思想的影响颇深,如果真是这样的话,那把"作祖"作为佛教思想的中心是否合适?还是说这里的佛教指的就是中国佛教而非印度佛教?

何教授:你说的有一定道理,"祖"这个概念确实跟儒家思想有一定关系。且我们现在提到的佛教很多时候都是指大乘佛教,因此确实也会不可避免地受到较多中国因素的影响。

再问：这个世界还会好吗

——一种未来哲学的追问

孙周兴　教授

2022 年 5 月 20 日

　　这个世界还会好吗？关于这个问题的可能答案有好几种，仿佛都能成立。今天追问此题，我们要关注的是，这个"技术生活世界"，这个被技术统治和改造的世界，到底发生了哪些重要的变化？有哪些基本变量？本演讲从词之变、物之变和时空之变等几个面向，揭示在人类世—技术生活世界里完成的根本性转变；这些根本性转变意味着世界经验的重塑和转换，而当代艺术和当代哲学（艺术人文科学）就是为此而准备的。这个世界还会好吗？我们最后尝试给出一个尼采式的解答:无论这个世界原本是好还是不好，我们必须把它理解为好的，此即尼采所谓的"积极的虚无主义"。

　　各位线上和线下的朋友，大家好！今天是"520"，在我们这里搞成"我爱你"了。今天是我的老东家同济大学的生日，明天是我的新东家浙江大学的生日。我想，线上有很多同济大学的朋友，当然线上也有浙大的朋友，祝两校的朋友校庆日快乐。今天据说会有几万人在线上，弄得我很紧张，其实我一直不喜欢线上报告，感觉差不多是跟虚无演讲。好在今天线下还有些朋友，还是一个正常演讲的场景。

　　刚才主持人已经把我介绍了一下，有许多不准确之辞。我主要做四个方面的研究，就是尼采、海德格尔、艺术哲学和技术哲学。现在这四块同时在进行，但重点放在后两块了，即艺术哲学和技术哲学。技术哲学是我刚刚开始的一个领域，我也称之为"未来哲学"，还具有试验性质。我今天的报告的副标题是"一种未来哲学的追问"，所以也是试验性的。我就这个问题大概讲五点。第一是要提出这个问题："这个世界还会好吗？"第二是要解释我所谓"未来哲学"的一个重要概念，即"技术生活世界"。第三想讨论一下"技术生活世界"发生了哪些根本性变化？哪些要素是基本的变量。第四是要提出当代艺术和哲学的任务。最后，我又回到主题，再一次追问："这个世界还会好吗？"

一、问题：这个世界还会好吗？

我今天的讲座的信息公布后，一位上海的朋友给我发了微信，他说你后天的报告会让听众联想到梁漱溟晚年的口述专著《这个世界会好吗？》。很遗憾，我没读过这本书。梁漱溟被称为"最后的儒学大师"。1918 年 11 月 7 号，梁漱溟的父亲梁济问当时 25 岁但已经成为北京大学教授的梁漱溟："这个世界会好吗？"梁漱溟回答说："我相信世界是一天一天往好里去的。"梁济说："能好就好啊！"然后就离家出走了，3 天以后投湖自尽。

梁济其实不相信儿子的答案，他已经做好了死的准备，他在他留下的遗书《敬告世人书》里面有这样的说法："国性不存，我生何用？"他的意思是说，这国已经不好了，这世界已经不会好了，所以我就不活了。这样的逻辑对吗？我相信，这可能是中国人典型的逻辑。但我认为这个逻辑是有问题的——这国不好了，这个世界不好了，我就不活了吗？

比较一下，我今天的报告只是多了一个语气词"还"。我问：这个世界还会好吗？

这个世界怎么了？这个世界还会好吗？这是人们经常追问的一个问题，可以说是一个持久的哲学问题，尤其是在人类文明的危急时刻，这个问题更显严峻。

这个世界还会好吗？可能的答案里面有下面几个：

第一，这个世界原本是好的，未来也会好；

第二，这个世界原本是好的，但越来越不好了，未来也将更加不妙；

第三，这个世界原本不好，未来会更糟糕；

第四，这个世界原本不好，但未来会好的；

第五，假问题，这个世界从来就没好过，未来无所谓好不好。

大家可以继续想，可能还有其他的答案。但无论哪个答案，仿佛在逻辑上都可以成立。所谓在逻辑上可以成立，意思就是说，它们都可以得到论证和辩护。我一直把论证和辩护看作是哲学的基本功，我们做哲学的人干的活儿，主要是不断地为我们对外部世界的看法以及我们自身的行为作出论证和辩护。这种论证和辩护对我们每个人来说都很重要，是我们每个人都在做的事——在此意义上，人人都是哲学家。

今天我们来追问这个问题，我们首先要关注的是，这个"技术生活世界"、这个被技术统治和改造的世界，到底怎么了？究竟发生了哪些重要的变化？有哪些基本的变量？我觉得，只有搞清楚了这些，我们才知道我们在哪儿，以及我们将面临什么。

二、什么是"技术生活世界"？

什么是"技术生活世界"？"生活世界"（Lebenswelt）这个概念在 19 世纪中期以来成为哲学的一个重要概念。19 世纪中期是世界历史的一个重要节点，当时的新哲学开始了主流哲学传统的批判，即唯心论/观念论/柏拉图主义传统的批判——这里的三个名称其实是同一个意思，与此同时完成了一个哲学的转向。今天我们越来越清晰地看到，这种转向实际上是生活世界的转向。

首先是马克思。因为体系性的问题，现在的大学生比较低估马克思，这是我们还没有真正弄懂马克思的转向性意义。在世界哲学史上，无论怎么排，马克思都排在前几名。马克思当时就说："人们的存在就是他们的现实生活过程。""我们的出发点是从事实际活动的人。"这就清晰地表达了他的哲学批判立场和转向生活世界的哲思决心。

马克思完成第一本哲学著作《1844 年经济学哲学手稿》那一年，另一个德国哲学家弗里德里希·尼采诞生了。对待哲学主流传统，尼采与马克思一样"野蛮"和"暴力"。尼采把自己的哲学批判称为"另一个世界"批判。什么意思呢？在尼采看来，以前的哲学和宗教总是在构造"另一个世界"，总是主张我们生活在其中的世界是不真实的、虚假的、不可靠的，是不值得追求的，我们要追求的是"另一个世界"，于是哲学构造出"另一个世界"，即理性—观念—形式的世界，而宗教也构造了"另一个世界"，即超验的神性的彼岸世界。尼采的特点是直接，他说，"另一个世界"才是虚假的，我们现实的生活和生活世界才是真实的。

进一步，在开展一种宗教和哲学批判的同时，尼采提出了未来人的理想，即"超人"概念。这个"超人"完全不是人们通常想象的那样，是天马行空的高超生灵或神灵，诸如奥特曼、孙悟空之类。尼采说，不是，"超人"不是超越的，不是向上指向天国的，而是朝下的，是地上的。"超人的意义在于忠实于大地"。这是尼采在《查拉图斯特拉如是说》里面的一个基本规定。尼采所谓的"超人"实际上是"艺术—哲学家"，是每个独立的人，而不是职业意义上的艺术家和哲学家。作为"艺术—哲学家"的"超人"的理想是什么？不是上天，上天是传统哲学和神学，"超人"反而是"入地"，是忠实于大地。

然后是现象学家胡塞尔，他开展了一种"生活世界现象学"。胡塞尔区分了三个世界：第一个世界就是日常生活世界，它不是课题化或主题化的，不是科学研究的对象；第二个是科学的世界，它是课题化的；第三个是原始生活世界，是前科学的纯粹经验生活世界，它也被叫作"基底世界"，是一个纯粹直观的存在学世界。我们可以看出来，胡塞尔身上依然有一种强烈的传统先验哲学的留存。

第四个是海德格尔。海德格尔在早期哲学里面区分了世界的东西和前世界的东西。"世界的东西"是通过对象化、科学、理论构造起来的。但还有一个"前世界的东西"，这跟前面讲的胡塞尔的"原始生活世界"差不多是同一个意思。在《存在与时间》里面，海德格尔进行了人的存在分析，即此在在世分析，揭示出人生此在的实存结构，此在就是"在世界之中存在"。而在后期思想中，海德格尔同样区分了两个世界，一个是技术化的、对象化的世界，另一个是所谓的"天地神人"四个要素互联游戏的非对象化的世界。简单地说，"艺术—人文"的世界与"科学—技术"的世界是两回事。海德格尔认为我们必须通过艺术和思想进入后面这个非技术的世界里。在海德格尔这里，我们看到了思想抵抗技术的一种努力，但我们今天依然要面对越来越技术化的生活世界。

那么我们要问，为什么19世纪中期以来，"生活世界"格外地成为一个哲学问题？根本原因在于世界已经彻底变了，被技术工业改造和转换了，生成了一个"新世界"——这个"新世界"可以得到多样的命名，但我们不得不说，它是一个"技术生活世界"。这个世界的两个基本特征依然是马克思给出的,第一个特征是生产力的提高,第二个特征是普遍交往。第一个特征不用我们解释了,第二个特征还需要解释。马克思说的"普遍交往"在他那个时代还只是刚刚开始,而且是通过殖民化来完成的,现在早已经成了世界现实。哪怕这几年有新冠病毒,人际和国际的具身和实物交往受到了很大程度的阻碍,但通过全球互联网和新媒体,我们还可以完成普遍交往。普遍交往是技术工业提供给人类的,技术工业为我们提供了最大的可交往性,以我的看法,这种可交往性就是自由度。所谓的民主制度无非是一个自由讨论的体系,它是技术工业要求的普遍交往。所以我最近有一个尚未进行充分论证的等式,即:自由=可交往性。有了马克思说的这两条,即生产力的提高和普遍交往,就有了一个新世界,一个被技术所规定的新世界,就是"技术生活世界"。

什么是"技术生活世界"? 我们还需要进一步追问。我们首先要搞清楚,今天这个世界,越来越技术化的世界,它如何区别于自然生活世界。我们所谓的传统文明是自然人类文明。线上线下的各位,包括我自己,看着还像个自然人,其实已经不是了,无论在肉身还是精神上,都已经不是原本的、纯粹的自然人了。自然人类文明形成了自然人类的精神表达体系,也就是尼采所谓的"价值构成物"。其中的核心要素是什么呢? 就是哲学、宗教。哲学是制度性的,每一种制度后面都有一种哲学,我们都是根据哲学的普遍要求来构造制度的。宗教是指向人类心性的信仰和道德。在传统文化样式中,只有艺术是主流文明的异类。为什么艺术在西方一直被哲学所排斥? 为什么瓦格纳说基督教世界是一个完全非艺术的世界? 瓦格纳也是 19 世纪中期的艺术家,他开始从艺术角度反对基督教文明。艺术为什么不断地被排斥呢? 在哲学时代里尤其是这样。因为艺术总归保持着一种个体性和奇异性的本质。艺术不是普遍主义的,从来都不是,艺术总是稀奇古怪的,总是指向个体的,是个体的生活和创造。所以,艺术必然与自然人类文明体系里的核心要素即哲学和宗教发生冲突。

自然人类文明的表达体系首先是在所谓的"轴心期"形成的。我们这个系列的第一个报告讲的就是关于"轴心期"。"轴心期"是雅斯贝尔斯提出来的概念,表示世界几大古老文明在公元前 500 年前后不约而同地实现了文化突破。都在公元前五六世纪,好奇怪,就在那个时候几大文明都启动了。其中希腊文明最具有典范性，就其流传或影响来说，也最具有世界性。因为今天的全球文明从根子上讲是希腊式的，正是在古希腊生成的以形式思维为特征的"哲学—科学"成就了今天的技术世界。这个技术世界在最近几十年中越来越被表达为"数字世界"，但如果没有古希腊的形式科学，难以想象今天的"数字世界"。古希腊文明的转折点在公元前 5 世纪前后。此前一个时期，就是尼采所谓的"悲剧时代"，也是海德格尔等哲学家所谓的"前苏格拉底时期"。尼采说，"悲剧时代"才是人类文明最好的时代，"悲剧艺术"是最好的艺术样式，同时对应的有一种"悲剧哲学"，那才是真的哲学。很遗憾，它很快就消失了。因为来了一个苏格拉底，在苏格拉底时代产生了一种新的理论文化，也就是"哲学—科学"文化。这种"哲学—科学"文化在尼采看来不是真正的哲学，它只是理论或科学（episteme）。尼采说，苏格拉底来了，科学文化来了，才导致悲剧文化猝死了。这是古希腊文明发生的故事，也就是公元前 5 世纪，"哲学—科学"时代开始了。今天，这种"哲学—科学"的文明已经成为全球文明。

"轴心期"到底发生了哪些重要变化呢？就古希腊文明而言，我认为主要有几个方面的重要变化：一是文艺向哲学或广义科学的切换；二是从说唱向书写的切换；三是从动词主导的文化向名词主导的文化的切换。看得出来，这三种切换其实是一回事，或者说是同一个转换的三种不同表现。这是古希腊"轴心期"发生的基本转换。其他古文明类型是不是也有类似的情况？

关于"轴心期"的起源有多种解释：地理环境的、人类学的、文化哲学的等等，我们今天无法一一清理和介绍。我们愿意采取的是文化哲学的解释。依据我的解释，"轴心期"是自然人类精神表达体系的确立。自然人类的世界经验基础是线性时间观，尤其在欧洲是这样。可以说哲学和宗教都是为克服线性时间观而产生的。线性时间观主张，时间是一条直线，时间直线上的每个点都是一样的，浩浩荡荡，永不回来。就此而言，在线性时间观里，我们每个人实际上都在等死，都是等死者。人类无法容忍这种无限的线性流逝，欧洲人就创造了哲学和宗教。哲学创造出一个无时间的形式的/观念的/抽象的领域，而宗教构造出一个无时间的永恒的彼岸世界，都是为了阻断线性时间的无限流逝。

什么是"技术生活世界"？死于 1900 年的尼采在 1884 年就喊出了"上帝死了"。什么叫"上帝死了"？上帝死了，不只是基督教的上帝消失了，指的是由源于古希腊哲学的传统哲学与基督教的超验宗教组合起来的形而上学,已经失去了对我们的影响力。我们可以把它表达为:自然人类精神表达体系的崩溃。这个事件的主要起因是始于 18 世纪 60 年代的技术工业以及以此为基础的资本主义生产方式和生活方式。大事的发生需要时间。对资本主义生产方式和生活方式的反思到 19 世纪中期才开始,我们前面提到了马克思、瓦格纳、尼采等,他们开始了这种反思。现在回过头来看,当时的技术工业还是相当落后的大机器生产,现在看起来很傻的状态。但技术工业已经改变了自然人类的生活世界,渐渐使自然人类的精神表达体系和组织方式失效了。所谓的"技术生活世界"是一个技术统治的世界,它的基本逻辑是交换/交易的规则,而不再是或者不再首先是道德/伦理的法则。这一点马克思早就说过。或者说,道德和伦理首先是自然人类的法则,在"技术生活世界"里则另有规则。所以尼采才会说,他是第一个"非道德论者",他很清楚,因为道德只有在自然人类精神表达体系里才是可能的。但现在,"技术生活世界"形成之后,道德主义的时代结束了。

三、"技术生活世界"的基本变量

我们刚刚已经描述了一个所谓的百年未遇其实是千年未遇的大变局。我把这个大变局描述为从自然人类文明向技术人类文明的过渡。19 世纪中期以来那些先知们已经开始了对这个变局和这个新世界的描述,比如说马克思的宗教批判和技术工业批判,比如说瓦格纳的艺术神话,比如尼采的虚无主义批判和新哲学(未来哲学)。瓦格纳为什么要去用艺术重建神话,是因为他发现技术工业已经把我们的文明搞得稀巴烂了。如果没有神话,没有这种自然人类的精神体系,那我们是受不了这个文明的。

进入 20 世纪,在技术工业推动下的殖民化/全球化差不多已经完成了,在各种利益的纠缠中,各民族国家势力需要一争高下了。第一次世界大战和第二次世界大战是必然的,因为钢铁工业开始了,钢铁工业发达的国家必定要欺负、掠夺那些像中国这样当时没钢铁工业的国家。但第一次世界大战开始不久,西班牙流感开始了,一年之内死了 5000 万人,大家只好停战。没几年又好了,于是接着打,这是第二次世界大战。所以,20 世纪上半叶的两次世界大战是技术工业的战争，是飞机、大炮、坦克的钢铁之战。实际上我们也可以把它了解为：自然人类文明与技术人类文明的战争。这场战争的终结者是什么呢？终结者是自然人类无法想象的暴力——物理工业带来的原子弹，至少在东亚战场是这样。我提出一个概念叫物理工业，当然还有化学工业，两者是技术工业上半场的主要技术工业；第二次世界大战结束以后，技术工业进入下半场，数学工业和生物学工业成为主导性的。这是我们今天的现实，是技术工业的逻辑。

这时候地球进入到一个新的世代，叫人类世（anthropocene）。我在 2020 年出版的一本书叫《人类世的哲学》。地质学地层上的大量证据表明，1945 年成为一个分界线，地球的一个新的时代开始了。通过技术工业，人类在地球上的活动可以影响到地球，影响地球的存在和地球的运动了。而在哲学和文化学上，"人类世"实际上意味着，技术统治的时代到了，自然人类生活世界正在切换为技术人类生活世界。所谓的战后重建，几乎可以理解为在自然人类世界废墟上的重建。

"人类世"也意味着技术工业进入加速状态。20 世纪后半叶，技术发展的节奏越来越快，四大基础科学（物理、化学、数学、生物学）相继发力，四大技术要素（核工业、化工、人工智能和基因工程）已经控制了整个人类，自然人类在身心两个方面被加速技术化。我们不妨引用和对照政治学讨论中的"加速主义"（Accelerationism）概念。可怕的正是这种加速，知识更新速度越来越快，有数据表明，1980 年代科技知识更替（淘汰）周期大约是 25 年，而今天则缩短为 3 年左右。所以现在的科学研究者和技术专家也是苦不堪言，很难保持前沿优势。这就是加速主义。人类生活也随之进入加速的技术节律中，生活世界中不再有稳定和持久的东西了，许多新的要素出现了。

第一个要素是图像。图像文化兴起，以照相、电影、电视、电脑等新媒介技术为基础，图像文化成为技术时代主流的文化样式。这是大家都看清楚了的。第二个要素是说唱。书写文化弱化退场，说唱文化重归。我自己从事的是书写行业，出了不少书，但越来越没人看了。出版社的朋友告诉我，现在一本著作经常只能印几百本了（翻译作品稍好些）——中国有 14 亿人，书只能印几百本了，你说书还有意义吗？但 20 年、30 年前还不是这样的，最近几十年的变化真的是太大了。请注意，在轴心期里发生的是从说唱文化到书写文化的转换，而现在似乎又倒过来了,回转了。电视、互联网、音频、自媒体等又一次使说唱表演(演讲、歌唱、交互等等)成为最普遍的文化活动。今天演讲能力变得十分重要——我很遗憾,我的普通话不好,经常需要带翻译的,这就很不好,我经常建议线下的听众相互翻译。最近因为疫情不让大家出门,也不让我们到外地讲课,于是线上的报告越来越多,我朋友圈里每天有十几个报告的海报,不知道该不该听,听哪个。大家都在线上展开这样的活动,当然还有歌唱、交互等活动,成为最普遍的文化活动。第三个要素是数字。数字成为最普遍的表达/交流/交换/管理媒介,表明起源于希腊的形式科学在技术人类生活世界的全面实现。什么叫形式科学?形式科学本质上就是"数之学"。我一直说我们的学习方式有两种,人文科学主要是"模仿之学",而自然科学主要是"数之学"。这两种学法,一是"模仿",是 mimesis,希腊人说艺术的本质是"模仿";二是"数学",是 mathesis,希腊人把它视为最重要的知识样式。所有的"学习"都可以归到这两种学习方式,而在今天,"数之学"变得越来越重要,它在技术人类生活世界里得到了全面的实现。

今天我们就面临着一个改造教育和教学的任务,人类教育体系需要彻底重构。比如,我的朋友聂圣哲先生一直在呼吁缩短学制,我深表赞成。为什么呢?因为今天教和学的方式多样化,学校教学的意义正在不断下降。我朋友圈里有一些农民朋友,他们好像没接受过多高的学历教育,但在朋友圈里的发言很有水平。他们当然不是在学校学的,而是在新媒体里面自学的。所以学校教学已经不像从前那样重要了。广义的"模仿之学"完全可以在日常生活、交流和阅读中完成,而计算性思维,就是我刚才讲的"数之学",是可以通过互联网、新媒体得到"外接"或"扩张"的。更不要说人工智能的进展,有人断言 5 年、10 年以后将实现人机相连,这就意味着可以形式化的、用数学表达的知识不需要你学习了。所以,今天的大学面临重大挑战。我有一次开玩笑说,现在大学面临的最可怕的一个情况恐怕是,你把学生招进来,等他毕业的时候这个行业已经没有了。

以上是"技术生活世界"的一些现象上的变化,我分述了几项,图像、说唱、数字、教育等。我们当然还可以继续说开去,而且实际上还有一些更根本性的变化,我下面主要讲三点:一是词性之变,二是物性之变,三是时空之变。

第一，词性之变。首先是从名词文化到动词文化的转变。刚才说了，海德格尔揭示了"第一开端"或者"转向"中从动词文化到名词文化的转变。动词文化是说唱文化，名词文化是哲学和科学的文化。而在另一个转向中，已经或正在发生从名词文化（概念性的哲学）向动词文化（大概是艺术哲学）的转换。名词性的哲学进入动词世界了，这意味着什么呢？我们可以看出，20世纪哲学的基本词语大概有两个特性：第一是动词性，动词性就是非概念性，比如20世纪最重要的哲学词语，如"实存""此在""本有""直观""理解""游戏""解构""话语"，实际上都是动词性的，虽然现在我们还是用动名词形式来加以表达。第二是离心性，所谓离心词语就是非向心的或者非同一性的词语。哲学的词语一直以同一性的词语为主，但现在不一样了。比如说在20世纪哲学词语中，"差异""多样性""对抗""模糊""非确定""相对""多元论""残片化""异质性""怀疑论""解构"，这大概是20世纪最基本的哲学语汇，它是离心的，而不是向心的，不是中心主义的。这就表明了词性的变化。

在社会文化层面也有同样的表现。美国文化学者凯文·凯利（Kevin Kelly）说："永无休止的变化是一切人造之物的命运。我们正在从一个静态的名词世界前往一个流动的动词世界。"我相信他一定读过海德格尔的书。凯利列述了12个基本动词，比如说"形成"（Becoming）、"知化"（Cognifying）、"流动"（Flowing）、"屏读"（Screening）、"使用"（Accessing）、"共享"（Sharing）、"过滤"（Filtering）、"重混"（Remixing）、"互动"（Interacting）、"追踪"（Tracking）、"提问"（Questing）和"开始"（Beginning）。这12个动词所标志的力量越来越强，成为未来的基本轨迹，决定着我们文化的走向。这是一位文化学者的想法，他敏锐地洞察到了我们时代发生的变化，生活世界的词性之变。

第二，物性之变。从形态上讲，世上大概有三种物：自然物、手工物、技术物。在技术统治的世界里，自然物和手工物已经隐退了。我们今天这个报告厅里已经没有一件是手工物了，所有的东西都是机械制造的。1980年我进浙大的时候可不是这样的。中国社会最近40年发生的最大变化就是手工的自然生活世界退场，进入技术工业的世界。这是生活世界的巨变，也是所谓"人类世"的基本标志。我最近在研究颜色，觉得颜色问题恐怕是被哲学遗忘了。在今天的"技术生活世界"里，因为物的变化，颜色当然也变了。手工自然生活世界的差异化的色彩慢慢淡出，单调的"技术色"——我想可以大胆提出"技术色"概念——成为主导性的。中国美术学院有一个研究中心专门研究颜色的，但在美院不说"颜色"，而说"色彩"。在哲学人文科学传统线路上，除了牛顿的科学的颜色理论和歌德的偏艺术的颜色学说，人们对颜色的讨论还不多。我觉得需要更多地关注颜色，探讨这个正在消失的色彩缤纷的世界。

因为物和物色之变，物的感知和经验也相应地改变了。这个变化太深刻，也太隐蔽了，以至于我们多半没有觉察这种变化。从总的趋势上说，技术工业把我们的生活世界变得越来越抽象。什么叫越来越抽象呢？因为技术物是同一性的，无差别的。这时候，我们的感知就经常会空转，无法落到实处，无法把某个事物跟别的事物区分开来。我们面临这样一个艰难的问题，就是我们进入一个抽象的世界，它在今天越来越被表达为数字文化和数字世界。"数字世界"大概是技术抽象世界的最后阶段。

在哲学史上，物的变化表现为"物"概念的变化。这部分内容我在别的地方多次讲过，这里只做简述。"物"的概念史实际上就是整部哲学史，在欧洲哲学史上明显地分为三个阶段：第一个概念是古典哲学的"自在之物"（Ding an sich），即物的存在在于它自己、它本身。古典哲学做了一个假定：物是恒定的、不变的，自然是强大的，物的意义或物的存在就是它的自在性。这才有古典的哲学里的"存在学"（ontology），就是关于存在的讨论。第二个概念是近代哲学的"为我之物"（Ding für mich），即物是为我的对象。近代哲学发生了一个重大的变化，从"自在"转向了"为我"，物是为我的，是 for me 的，是"为我之物"。我们知道康德做了一个著名的假定："自在之物不可知。"他因此已经拒绝了传统的哲学，同时启动了近代哲学的对象性思维：物的存在就是"被表象性"，就是"对象性"。今天我们的思维就被这一套对象性思维控制住了。我们把所有事物都看作我的对象，然后加以分析和探讨。第三个概念是"关联之物"，即物的意义既不在"自在"，也不在"为我"，而在于它如何与我发生关联。现当代哲学，尤其是现象学以及之后的哲学，把事物的存在看作一种"关联性"。物的意义在于关联性，就是它如何呈现给我们、如何给我们。于是 20 世纪的哲学才启动了关于"视域—境遇—世界"的讨论，海德格尔和维特根斯坦都是如此。我们看到，现象学哲学比今天的互联网更早地进入对"互联"的思考。万物互联——人物关联、人人关联、物物关联——首先是现象学哲学启发出来的。生活世界被理解为一个个意义生成的世界或者说关联体，相互关联的事物在不同的境域中被把握。20世纪哲学达到了一个听起来十分平常，但实际上具有重大突破意义的点位。

从古典的物之自在性到近代的物之对象性，再到今天的物之关联性或者物之互联性，这是"欧洲—西方"哲学的三部曲。今天我们早已进入一个新的阶段，但我要说的是，这个物的互联性是技术工业加给我们的，这就是马克思说的"普遍交往"，所以马克思真是天才。

"物"概念之变，我刚才已经说了三种，从"自在"到"为我"到"关联"，这样的变化对应于西方哲学的三个阶段：一是ontology（本体论），二是知识论，三是现象学或者是语言哲学。这个细节我就不说了。同时它们也对应于西方哲学关于"世界"的三次理解，我粗略地把它们描述为自然世界、对象世界和生活世界。今天跟我们关联特别密切的是"对象世界"和"技术生活世界"，对象世界是欧洲近代自然科学的世界，今天还是我们基本的思维框架；而"技术生活世界"，至少在非哲学的一般意义上可以把它描述为一个人化的或者人造的技术工业世界。当然像胡塞尔和海德格尔这样的哲学家试图突破惯常，思考这个"技术生活世界"背后的东西，但这不是我们今天讨论的重点主题。而对象世界和技术世界，这两个世界对今天人类的生活来说却是无比重要的。

第三，时空之变。刚才我们讲了词语的变化和物性的变化，第三个重要的变化是时空经验的变化。世界的经验尺度变了。从19世纪以来，哲学家发现了另外一种时空经验，不再是技术物理的时空经验。线性时间观渐渐失去了效力，非线性时间观开启出来了——我大胆地把它称为"圆性时间观"，当然这还是一个试验性的命名。在技术工业的影响下，自然生活世界发生了巨变，导致了传统线性时间观与以之为基础的传统精神表达体系的衰落以及新世界经验的生成，尤其是开始酝酿一种新的时空观。这方面的关键人物又是尼采和马克思。马克思在开始做哲学的时候是有非常敏锐的洞察力的，他说时间和空间是生产的尺度。很遗憾他后来没有进一步思考下去，忙着去分析和批判资本主义社会了。他第一个认识到，时间和空间是生产的尺度，是人类劳动和生活的尺度，而不是物理学意义上的运动的计量。

　　然后是尼采。尼采首先以"相同者的永恒轮回"学说尝试一种圆性时间理解，开启了一种以"瞬间—时机"为核心、过去与将来碰撞的"循环—圆性"的时间经验。尼采所谓"时间本身就是一个圆圈"，直接地表达了一种新时间经验，即一种与传统线性时间观相区别的非线性时间观。现在我们终于体会到，尼采的这种洞见是十分天才的。海德格尔更进一步，他在前期哲学中思考了以"将来"或"未来"为定向的三维循环时间。在"过去—当前—将来"的时间三维结构中，"将来"是引导性的，只有通过指向"将来"的筹划，"过去"才可能发动起来，"当下"才可能是行动的。这个时间观念当然跟尼采有关。我们看到，海德格尔的《存在与时间》中没有一次提及尼采之名，但我估计他暗地里早就在读尼采。这件事情也很有意思，总之这种循环时间是跟尼采有关的。海德格尔在后期思想里开展了一种本源性的"时—空"（Zeit-Raum）理解。"时—空"原是一体的，两者的分离是科技时代的事。后期海德格尔做了十分神秘的讨论，时间与空间的一体性后来是怎么分离的等等，但今天我们不拟展开。

　　换句话说，除了科技时间和空间观，或者说"技术—物理"的时空观，还有其他不一样的时空经验样式。什么是科技的时间观？人们今天基本上依然坚持着牛顿的线性时间和绝对空间。我一看，现在是 3 点 57 分，这叫线性时间，也被表达为时钟时间、钟表时间。这种时间不断地在流逝，而我们就在流逝中"等死"。空间也很简单，所谓绝对空间是抽象空间，是空虚的空间，它是可以测量的。我一进这个报告厅，不经意间就已经完成了目测，长宽高多少米。我一直觉得西方的空间观是时间经验引发的。线性一维的时间在空间上被表达为长宽高的三维。我甚至有个推测，与西方不一样，中国的时空观首先是由空间经验引发的，所以我们会说"宇宙"——宇是空间，宙是时间。我们把空间放在前面，欧洲人总是把时间放在前面。是不是可以做一个对照？

　　再换言之，我们也可以说，除了物的时空，还有事的时空。物的时空是"可测量的—物理的—技术的"时空，而事的时空是"行动的—创造的—艺术的"时空。前者是形式的和抽象的，而后者是实质的和具体的。我认为，我们可能要进一步关注和探讨的是，在一个"技术生活世界"里，对于我们实际的生活和创造来说，我们需要什么样的时空观念，而不再只是一个技术物理的时空表达。

四、当代/未来艺术和哲学的任务

我们现在来讲第四个问题：当代艺术和当代哲学的任务是什么。我们前面已经做了一个初步描述，什么是技术生活世界，以及技术生活世界里最基本的变化，涉及词、物、时空等现象。我正在主持两套丛书，一是"未来艺术丛书"，二是"未来哲学丛书"。未来艺术和未来哲学是我最近一些年的工作重点。问题在于，我们如何理解当代艺术及艺术的未来？哲学的失败——20世纪被讨论得最多的是哲学的"终结"——也是它的机会吗？哲学如何重新启动？当代艺术和当代哲学的使命是什么？所有这些都已经成为我们今天的艰难课题。你当然可以去钻研艺术史和哲学史，这没问题，有必要也很安全，可以在其中自娱自乐，虽然越来越没人理睬你。我们的哲学系大概主要是培养哲学史家的，今天的大部分哲学都是这样的。

我的观点有所不同，我认为，艺术和哲学必须取得"未来性"形态，首先要完成从历史性向未来性的转变，从历史哲学向未来哲学的方向性转换。我们首先要关注的是，艺术和哲学的未来使命是什么？因为艺术和哲学太重要了，这两个要素是文明最核心的东西。尼采一直说，一个文明好不好取决于艺术与哲学的关系。我一开始理解不了他的意思，这是什么话？尼采也一直在追求这样一种人的理想，所谓"超人"，而"超人"其实就是"艺术—哲学家"或"哲学—艺术家"。"超人"是一个"艺术—哲学"的理想类型，构成一种二重性的差异化的人性规定。其使命是，面对被技术工业深度改造和重塑的"技术生活世界"，为重建当下和未来的新生活世界经验做出贡献。这也成了我对艺术和哲学的要求。如果艺术和哲学不能为我们正在发生的或已经形成的新世界提供新的经验，那我们要它们有何用？

当代艺术已经先行一步，第二次世界大战以后，从20世纪60年代开始，当代艺术真正的开创者约瑟夫·博伊斯完成了一个革命性的转向：把艺术当作是我们生活世界最重要的构成元素以及我们每个个体的创造性行为。艺术不再是挂在墙上的一幅画，或者室内的一个雕塑，有空看看，没空就不看了。艺术时刻在发生中。每个人的行动、每个人的观念都可能成为艺术的要素，都可能成为艺术的行动。这个转变十分强大,因为这种转变,我一直认为当代艺术是20世纪人类最重要的文化现象。

从19世纪中期的费尔巴哈开始,哲学也开启了未来方向。费尔巴哈于1843年出版了一本《未来哲学原理》,首次提出"未来哲学"概念;之后马克思开始思考和筹划未来的人类社会形态;尼采后期一直在思索"未来哲学的可能性"问题。正是这些哲人开启了哲学人文科学的新局面。人文科学向来以过去/历史为定向,不光如此,我们总是贬低现实,同时虚构一个美好的过去,我们总是认为古人活得比我们好。真的这样吗?你相信吗?甚至经常有人主张恢复古人的生活方式,你可不要上当,这些人一面提倡复古,一面享受着现代文明的各种舒适。你让他自己回到古代生活,他多半是不干的。我认为,面对今天技术统治的新生活世界,人文科学需要有一个重新定向:以未来为目标。为什么呢?一句话,这是新的生活世界经验,特别是新的时间经验所要求的。

未来艺术和未来哲学的使命在于:重建生活世界经验,筹划未来生命形态。刚才我讲了,"人类世"等于技术人类文明。自然人类精神表达体系趋于崩溃和衰败,自然人类生活世界的经验慢慢失效了,这个时候我们需要来思考,如何应对动荡不定的世界?这种动荡不定已经在我们精神世界里充分展现出来了,今天人类心思可谓前所未有地不安定,精神病患者占人群的比例不断提高。精神生活的不安和动荡未必是坏事——精神本来就是动荡的,不"动"了还叫人吗?但是,如果太不安定了,你无法适应一个个变异的东西,你就完全没有了坚实感和稳定感了,你不知道自己的手往哪里伸,放在哪里,这时候,很多脆弱的心灵就麻烦了,弄不好就出事了。

未来人会怎么样呢?我又想到了尼采。回头来看,虽然尼采时代的技术工业还很不发达,但他当时已经对由技术规定的未来人类形态有了预言。尼采提出了"末人"概念,或者直译为"最后的人"(the last man)。所谓"末人",尼采说是被计算和被规划的人。我们难以想象尼采当时竟然会说这样的话。今天我们大概就是被计算和被规划的人了,我们大家都成了尼采的"最后的人",我们是最后的自然人了。我们不断被技术化,被技术工业所绑架,而且是在精神和肉身两个方面被技术化。那么,需要思考的是,自然人类被技术化的限度在哪里？人类的自然性与技术性可能达到一种平衡吗？可能吗？马克思设想的共产主义社会是要达到自然性和技术性的可能平衡吗？我们看到，马克思在早期著作中不断思考一个问题：人文主义与自然主义的平衡。所以我愿意相信，马克思已经开始了未来生命哲学之思。未来的生命形态和生活方式是需要重新想象的，我认为这是一个生命哲学的问题。

与此相关的另一个问题是：如何抵抗技术？这里所谓"抵抗"并不是说我们要把技术消灭掉，而首先意味着如何采取一种对技术的适当姿态。比如说，如何面对今天越来越强化的"量化—技术化"的管理。"计量—数量化"管理和大数据的监控已是大势所趋，恐怕谁也跑不了。我已经在大学里学习和工作了42年，看到了日益强化和加剧的量化管理，对人文科学来说影响尤其严重，大家都在抱怨，但好像谁也没有办法。今天我们更面临大数据对我们的监控。个体的自由和权利不断受到侵害，这是技术工业或者被利用的技术手段的负面效应。人类已经进入当代艺术家安瑟姆·基弗所谓的"数码集中营"中了。基弗是当今世界最重要的艺术家之一，他敏锐地意识到了今天人类的处境，他说要是没有艺术和哲学来抵抗技术的不断控制，每个人都会被数字化，失去自由和个性。今天的艺术人文学——我不想说人文科学——还能做什么？如何进行抵抗？

新世界经验的重建的核心课题是时间和空间经验。未来的艺术和哲学要在线性时间观和"技术—物理"的空间观之外发现新的时空经验。这方面的许多工作是高难度的，需要多学科合作推进。我大胆写了一篇文章，题为《圆性时间与实性空间》，试图从尼采和海德格尔出发对时间和空间做一次新的命名。各位有兴趣可以看看。

我认为，未来艺术和哲学的根本目标只有一个：保卫个体自由。为什么这么说？技术工业不断地强化了传统哲学的制度性力量，那种普遍主义和集体主义的力量。这时候才产生了一种新哲学，即实存哲学——后来我们一般翻译为"存在主义"，明显不妥。"实存哲学"实际上就是"个体哲学"。但个体哲学一直以来是受到压抑的，到20世纪终于成为哲学主流之一。个体实存哲学受到压制当然是有哲学的内在逻辑的，哲学史上甚至有言：个体是无法言说的，因为我们只能用普遍的公共的话语来表达个体，而只要我们用普遍的公共的话语来表达个体，就肯定伤害了个体，这就是一个悖论。实存哲学——存在主义哲学——是对"本质主义—普遍主义"的主流哲学及其同一性制度的反抗,它是战后当代艺术的观念前提,也是未来哲学的一个背景。

生活世界已经被高度形式化/抽象化,已成为一个同一化/同质化的世界,人类自身也正在不断地被同一化/同质化。未来艺术和哲学要确认一个根本目标:保卫个体自由。这一目标是考量当今各种纷繁复杂的主义和理论主张之有效性的试金石。我最近有一个发言在网上传播,其中一个说法是:"保护个体的差异性和多样性,保卫个体的权利和自由,这是所有制度的出发点和着眼点,也是哲学的任务。"判断大大小小各种制度的好坏实际上只有一个依据,看它是否从个体的权利和自由出发进行构造。本质主义者/普遍主义者会跟我急眼:如果没有一个好的集体,怎么可能有个体幸福?这当然是持久的争论了,再挑起这种争论就比较无聊了。我只想说,在技术统治时代,个体和个体自由的优先性是技术文明所要求的,因为在技术工业的加持下,本质主义/普遍主义的制度构造越来越严苛,个体已经没有空间了。技术给我们带来了普遍的可交往性(马克思所谓的"普遍交往"),也就是自由,但技术同时也对每个个体做了格式化的敉平处理,个体殊异性和差异化消失了。这是技术的双刃剑效应。与此同时,在今天和未来更可怕的事情是,技术与政治联手,对个体进行普遍监控,致使个体权利和自由处于危险境地。

五、再问:这个世界还会好吗?

最后我再一次追问:这个世界还会好吗?我们需要明白今天人类的形势和未来人类的趋势——我们的"命势"。我想可以用"命势"一词,意思无非是"命运"和"运势"的结合。今日人类的"命势"如何?我想指出几点:

第一,技术统治。意思不难理解,现代技术已经成为文明的主导性势力,是人力不可违抗的势力。当今人类文化当中没有一种要素抵抗得了技术。海德格尔说现代技术是人类的"天命"(Geschick),命势已定。但这并不是说我们就不抵抗了。我认为,在今天和在未来,艺术和哲学(艺术人文学)就是为了抵抗技术而生的。这就关乎姿态,无论是技术乐观主义还是技术悲观主义都过于简单了,都很难成立了。接续海德格尔的思想,我曾提出一种"技术命运论"。"技术命运论"不是逃跑主义，也不是宿命论。技术是"天命"，"天命"要求我们顺应之，但这种顺应意味着不是屈从，而是抵抗——我们需要抵抗，不然我们就会更快速地衰败和毁灭。①

第二，技术风险。我们必须正视技术风险，必须以大尺度来观察这个问题。现在越来越清楚了，文明最终是由基础学科来规定的。现代工业文明起初主要是物化技术（物理工业—化学工业），现在占主导的是数生技术（数学工业和生物学工业）——好像没人说"数学工业"，但我想提出这个概念。物理工业特别是核弹核能，化学工业特别是环境激素，数学工业特别是人工智能，生物学工业特别是基因工程，都在造福人类的同时给人类带来了致命的风险。现代技术已经进入加速状态，自然人类面临重大的危机。我随便举一个例子：前两天世界气象组织最新报告，未来 5 年全球气温较工业化前升高 1.5 度，概率为 50%。听起来不多，但下面这句话更恐怖：北极升温出现异常，是全球平均值的 3 倍，后果可想而知，可以说后果不堪设想。如果北极全面融化，全球海平面将上升 6 米。再看看现在的全球极端气候，你能想象前些日子印度新德里的温度是 50 度吗？

第三，数字存在。前面说了，今天是"数学工业"的时代，当然也可以把它表达为"数字文化"或"数字工业"。"数字存在"成为一大问题。已经和正在生成的"数字存在"样式被莫名其妙地命名为"元宇宙"（metaverse），后者最近被热烈地讨论和炒作。数字虚拟存在将是技术人类的基本存在方式之一。当然我们的肉身存在还将延续，但我们正在走向另一种存在，更应该说我们已经身陷其中，正在加速实现这一存在方式。今天离开手机、电脑、互联网，你还能生活吗？一个新文明正在形成当中，这种新文明的基本特征就是数字存在。

虽然已经不完全，但今天我们依然是自然人类。自然人类如何面对这种"命势"呢？我还想指出三个关键词，是我最近想得比较多的：一是"下降"，二是"转换"，三是"抵抗"。我最近有一个即兴讲话，记录者发布时立了一个标题：

---

① 可参看拙文《海德格尔与技术命运论》，收于孙周兴《人类世的哲学》，商务印书馆 2020 年版，第 125 页以下。

"文明进入下降通道,生命必须抵抗愚蠢"。这个标题听起来比较突兀,也有些吓人,但后来想想也不错。所谓的"文明进入下降通道"其实表达的是一种世界转换,就是自然人类文明不断地下行,转换为"技术生活世界"。对自然人类文明来说,必然意味着下降,或者如尼采所说的"没落"。但我们大概已经被传统哲学的思维方式控制了,我们总认为上升是好的,下降是不好的;我们总认为前进是好的,后退是不好的;我们总认为积极是好的,消极是不好的;我们总认为上面是好的,下面是不好的。这种二元对立的思维已经成了我们的习惯,难以纠正。但我们真的需要提高警惕,需要有一种"解构"精神。比如文明的"进步"和"上升",真的是可以持续的吗?一个不断增熵的文明是不可持续的。斯蒂格勒提出了"负熵",这位 2020 年自杀的法国哲学家一直在思考增熵与负熵的关系。"负熵"是一种"下降"的力量,它指向"技术生活世界"经验的重建,这种重建既是抵抗又是扩展,已经是当务之急。

梁漱溟先生的父亲梁济,问完"这个世界会好吗?"之后就投水自尽了。一个朋友在朋友圈里面转了我这个报告的海报,评论说:"希望今天的我们问完这个问题以后,不至于如此绝望。"这位朋友的心思明显偏负,但我们确实需要这样的追问。人生必须有一种彻底的追问和思考,所以才需要哲学。好像是胡塞尔说的,哲学本是一种彻底的思考。梁济式的绝望是一种彻底的姿态,但他选择了自杀,选择了一种有违生命本体的自我否定,当然不可取。我们知道叔本华是一个悲观主义者,但即便是叔本华都坚持认为生命意志本体不允许自杀。绝望中的希望、没落中的重启才是正道,才是人生此在的天命。

今天出门之前我还在跟线上的朋友聊这个话题。我最后想把下面这句话送给线上线下的朋友们:无论这个世界原本好还是不好,它未来一定会好的。有人说这是鸡汤吧?我说不是。或者我更应该换一种说法:无论这个世界好不好,我们必须把它理解为好的。这大概是我研究的哲学家尼采的基本想法,尼采把它叫作"积极的虚无主义"。这世界不好,人生痛苦,生命有限,但人生的虚无,世界的不好,不是我们消极生活的理由。学过哲学史的都知道,这一点使尼采与叔本华区分开来了。

儒学的智慧教给我们什么

彭国翔　教授

2022 年 6 月 15 日

　　我们的这个题目是"儒学的智慧教给我们什么?",所以我们首先要了解一下什么是"智慧"。广义的知识其实是分为不同层次的,主要是四个层次:第一个是最零散、不成系统的,就是一堆"数据",英文叫 data;第二个稍微高点,成一些系统,叫"信息",也就是 information,港台翻译成"资讯";再往上就是第三个,即我们一般讲的狭义的"知识",就是 knowledge,它是比较确定的,可以反复的;但在这之上还有第四个,就是我们讲的"智慧",wisdom。对于"知识",我们觉得很了不起,可以征服自然。当年,"知识就是力量"成为西方的那些哲学家、科学家的一个信条。但是,放到佛教里面,"知识"就没有什么了不得的。佛教说"转识成智","识"是比较低的,要提高一层,到智慧才可以。

　　其实,我们人文学科教的东西,主要是要提供给大家"智慧"的,不仅仅是知识。不是说你记得孔子哪一年生、哪一年死,亚里士多德哪一年生、哪一年死,那没什么用。所谓"智慧",是一种转化性的力量。什么是"转化性的力量"? 就是你学了这个东西之后,它让你这个人有所改变。朱熹当年说,你读了这本书之后,如果今天的你还是昨天的你,这本书你便没读过,因为对你没有产生转化性的效果。所谓"转化",用中国哲学的术语来讲,叫"变化气质",这就是智慧对我们产生的作用。它不一定给你确切的知识,你学了之后不会修电脑,我嗓子坏了,你也不能给我开药,但是它会给你整个身心带来变化,你可以做一个更有智慧的人。有智慧的人和没有智慧的人是不一样的。

　　哲学是提供智慧的。哲学不是一个具体的什么"业",你说我去经商,去做工程师,去做医生,那是具体的"业"。同样是当医生,有智慧的和没有智慧的是不一样的。做官也是一样,做商人也是一样。所以,哲学提供的智慧是一种普遍的东西,很重要。

一、儒家的理想人格——君子

我讲的是儒家的智慧,但是智慧不只是儒家能提供,世界上所有大的精神性的传统,都可以提供智慧。那么智慧是什么呢?它教我们什么东西?我不知道在座的有没有信佛教的,有没有佛教徒?有没有基督徒?可能有也不敢说吧(现场笑声),没关系。每一个"精神性"的传统(我不用"宗教性",那容易引起问题,我们用"精神性"这个词)里面都有它自己核心的问题意识,或者说它的终极关怀。其中很重要的一个就是:我希望自己成为一个什么样的存在。注意,我没有用人格,因为有的传统,其目标不是要成为人的,比如道教,修炼的目标是成仙,那就不是人了。

但是儒学呢,它核心的问题意识就是成为理想的人。我们知道《论语》里面有一个词叫"成人",这个"成人"不只是生物学意义上的。你 18 岁了,你的身体发育成熟了,这就叫"成人"吗?不是的,儒学不这么认为。真正的"成人"是一个成熟的人,有智慧的人。而你的整个存在过程,就是一个不断成长的过程。"成人"的"成"也是一个动词,你只要没死,今天的你都可以比昨天的你更好。中国人讲,盖棺才能论定,你没盖棺,你都可以变得更好。这个"更好"的过程就是一个不断成长的过程。儒学的问题意识就是:我希望自己成为一个什么样的人。

儒学希望理想的人具备什么样的人格呢?对儒学稍微有点了解的人都知道,那当然是成圣成贤。在王阳明那个时候,大家觉得考中了进士,就可以光宗耀祖,很了不得了。但王阳明不满意。他老师问他说,你要成为哪种人?你考中进士还不满意?王阳明说,我要成第一等人。什么叫第一等人?做圣贤是第一等人。当然,做圣贤说得比较高远。你看《论语》里边,孔子讨论"圣"并不多,但相对来讲,讲"君子"就非常多。同时,他经常会进行对照,就是"君子"如何如何,"小人"如何如何。所以说,儒家的核心问题意识,可以说就是要成为一个"君子"那样的人。

什么是"君子"呢？那么问题就来了。我们知道，"君子"这个词很早就有了。在座的诸位，我说你是个君子，你就很高兴；我说你是个小人，你肯定就不高兴。什么意思大家都知道。在现在的语言里面，"君子"和"小人"是德性、品德的概念，但君子和小人本来不是按品德来分的。在孔子之前，"君子""小人"这两个词就存在，指什么呢？君子是指贵族，小人是指庶民。所以说，君子和小人是由血统决定的。你生在贵族之家，你就是君子，这是无可改变的，是由出身决定的。孔子的贡献之一，就是把区分"君子"跟"小人"的标准从血统转化为德行、品德，用一个字来讲，就是从"位"转化为"德"。这是孔子的一个了不起的贡献。这样的话，任何人都可以不受出身的限制，只要提升自己的品德，成为一个优秀的人，就能够成为一个君子。所以说，要做君子首要的就是成为德行高尚的人。在这个标准面前的话，人人都在一个起跑线上。孔夫子说："我欲仁，斯仁至矣。"我只要想成为一个好人，那没人拦得住我。君子的第一个内容，就是品德、德行。

光有品德、德行，是不是就足以当君子呢？不是。我们知道，孔子当时是以博学多知著称的，他是一个非常有知识的人。所以，你要想形成君子这样的理想人格，光有品德还不行。还要有什么呢？知识。打个比方说，你是一个有德行的人，有德行的人当然是有同情心的人。用今天的话讲，比如说，你碰到一个濒死的人，他需要救助。这个时候，你只有同情心，却没有足够的救护知识，救不了他，那你一定会感到非常遗憾。对不对？遗憾说明了什么？说明你自己这个同情心，或者说你的这颗"仁心"没有能够实现出来。你只有掌握了足够的救护知识，把他救活了，让他没有死，你这个仁心才能得到充分实现。所以《中庸》同时强调"尊德性"跟"道问学"。"君子尊德性而道问学"，这两个方面就像鸟的翅膀一样，两个翅膀健全才能飞起来，只有一个翅膀是飞不起来的。所以，要想成为君子，除了品德之外，还要有知识。孔子当年就是以博学多知闻名天下的。

品德和知识都有了，是不是就够了呢？也不够，还不足以当君子。那君子还有什么特点呢？君子一定是政治、社会参与的主体。为什么呢？这跟儒家对人的理解有关。我下面会讲到。

不同的传统对于成为一个什么样的人提供不同的答案。比如说，我们知道基督徒里面有一个很了不起的存在主义哲学家叫 Kierkegaard，我们翻译成克尔凯郭尔，台湾翻译成祁克果。他是存在主义的一个重要人物，可以说是开创性的人物。他是一个虔诚的基督徒，他说，我这一辈子念兹在兹（用孔子的话来说，就是"造次必于是，颠沛必于是"）的，是如何成为一个基督徒。如果你是一个佛教徒，那就是如何成为一个像佛陀那样的人物。道教徒就会把如何成仙当作自己念兹在兹的问题。我们知道吕洞宾、蓝采和、何仙姑等八仙，都是凡人飞升的，道教有这样的追求。而成为君子，是儒家的追求。除了德行跟知识这两方面之外，君子还有没有别的人格呢？君子是一个政治、社会的参与主体，这是跟别的传统不一样的地方。

在儒家看来，人不是一个孤独的个体。《论语》里面有个故事，不知道大家注意到没有。孔子所处的那个时代是个乱世，有些人希望找个清静的地方躲避一下，于是就有隐士。孔子其实也很向往隐居。这是可以理解的。当你碰到很多问题的时候，当你失意的时候，当你觉得无力改变的时候，你自然会萌生退隐之心。孔子自己也讲过类似的好像隐士说的话。他说："道不行，乘桴浮于海。"意思是说，如果我的理想不能实现，我就坐个小筏子漂流到海外去了。《论语》里还有"子欲居九夷"的记载。什么意思？是说孔子想要跑到边远的地方去躲起来。为什么？因为他觉得中原地区很乱，没办法生活。不过孔子最终并没有做出那样的选择。

《论语》记载了孔子遭遇隐士的故事。你不要以为，当时孔子周游列国是从山东到浙江。从山东到浙江现在买个高铁票就到了。大家知道文字是什么时候统一的？语言什么时候统一的？度量衡什么时候统一的？货币什么时候统一的？那都是在孔子之后的事情。孔子那时候周游列国，是正儿八经的出国。语言不通，文字不同，货币也不一样，对不对？也许还要办"签证"，那种挑战是很大的。不像我们今天，大家都会说普通话，到外国也没关系，也会说国际"普通话"——英文，对不对？没什么了不得的。但孔子很难的。他当时路过一个地方，不认识路，便派他的一个学生子路去打听。子路遇到了几个人，就是当时的隐士。隐士听说子路是孔子的学生，便说："你既然是孔丘的学生，那你就不需要问路了，因为他什么都知道啊。"这当然是调侃孔子，不过这说明孔子当时已经以博学多知闻名天下了。但你再博学多知，也不可能在一个陌生的地方知道路该怎么走。隐士又对子路说："如今天下大乱，你不要跟着孔子了，跟着孔子到处碰壁，君主并不听他的意见，你还不如跟着我们好呢。"子路回去之后，把这番遭遇以及隐士的话告诉了孔子。孔子沉思了一下，然后说了一句经典的话。正是这句话，把儒家的价值取向跟隐士或者说这种倾向于道家的价值取向区分开来。孔子说："鸟兽不可与同群，吾非斯人之徒与而谁与？"这是什么意思呢？作为一个人，我不能跟鸟兽同群，不能像鸟兽那样。鸟兽看到天下大乱，不好弄，可以自己找个地方躲起来。对不对？后世的陶渊明也是这样，就是避世。孔子当然也很欣赏这个行为，他也有无奈的时候。但是，孔子没有采取这样的做法，他自觉采取了不消极躲避的态度。他说："吾非斯人之徒与而谁与？"意思是说，我不与人为徒，还能与什么为徒呢？这就是说，孔子自觉地选择不像鸟兽那样逃避社会，相反，他要与人为徒，要自觉地进入社会，去改变、转化它。

我经常说，面对乱世，可以有三种态度：第一种是"同乎流俗，合乎污世"，就是我们讲的"同流合污"。那很简单，最容易做，而且那样做你也许可以得到很多好处。第二个比较难一点，就是洁身自好。你看不惯这些，跟它保持距离，或者躲开。这就是隐士的选择，比较不容易了。但是，孔子的选择更难，他不躲避，而是要深入其中去改变它。这个非常难，因为有些时候我们还没有改变它，它就先把我们改变了。不过，这个是孔子自己自觉的选择。"鸟兽不可与同群，吾非斯人之徒与而谁与？"这句话非常经典，就是说，我不是一个孤独的个体，我是生活在人群当中的，生活在社会当中的，我要成为一个有智慧的人，是不能脱离这个群体的。所以说，作为一个君子，他一定是一个政治、社会的参与者。这是君子的第三个方面。

不过，参与也可以有不同的方式。投身社会、参与政治可以有不同的方式。我举个大家都知道的例子。汉代的时候，有个大儒叫董仲舒。董仲舒有一个同学，叫公孙弘。不知道在座的各位有没有读过相关的历史书，知不知道史书是怎么记载公孙弘的？一谈到他，读过历史的人马上就会想到四个字，"曲学阿世"，就是扭曲自己的学问去阿谀奉迎。公孙弘一开始跟董仲舒是同学，看到社会上不好的现象，公孙弘也会批评，但批评之后，就受到了当局的惩罚。后来他就学乖了，不再提出不同的意见，只说好话，不做批评，这样一来，他就升官发财了。但董仲舒不是这样。以前我们教科书上把董仲舒也写成一个维护君权的人，其实不是这样。董仲舒把"天"的地位抬得很高，是要制约君主。君主不是天子吗？那就要听你老子的话，对不对？比如说，有什么地方遭灾了，董仲舒就说，你看哪个地方地震了，哪儿又发生什么奇怪的事情了，这是天怒了，天要告诉你，主政的人要反省并改善了。但是，君主和地方主政者可以不听嘛！所以，这并不是一个好办法。你看，董仲舒和公孙弘这两个同学都参与社会、投身政治，都扮演了社会政治主体的角色，但他们各自采取了不同的方式。公孙弘采取的是曲学阿世的方式，他对他的同学董仲舒也很"照顾"，他推荐董仲舒去做胶西王的相，你们觉得这个同学是不是够义气？推荐自己的同学去做相，可为什么偏偏要董仲舒去做胶西王的相呢？因为胶西王有一个癖好，就是喜欢杀相。大家知道这是什么意思了吧？公孙弘是要借刀杀人，把他这个同学给谋害了。

这个故事的意思就是说，参与政治社会可以有不同的方式。那儒家是什么方式呢？当然不是像公孙弘这样的方式。曲学阿世当然是个不好的评价，所以说公孙弘被这四个字钉在了耻辱柱上。儒家是以批判主体的方式参与政治社会的。换句话说，儒家的君子参与政治社会，要发扬的是批判精神。批判不是说一定要跟你对着干，批判是要指出你的问题，帮你改善。对于被批判者来说，这其实是有益的。比如说，我们同学、朋友之间，一天到晚只说阿谀的话，你听得很高兴，但是对你自己的改善没有帮助。如果有朋友可以指出你的问题，那你要感谢这个朋友。孔子也说"益者三友，损者三友"。有损友，有益友，三种益友就是"友直""友谅""友多闻"，就是能够对你直言不讳、体谅你包容你、让你见多识广。君子要发挥的是批判精神。批判是为了变好，变得更好，你本来也很好，我就不用说了；我看到你的问题，我告诉你，帮你改变，难道不是比一天到晚说阿谀奉承的话对你更有实际的帮助吗？这是君子的第四个方面。

总之，君子是一个有品德、有知识、投身社会、参与政治，同时发扬批判精神的人。君子的最高层级就是圣人。圣人跟君子其实没什么不同，打个比方说，就像电灯泡一样，只是瓦数不一样。圣人大概是 120 瓦，君子可能只有 70 瓦、80 瓦。或者说黄金，都是黄金，但是圣人是 3 个 9 的，君子可能只有 2 个 9 的。这个对比不是我发明的，王阳明当年就用过。

二、人性论：成为君子的可能性

儒家的追求是君子这样一种理想人格。历史上所有的儒家人物，念兹在兹的都是"我如何成为一个有智慧的君子"。既然如此，我们就要问了，成为君子有可能吗？换句话说，你凭什么成为君子？凭什么成为圣贤？这就跟儒家对人性的理解有关系了。

比如说，我们要种花，得先有种子，才能开花结果。没有种子，没有"根"和"本"的东西，怎么开花结果呢？儒家认为，成为君子是有一个先天的必然保障的。这个保障或者说根本，就是人性本身；人性就是能够成为君子的种子。关于人性的问题，古今中外都讨论，现在还没有结论。到底人性是什么？善的？恶的？善恶混合的？无善无恶的？关于这点，儒家有自己独特的理解。

我们知道，先秦的时候，孟子和告子之间有一个很重要的论辩。在儒家的历史上，孟子这个人非常重要，他是亚圣，唐宋以后地位升得很高，所有的那些儒家人物在很多地方有不同的意见，但是在接受孟子的性善论这一点上没有意见。孟子最大的贡献是什么？就是他对人性的理解。孟子是从"四端之心"来界定人性的。"四端之心"里面，第一个是"恻隐之心"。"恻隐之心，人皆有之"，如果你没有恻隐之心，孟子说，那你不能叫人。他是怎么论证恻隐之心的呢？孟子不是像"三段论"那样论证，凡人皆有死，你是人，所以你必有死。这好像看起来很严密，但孟子不是这样论证的。他把你带入一个情景中。他说，当你突然看到一个两三岁的小孩儿要掉到井里面时，你心里自然而然会立刻产生一种不忍的震动。孟子说，你看，这就是你的恻隐之心的呈现。这是一个真实的呈现，越是跟这个孩子没有关系，越能证明这个恻隐之心是真实不虚的。那么，孟子和告子是怎么辩论的呢？告子说："食色性也。""食色"大家都很理解，食欲、性欲。告子说得对不对？我们人有没有食欲、性欲呢？当然有。但问题是，用食欲和性欲来规定人性对不对呢？孟子反驳说，我们是在讨论"人性"，拜托！告子老弟，你要讲"食色"，从食欲、性欲上来界定人性的话，那猫、狗、什么动物都有食欲和性欲，人和动物都是一样的，那你何以区别人和动物呢？人性是人之所以为人而有别于动物的属性，也就是人区别于其他存在的特性，这显然是不能用食欲和性欲来规定的。那么,孟子是怎么理解人性的呢?他说,人性应当从"四端之心"去理解,这是人特有的,这才是人性。

不过,孟子与告子并不是对立冲突的。孟子并没有否认人有食欲和性欲,他只是说,你不能从"食色"这种生物的本能来理解人之所以为人的独特。但是,人既然有"食色"这一面,即生物性的这一面,那么,在孟子讲的"四端之心"之外,又如何安顿"食色"这种生物本能呢?这个问题后来在宋明理学里得到了解决。宋明理学里面有一对概念,叫"天命之性"跟"气质之性",都讲我们的人性。"天命之性"就是说每个人都有先天禀赋的纯善的人性,孟子的"四端之心"就是天命之性在心上的表现。而"气质之性"则是使每个人都不一样的禀赋,虽然也是先天的禀赋,却是善恶驳杂的。

"天命之性"纯善无恶,但是为什么现实当中的人会有恶呢?因为我们的气质不一样,每个人都是有血有肉的个体。打个比方说,在座诸位不是只有"灵"的方面,还有"肉"的方面;不是只有"精神"的一面,还有"身体"的一面。儒家认为,正是因为你作为一个活生生的、一个有血有肉的存在,有气质,有驳杂,所以会产生善恶。

现实的人性当中当然是有善有恶的。有的人坏的、不好的经验多一些,可能就觉得人性大概恶一点儿、坏一点儿;有的人可能运气比较好,从小接触的人都是比较良善的,可能觉得人性还是不错的;有的人觉得善恶各一半;有的人觉得人性善恶取决于后天的学习、环境。这都对,但是孟子讲人性本善,不是在经验层面来讲的。他是讲人之所以为人,而有别于一般生物的那个特点。他讲的是四端之心:恻隐、羞恶、辞让、是非。大家觉得有没有?你们可以自己想一想。比如说,你在"乍见孺子入井"那种情况之下,内心会不会产生一种震动?产生一种不忍之心?那是不是你内心最深处的东西?这就是儒家对人性的理解。

你没有这个东西,就像没有种子一样,成为君子就是没有必然保证的。那样的话你怎么成为圣贤呢?儒家认为,成为君子也好,成为圣贤也罢,只不过是让你把那个本来就有的"性""心"充分地呈现出来。在这个意义上讲,成为君子和圣人的终点也就是回到起点。你说成为君子、圣人是来到一个终极的目的,但这个终极的目的不过是回到你最初的、最内在的那个起点。我们成为君子有没有一个先天的、必然的保证呢?有。儒家认为你的"天命之性""四端之心"就是保证,它为你成为一个君子提供了先天必然的保证。这是儒家对人性的理解,是比较独特的。

但是问题又来了。每个人都有这个"四端之心",但现实当中却常有这样一种情况:那个"本心"呈现了,一刹那有了不忍之心,但是很快它又没了,不发生作用了。看到一件事情,觉得应该做,应该见义勇为,但转念一想,哎呀,不能干,干了以后,会对自己不利,于是就不去做了。孟子也讲过"转念"的问题,干好事也会有"转念一想"的情况。孟子讲,那个恻隐之心是不假思索地觉得不忍,就去救孩子。还有三种"转念一想"去救孩子的情况,就不是真正的"恻隐之心"了。用我们今天的话讲,你是算计过之后才去救孩子的,不是自然而然、不假思索地发自你的恻隐之心。哪三种情况呢?孟子说,第一个是"内(纳)交"。什么叫"内交"?是说救这个孩子是为了跟这个孩子的父母建立关系,攀交情嘛?你脑子一转,孩子的父母是有权有势的达官贵人,把孩子救了孩子父母会感激你。孟子说,这种情况下,在你的"一转念"之间,你就已经失了"本心"了,即使救了孩子,也不是发自你的恻隐之心。第二个是"要(邀)誉"。什么叫"要誉"?是说救了这个孩子之后,就建立了自己的声誉,成了活雷锋,锦旗、鲜花都来了。孟子说,这也不是发自你的恻隐之心,也是经过一番算计的。第三个叫"恶其声而然",看见小孩掉井里面,哭哭闹闹,你很烦,把他捞起来了,那当然也不是出自你的恻隐之心。只有在看到孩子即将落入井里的当下一刻,你内心自然涌现的不忍之心,才是恻隐之心。孟子说,这是每个人都有的。我们每个人是不是都有呢?大家可以自己想想看。

当然,很多人的恻隐之心经常是不表现的,或者说,闪一下就过去了,但是恻隐之心这个东西很重要。孟子了不起的地方,就是抓住你,看你有没有这个东西。他要你时时刻刻抓住它,不要放过。所以孟子说:"学问之道无他,求其放心而已矣。"这个"放心"不是我们今天讲的你放心、没事儿、don't worry,不是这个意思。"放心"是丢了的心、放失的心,求放心就是把丢了的心找回来。孟子还有一个观点,他说,你养鸡的话,把鸡丢了,你会很着急要把鸡找回来。丢了鸡要找回来,那丢了心为什么不找回来呢?

孟子就是这样一个非常深刻的哲学家。但是,如何把这个"四端之心"的人性论展开,不是一件容易的事情。就是说,"四端之心"为我们成为君子提供了一个先天必然的保证。也就是说,你有那个种子了。"四端之心"就是一个人能够成为君子、圣人人格的种子。

三、功夫论：如何成为君子?

有了这个种子,就会自动开花结果吗? 不会。比如说,我们经常念头一闪,知道应该做一件事情,但最终还是没有去做;知道应该见义勇为,却没有去为;知道应该给这个老人让座,却没有让。诸如此类,生活当中太多了。一个人念起念灭之间,就在圣人跟凡人之间转换了无数次。如何才能让善念不落空而付诸实施,其实也就是如何才能让我们内在的种子开花结果的问题。这就涉及儒家智慧中关于"功夫"的问题了。

这个"功夫"不是练武的那个"功夫"。字是一样的,但内涵不同。儒家的"功夫"是讲什么的呢? 儒家也看到,虽然你有"四端之心"那个种子,用哲学词语讲就是有那个潜能,但是如何把它转化为现实,让它开花结果? 你有种子,但是你说我不管它,它可能就自生自灭了。你要浇水、施肥,它才能开花结果。浇水施肥就是功夫。那么成为君子、圣人的功夫是什么意思呢? 就是通过自己的自觉修养,不断让自己的"四端之心"呈现,让它发挥作用,这就是儒家讲的功夫。对这个问题的各种思考和总结,就叫作"功夫论",这在儒学里也是一个非常重要的传统。儒家功夫论关注的问题,就是如何不断培养我们内在的种子,让它开花、结果,使我们从一个潜在的君子成为一个现实的君子,使我们从一个潜在的有智慧的人变成一个真实的有智慧的人。

儒家的功夫有很多内容。读书可以作为一种功夫,静坐也是一种功夫。我们知道静坐在佛教、道教里面比较多,后来儒家把它借鉴过来。那么,儒家功夫的特点是什么呢?

一般讲功夫,大家很容易想到这样的情形:跑到庙里,闭关七日,打坐。这当然是做功夫。这个功夫有没有用? 当然有用。我们在日常生活当中容易被周围的环境、人事干扰。用孟子的话叫"物交物则引之"。什么叫"引之"? 就是说你的心思被外在的种种引诱走了,如此一来,你也就忘掉了你的本心。所谓"放心",就是这么放失掉的。所以,外在的东西常常构成一个牵扰。那你怎么办呢？你可以跟它隔离一下，找到一个什么庙啊，观啊，或者哪怕在一个宾馆里面，最好山清水秀，至少远离世事。这样你闭关七日，手机也关了，电脑也不看，就会觉得心灵获得了安宁。对吧？在这种情况下，你会慢慢内省，会觉得自己还是有本心的，自己不是个坏人，是个有良心的人，有同情心，有恻隐之心。这样的功夫有没有作用？当然有。但是，有一点大家不要忘了。你能不能长期处在这样一个与世隔绝的状态呢？如果你可以，你出家了，脱离红尘了，那当然很了不起，令人佩服。但是恐怕大部分人是做不到的，大部分人还是要在这个红尘中打滚的。

而儒家追求成为君子的功夫的独特之处就在于强调不脱离这个社会，不脱离这个红尘。《论语》里面有一篇叫《乡党》，反映了儒家特别是孔子的这种功夫。可惜今天讲《论语》的人一般都不讲这个，觉得好像没什么可讲的。但其实这篇非常重要。我们知道《论语》是对话体，记载孔子跟弟子之间的对话。顺带说一句，以前有一种流俗的讲法，说宋明理学的语录是学禅宗的，其实《论语》不就是对话体吗？那时候佛教还没有传过来呢。《论语》基本上采用对话体，但是有一篇非常特别，就是《乡党》这一篇。这里面孔子基本上是不说话的，它记录什么呢？记录了孔子的衣、食、住、行、言，看起来像是孔子的日常生活流水账。那为什么要有这一篇呢？我经过一番思考，觉得不是那么简单的。这其实恰恰是记载了孔子是如何进行功夫实践的。从中可以看出，孔子是把日常生活里面的任何时间、空间都当作身心修炼的机遇。只有在日常生活里面任何时间、空间之下都能做到孔子所说的"从心所欲不逾矩"，功夫才够彻底。如果说一个人闭关的时候很好，与世隔绝的时候内心的良善才能浮现，一回到社会当中，一跟人打交道，就又方寸大乱，什么乱七八糟的又来了，心神不定，那是没有用的。用后来宋儒程颢的话来讲，功夫是要"动亦定，静亦定"的。"动"就是有事，"静"就是无事。不做事、不和人打交道的时候心很平定；待人接物的时候很忙，但还是可以很平定，这才是功夫到家的表现。道家也讲过"终日挥形而神气无变，俯仰万机而淡然自若"的境界，这就是功夫彻底和纯熟的表现。到了这个程度，你不必脱离这个社会，每一个时刻和境遇都可以成为你修炼功夫的时空场所，这样才彻底。

明朝有个儒者叫王龙溪，他说觉悟有三种不同的方式，或者说三个不同的层次。第一个叫"解悟"。什么叫"解悟"？通过读书获得的觉悟。不管读什么书，儒家的"四书五经"、佛经、道家的《老子》和《庄子》、基督教的《圣经》、伊斯兰教的《古兰经》、犹太教的经典，都可以。只要你觉得它讲得好，让你豁然开朗，你就开悟了。每个传统都是一个智慧的传统。但是，我们也会有这样的体验，读书的时候挺好，放下书之后你就忘了书中的道理，读时明白的智慧又丧失掉了。所以中国有句古话，叫"纸上得来终觉浅"，光靠"解悟"是不够的。第二个叫"证悟"。"证悟"就是我刚刚说的，远离世事，在一个相对安静的地方体会内在的平静、内在的安宁、内在的心性。这个当然也很好，但是也不彻底。他举了个例子，比如说这瓶水，如果水里面有泥沙、灰尘，放那儿不动会澄清，水变成了清水，但是一晃，它又浊了。为什么？因为那个浑浊的根子没有去掉，一晃就变成浑水了。所以说，这样也不彻底。那怎么才叫彻底呢？彻底的是第三种，叫"彻悟"，大彻大悟。什么叫"彻悟"？就是说在繁忙的日常生活中、在待人接物的各种繁琐中，都能保持内在的稳定。这就是王阳明说的"事上磨炼"。内心的宁静不能靠一个人躲起来、与世隔绝，自己开发智慧，那是没有用的，因为你终究要回到人群当中来。所以说，《乡党》恰恰是写孔子在日常生活的不同时刻如何讲话、如何穿衣服、如何行住坐卧。禅宗有句话叫"行住坐卧，皆是禅定"，就是说把日常生活的各种境遇都当作修炼的机会。儒家也一样。禅宗是受了中国儒家哲学很大影响的。佛教本来是一个脱离世事的智慧，到了中国后发生了一个入世的转向，越来越不脱离生活。"担水砍柴，无非妙道"，这是禅宗的智慧，背后儒家的接引发挥了很大的作用。

儒家讲的功夫，它的第一个重要特点就是不脱离实际生活，要把生活当作一个修炼的道场，而不要把它当作一个障碍、一个负担。第二个特点是重视身心的一体。我们知道，在西方哲学里有一个传统，是把身体当作一种负累。柏拉图就说，我们学习哲学就是要学习如何把我们的灵魂从我们的肉体里面解脱出来。佛教比较复杂，比如藏传佛教对身体比较重视，但是一般的大乘佛教也觉得身体是个臭皮囊，你只要觉悟，明心见性，身体无所谓。比较来说，儒家不这么觉得，儒家是讲身心一起都要修炼。当然，道家、道教也比较重视身体，也是中国重要的智慧传统。

顺带说一句，世界上大的宗教传统或者叫精神性的传统，有三个大的系统。

一个是起源于西亚的一神教系统。犹太教、基督教、伊斯兰教,虽然起源于西亚,如今却早已变成世界性的宗教。第二个是起源于南亚的系统,包括印度教、佛教。佛教虽然起源于印度,但在印度是小支和异端,不是主流。印度的主流是印度教,有各种各样的门派。这个没有时间多讲。除了这两个大的系统之外,还有起源于东亚的,那就是我们的土产,道家、道教和儒家。

儒家和道家、道教的一个共同的特点就是不把身体看作负担。儒家跟道家的区别在于:道家注重与世俗社会的隔离,儒家则强调不隔离。回到刚才我提到的那句话,大家还记不记得?"鸟兽不可与同群,吾非斯人之徒与而谁与?"儒家是自觉地要与人为徒,自觉地投身到社会当中,把它当作修炼的机会。修炼是为了什么?当然还是为了成为君子。这个修炼就是功夫,就好比要给种子施肥浇水。你光有一个内在的本性——四端之心,但不能培养,不能让它发生作用,那是没有用的。所以两方面都必须具备:一是要看到我们有这样一个先天的基础,每个人都有这"四端之心",都有成为君子的可能性;二是要通过功夫的修养,让"四端之心"不断呈现、发生作用,最终使得君子的可能性转化为现实。这样,君子才能够成立,有智慧的人才能真正出现。

四、"万物一体"与"天下为公"

除了前面讲的三个方面之外,还有一个方面也是非常重要的,也能体现儒家的特点。这个方面也是儒家一个非常重要的观念,也是一种智慧,即如何看待自我?如何看待世界和宇宙?如何看待我跟世界、宇宙,跟别人的关系?对于这些问题,不同的传统有不同的看法,儒家的看法是什么呢?有两个观念可以表达儒家的看法,这两个观念是一体的。

第一个观念叫"万物一体"。什么叫"万物一体"?孟子说"万物皆备于我"。以前教科书上说,孟子这个人太狂妄,"万物皆备于我"是唯我论。其实孟子并不是唯我论,"万物皆备于我"并不是要把万物吞噬到自我之中。后来的宋明理学家就比较懂孟子的意思。我们知道北宋的张载有一篇很重要的文献,在中国哲学史上非常经典,叫《西铭》。"西铭"是什么意思?就是刻在西边窗户上的铭文。铭文是每天可以看见从而不断提醒自己的文字。不学中国哲学史的可能不一定熟悉,学过中国哲学史的都非常熟悉这个文本。《西铭》里非常重要的一句话是"民吾同胞,物吾与也"。什么意思呢? "民吾同胞"是说所有的人,在我之外的人,都是我的同胞,就好比一个爹妈生的一样;"物吾与也",是说所有的这些事物、存在,不只是人,跟我都有一体的关系。当你这样理解的时候,你对自我、对他人、对世界、对自我跟他人以及世界之间关系的理解,就不大一样了。当然,对这种自我和自我之外的他人以及世界之间的关系,还有别的看法,比如存在主义里面有一种看法,"他人是地狱",别人对我都构成威胁,都是地狱。这样理解的话,那自我跟别人就是另一种关系了。

这种"万物一体"的思想在王阳明那里有更充分的论证。他怎么论证的呢? 不知道大家有没有看过《传习录》里的《大学问》。《大学问》就是"问《大学》",是解释《大学》这个经典的。《大学问》开篇就是讲"万物一体"的,是王阳明和弟子之间的问答。王阳明首先举了《孟子》里面讲的"乍见孺子将入于井"的例子。你看到那个小孩子快要掉到井里,顿时会有一种本能的不忍之心;当你那个本能的不忍之心呈现的时候,说明你跟那个孩子是一体的。如果不是一体的,你不会有不忍之心。因为如果不关痛痒,你何必管他呢? 学生听了,觉得王阳明说得对,因为那个孩子跟自己一样都是人,人和人之间有这种一体感比较容易理解。王阳明说:"好,我们再退一步。不只是人和人之间,我们来看人和动物之间。"他说:"鸟在冬天快要冻死了,动物要被屠杀掉了,当你看到、听到鸟兽濒死时的哀鸣时,你会有一种不忍之心;当你的不忍之心产生的时候,你和鸟兽是一体的。当然可能过一会儿你就忘了,但至少那个时刻,鸟兽跟你是一体的。"学生说:"老师,你说得对,毕竟鸟兽也是动物,这个也可以理解。"王阳明说:"好,我们再退一步。因为我是讲'万物一体',不只是动物,你看冬天草木枯了、花败了,你会有一种不忍之心。当你面对草木的衰败和枯萎而产生不忍之心时,你就和草木是一体的。"对于这一点,我可以举一个比较好说明问题的例子。我想在座诸位都读过《红楼梦》吧。《红楼梦》里面有个黛玉葬花的故事。你说那个花都已经死了、枯萎了,林黛玉为什么还要把它埋葬呢? 因为对于林黛玉来讲,花跟她自己一样,是有生命的存在。花枯萎了,死了,林黛玉觉得是生命的终结,她觉得不忍,所以才把花给埋了。在黛玉葬花的时候,对林黛玉来说,她和她所葬的花之间就是一体的关系。所以说,不只是人和人之间,也不只是人和动物之间,人和草木之间也有一体的关系。当学生听王阳明讲到人和草木之间的一体关系时,他说:"老师你说得对,我也接受了。草木也算有生命的。"王阳明说:"好,我再给你举个例子,你看这个瓦石,瓦石是没有生命的,但你看到秦砖汉瓦凋敝破败时,你会感受到历史的沧桑,会有不忍,那个时候,你跟瓦石也是一体的。"你看王阳明的论证,是从人和人之间,到人和动物之间,然后到人和草木之间,最后再到人和没有生命的东西之间,总之,人和天地万物之间都是一体的,这就是儒家讲的"万物一体"的观念。

这个一体感的基础,或者说万物何以能够成为一体,就建立在你那个"不忍之心"之上。你如果有不忍之心的话,草木、瓦石都可以跟你是一体的。草木枯折了,你有不忍;瓦石坏了,你也会觉得不忍。但是反过来,如果你没有这个"不忍之心"的话,不要说草木、瓦石,即便人死了,你也可以无所谓。你的亲人死了,你也可以不管。最后天底下只剩你自己一个孤家寡人。借用庄子的话来讲,你真可以"独与天地精神相往来"了。当然我这里是借用,庄子本来不是这个意思。只剩自己一个孤家寡人,所有人都跟你隔开,其实也很悲凉,对不对?说到底,你是愿意做一个那样的"孤家寡人",还是愿意选择做一个儒家讲的能够"与天地万物为一体"的"大人"呢?这个大家可以想一想,这是个人选择的问题。

"万物一体"的智慧,当然内在地包含着对公共生活的看法,包括政治和社会的方面,这就是另外的问题了。儒家如何看待这个问题,就反映在第二个观念里面。这个观念就是"天下为公"或"公天下",是儒家的政治社会理念,也非常重要。我们知道,孙中山先生喜欢讲"天下为公",所以今天讲"天下为公"很多人会想到孙中山先生。但这个观念不是他的发明,儒家的经典《礼记·礼运》里面就已经讲"天下为公"了,这是儒家很早就有的一个理想。"天下为公"或者说"公天下",跟"私天下"的观念在本质上是不相容的,所以君主制和儒家的"公天下"理想其实是根本冲突的。

我举一个历史故事的例子。大家知道中国历史上第一个布衣皇帝是谁吗?是刘邦。刘邦得了天下之后,跟他父亲讲的第一句话是什么呢?我们知道,刘邦本来基本上是一个二流子。虽然他有不俗的地方,能够笼络人心,杀狗的、贩夫走卒他都能笼络,但是他自己是个不务正业的二流子。当时他父亲对他不太满意,因为刘邦的哥哥生意做得还不错,虽然也是小本生意。于是刘邦的父亲就经常批评刘邦,说他一天到晚不务正业、呼朋唤友,不如他二哥。刘邦得了天下之后,第一句话就跟他父亲说:"你看我跟我二哥比,谁的家业更大?"这句话说明什么?大家想过没有?这句话说明,刘邦认为天下是他的私产。其实,中国历朝历代的君主都是这样想的,都把天下视为自己的私产。

中国历史上的政权转移,理论上讲可以说有三个形态。第一个最好,就是理想的三代以上的禅让。但是,这个是历史还是传说,甚至是神话呢?很难说。因为我们现在的考古只能到商代,再往上就没有地下的文物来证明了。禅让当然是好的,对不对?但是,现实当中有历史记载的,只有另外两种形态。第一种是什么?打天下。政权转移是靠武力的,朝代的转换不就这样的吗?第二种是什么?世袭。世袭就是父子之间代代相传。这里面当然也有矛盾,但顶多是传哪一个儿子的问题,基本上还是皇帝自己家里的事儿。这两种政权转移的形态和方式,无论打天下还是世袭,其实都是刘邦那个意思,都是把天下当作一家一姓的私产。但是这跟儒家"天下为公"的理念显然是冲突的。因此,历史上真正的儒家们都是想方设法要限制君权的。

刚才已经讲到,董仲舒把"天"抬出来,就是限制君主的一个方式,但是没有太大的成效。后来那些宋明理学家们也没有行之有效的办法。以南宋大儒朱熹为例,今天的杭州是当年的临安,南宋的都城,南宋的大儒朱熹曾经被皇帝请来做顾问 40 天。但只有 40 天,40 天之后就走了,为什么?因为皇帝不高兴,不喜欢朱熹。故事大概是这样的。皇帝听大臣说朱熹很了不起,就把朱熹请到了临安。皇帝说:"大家都说你很有学问,你来给我讲讲如何治理天下。"朱熹没有像当年的公孙弘那样顺着皇帝爱听的讲,朱熹第一句话就说:"陛下,如今天下大乱。"这第一句话就让皇帝不高兴了。"天下大乱"这种话当然是皇帝不愿意听的,皇帝喜欢听的是"太平盛世"。朱熹第二句话又说:"之所以如此,是因为陛下周围很多臣子都是奸佞小人。"这句话又把朝廷上的大臣得罪了一大半。朱熹的第三句话更厉害,他说:"之所以如此,关键在于陛下自己。陛下自己没有正心诚意,有很多私欲作祟。"皇帝听了这些话,怎么能高兴呢?所以很快就把朱熹赶走了。朱熹用的办法,是直接对君主进行劝诫,但这也是没用的。

不过,无论董仲舒还是朱熹,他们发挥的都是儒家君子的批判精神,都不是只说好话、说君主爱听的话。可惜的是,历史上贤明的皇帝比较少,大部分是不愿意听逆耳之言,而是喜欢听顺耳话的。朱熹没有得到皇帝的重用,不是偶然的。朱熹绝不是一个个案,其实整个中国历史,儒家的历史,所有公认的那些大儒,在政治方面都是被边缘化的。孔子自己就是一个典型,他的一生,就是儒家"公天下"的理念无法落实的缩影。

孔子说自己是"丧家狗",他周游列国,到处去讲,那些诸侯国的国王也不听他的。董仲舒和公孙弘的对比也很有意义。你说你愿意做董仲舒,不愿做公孙弘,那是你的选择。也有人不愿意做董仲舒,觉得做公孙弘也很好,哪怕后世留个骂名也没关系,只要在世的时候吃香喝辣就行。这当然也是一种选择。但是,后世不会把公孙弘当作真正的儒者,还是把董仲舒当作真正的儒者。在宋明理学里,这个问题就清楚了。我们可以看到,几乎所有公认的大儒,包括二程、朱熹和今天成了热门人物的王阳明,都有一个共同的经历,那就是被打成"伪学"的经历。用今天的话来说,就是都受到了不公平的待遇。虽然事后都无一例外得到了平反。但很可惜,那都是在身后,没有在生前。为什么会这样呢?这是一个很值得思考的问题。

但不管怎么样,儒家在政治社会上的理想是"公天下"。"公天下"的目标是什么呢?儒家认为天下是百姓的天下,是天下人的天下。在这样一个共同体里面,无论你是君主也好,或者是其他承担治国之责的岗位也罢,你应该是真正为天下人着想的。孟子有句名言,说"民为贵",老百姓是第一位的,第二句话"社稷次之",第三是"君为轻",君主是排在最后一位的。这就是代表儒家"天下为公"的理念。但有些君主,特别是比较专断的君主,听了这种话是很不高兴的。我们知道,朱元璋是历史上比较专断的君主,他看孟子这话就很不高兴,就命令他的大臣把这话删去。所以,当时一度出现一个文本叫《孟子节文》。"节文"是什么意思?就是删节本,不是原来完整的版本了。我们知道孟子在唐宋以后地位很高,仅次于孔子。但是,朱元璋不仅要删了文字,还要把孟子从孔庙里面请出来,就是说把他的待遇给取消了。"待遇"这个词很重要,我们今天还很重视待遇问题。其实孟子也没什么待遇,就在孔庙里面,大家上香的时候,如果他在天有灵的话,无非就是闻闻那个香味,如此而已。朱元璋也不高兴,把他给请出来。但是,虽然如此,朱元璋也知道他这个行为一定会遭到反对。果不其然,很多儒家士人坚决抵制,甚至为此牺牲性命,所以朱元璋并没有得逞,我们今天还可以看到完整的孟子讲的"民为贵,社稷次之,君为轻"。总之,历史上那些儒家人物不断地用各种方式去限制君权,希望当权者真正为老百姓服务,希望天下变得更好。在儒家人物的心中,天下是天下人的天下,是"公"的天下,不是"私"的天下。这是儒家真正在政治社会方面扮演一个君子、发挥主体作用的态度。

所以说,如果我们以这样一种非常浓缩的方式来看儒家的智慧,它是围绕如何成为他们想成为的那样一个理想人格来展开的,包括什么是君子,君子何以可能。你必须要有内在的基础,同时你要通过后天不断实践修养的功夫。此外,修成一个君子,不是一个孤独个体的行为,不是一个与他人无关的行为,而是要在整个社会关系当中来展开的。当然,这个关系是万物一体的,不是只在人与人之间。以前有一种通俗的讲法,在西方汉学里面比较流行,现在还有人持这个看法,认为儒家只是一种调节人和人之间关系的学说。这个不能说错,但只是一种比较浅薄和片面的理解。儒家是讲天地万物为一体的。打个比方说,刚才说了"天下为公",我认为主要是讲老百姓,但天下不只是老百姓,还要对整个世界、所有存在负责。这其实是跟我们现在的生态思想比较相通的,就是不能把自然界只看成征服利用的对象,草木、瓦石、动物等都是跟人一样的存在。这样的话,就非常符合我们现在的生态思想。

以前我们讲生态思想,一些西方人总觉得好像道家比较重视生态,其实儒家也是一样的。如果你和天地万物是一体的,你能把自己的胳膊砍断吗?如果你把一个自然的环境,把山川草木、江河湖海都只是当作征服利用的对象,而不是把它们看作像自己身体的一部分那样,那结果当然不一样。现代社会,我们当然是想要开发,要发展,但是如何保护环境?如今这是一个非常迫切的课题。而在儒家思想里面,其实早就蕴含了这种观念。所以说"天下为公"这个"天下",不只是人和人之间,也包括对待我们的环境,包括自然的环境、生态的环境,其他的动物、其他的生命。这是儒家的一个基本看法。

因时间关系,我只能非常浓缩地把那些我认为是重要的,围绕儒家成为他们所追求的那样一个人格、这样一个主线索里面相关的方面,向大家提出来。但是肯定还有很多没有讲到的地方,我就先讲到这里。下面放开时间,大家有什么问题，我们可以讨论、交流。

答疑互动

听众一（王政老师）：谢谢彭老师精彩的讲述！非常引人入胜。我向彭老师提一个问题：您刚才说到王阳明的"万物一体"，我一下子就想起了庄子的《齐物论》。我刚才查了一下，好像以前包括名家惠施也有一些关于"万物一体"的说法。我们知道王阳明是明代人，而庄子是战国时期的人，我想请教的就是，拿这个"万物一体"跟《齐物论》来比较，是不是有一些借鉴，或者说有一些联系，或者后面衍生出了一些差异，抑或它升级的地方在哪里？我想听一下彭老师的讲解。谢谢！

彭教授：这个问题提得很专业，我怀疑你原来学过中国哲学。这个问题非常好，我们如果读过《庄子》，读过《齐物论》，那当然可能会很自然地想到，它跟儒家讲的"万物一体"有没有什么关联？这个关联在形式上应该是有的，但是在内涵上还是很不一样。你读《齐物论》，会感到庄子对世间万物都给一个肯定。后来到了魏晋的时候，比如说郭象的《庄子注》，他这个《庄子注》注得更好，我想他其实是发挥了庄子的思想，比如大鹏跟小鸟。我们一般觉得，我宁愿做大鹏鸟，不愿做一只小麻雀，对不对？那"齐物"的意思就是说，麻雀也有麻雀存在的价值，世界上万事万物，所有的东西，哪怕这个假的树的叶子，都有它存在的价值。郭象注庄子的时候就说万物"各适其自性"，意思就是小、大是一样的。麻雀有麻雀的"自性"，把麻雀自己的这个"性命"充分实现出来，麻雀便没什么缺憾；大鹏把自己的"性命"实现出来，也没有什么缺憾。这个其实就是《周易》里面讲的"乾道变化，各正性命"，世界上所有的存在物，大到一座山，小到一点尘，它只要存在，就有它的价值，有它的意义。作为一个人，你充分实现了你的价值，你就不枉此生。

所以《孟子》里面讲"正命"跟"非命"，这个概念很重要。我们说一个人死于非命，什么叫"死于非命"？你本来可以活到特定年龄，你可以做很多事情，你非不要，你看到那个墙要倒了，你非要站在下面，结果把你砸死了。所以孟子说"君子不立危墙之下"，你在危墙之下，就会死于非命。"正命"是什么意思？就是说你这个人存在于世间,是有你的使命的。每个人都有各自的使命。你充分实现出来之后,完成了你的使命,你的意义就圆满了,价值就实现了。这也是一种"齐物",对不对?

但是道家讲"齐物",好像不太重视背后的价值根源。我刚刚说过,儒家非常重视对人心、人性之善的理解,认为这个东西是最关键的。对于万事万物,道家也讲了,也给你一个定位,你有你存在的价值。是什么价值呢?是不是仁义的价值呢?还是说非仁义的,或者说超乎仁义的自然的东西呢?道家认为世间、宇宙、自然万物千变万化,每个东西生生死死、死死生生,它只要来了去了,都没有什么,是自然的演化。所以老子说"天地不仁,以万物为刍狗",他觉得"仁义"是人为的价值。但是,儒家就不这么认为。儒家认为整个自然界内在具有价值。有些东西可能本身未必有,但是人要赋予天地万物价值。北宋道学家周敦颐说人和事物都一样,都是阴阳五行凝聚而成的。但是人不一样的地方,在于"得其秀而最灵"。他的意思是说,人是阴阳五行里面最精华的部分凝成的。凝成以后,人便有一个使命,叫"立人极"。什么叫"立人极"?就是建立做人的一个标准,他要赋予自然的天地万物以价值。那这样一种"天地万物为一体",跟道家"齐物"的"一体",就有价值上的不同在里面。你这个问题很好,我也没有来得及深思熟虑,这里也许只是随便一说。

听众二(哲学学院本科生卢楼月):彭老师好,我想问一个跟功夫论有关的问题,就是刚刚您说的像那些经典里面有关于德性的知识,请问这种关于德性的知识如何转化为真正的德性?这其中我们需要经过什么样的一个过程?其中的关键在于立志,而立志之后要经过怎么样的修养功夫才能将德性的知识转化为德性?

彭教授:我想我大概明白你的意思。比如说我们读一本讲道德哲学的书,读康德的书,或者我们读这些神圣的经典,比如儒家的"四书五经",或者佛教劝人行善的这些经典。首先,你可以把它只是理解为一个知识,你知道它。但知道归知道,它是它,你是你。我知道,我可以讲得很清楚,如数家珍,西方哲学史上有什么人,都讲过什么;中国哲学史上道德如何如何,各种各样的理论。但是,你自己的行为方式,你自己如何生存,你背后真正支持你行为的观念,可以跟这些东西完全无关。在这个情况之下，就是你刚才说的，你还只是把它当作一种知识，不是你自己真正的价值准则。而我们讲的，你只有化成指导你自己行为的东西，它才是你的东西。用你的话讲，才变成一种真正的德行。

那这个有什么办法呢？其实也没什么特别的办法。比如说，很简单，我读了朱熹的书，朱熹讲得很清楚，我觉得他说得好，之后我就信了，我觉得我就应该这么做，那它就变成我自己的东西了。如果你读了之后觉得很好，但是放下书之后，你该干什么干什么，支配你行为的是另外一套东西，那它就是它，你就是你。我一开始讲过，朱熹说，如果你读了这些书，读了之后你还是原来的你，这个书便没有读过，书里讲的东西对你来说就永远只是知识。当然，他说的书是指培养德性、变化气质的书。我一开始也说了，有 data、有 information、有 knowledge，有 wisdom，那样对你来讲，它永远充其量是个 knowledge，没有变成 wisdom，没有成为你的智慧。

听众二（哲学学院本科生卢楼月）：作为老师，在教学生德性知识的时候，如果学生没有想要把它转化为实际的德性的话，老师会不会有什么方法，用佛教的概念说就是去"接引"他，让他有这样一个冲动去实践呢？

彭教授：这个问题也很好。但是我首先要说，现在的大学里面，老师不是传教士，不能说建立一个什么教派，然后学生跟着走。老师也不应该这样做，即使老师有个人的认同，有自己的价值。比如说这个老师信佛，他一天到晚想把你们变成佛教徒；那个老师是基督徒，想把你们变成基督徒。当然也许是好意，但是这不符合现代大学的精神。现代大学的精神就是传授知识、培养学生独立思考的能力。我把这些东西讲给你们，别的老师可以讲别的东西。他讲佛教的，我讲儒家的；张三讲道家的，李四讲伊斯兰教的，都可以。作为学生，你自己如何是你自己的选择，没有任何人可以替代你做选择。这就是一种"存在的选择"。"存在的选择"就是我要做什么样的人。我是信佛，还是信道家，还是信耶稣基督，还是信"四书五经"，还是信别的什么？这是个人最终的选择。个人最终的选择，其实有些偶然性，有些机缘。但是，我认为要经过一个理性的思考，不是说一下子就接受，不能一开始就接受。所以说还是孔夫子讲得好，真正的智慧是要做的，是要实行的，对不对？我们讲"笃行"才是个君子。但是，别忘了，孔子讲"笃行"前面还讲了一段话，叫什么？"博学、审问、慎思、明辨"。这完全是一个理性的精神，只有经过一个理性的思考之后，自觉地选择成为什么样的人，那个时候，那种智慧才真正能够稳固地发生作用，而不是一个偶然的接受。生在伊斯兰教的家庭，就觉得伊斯兰教讲的是天经地义的；生在佛教的背景，生在泰国，就觉得佛教讲的都是对的。那只是一个偶然的、没有经过反省的情况，还谈不上自觉地去选择。所以说，理性跟信仰在历史上虽然有矛盾，但是也不是不可调和的，它们是可以相辅相成的。对于一个人来讲，你成为一个什么样的人，只有经过一个理性的、自觉的选择之后，才是一个真正的成熟的选择。所以老师不能替代你做什么选择，老师可以告诉你这个东西、那个东西。打一个不太恰当的比方，我们现在就像在一个超市一样，里面有各种各样的货物，你自己要买哪一个，最终是你自己的事儿。

听众二（哲学学院本科生卢楼月）：我的问题是，我可能更喜欢儒家，或者更喜欢法国哲学、德国哲学等。从我自己大学读书经历来看，老师们对于我的智慧的启发，或者是我对于智慧的兴趣，是一样的。不是说他一定要让我接受儒家的这样一套解释，还是说接受道家的这样一套解释，而是老师对于启发我们超拔于一些日常琐碎的东西的兴趣，在这个方面的接引作用是怎样的呢？

彭教授：你说的这个当然很重要。其实这个问题，我在上课的时候跟大家讲过。现在的大学教师首先传授的是知识，但是这个知识到你那儿，你可以把它转化为智慧。反过来也一样，他把讲的东西当成智慧来传授，来"传道"，但到了你那里，你不入心，就把他讲的当成知识，只是知道，那他也没办法。当然这是限于人文学的，物理、化学的另当别论，我们不讨论。比如说，我讲得再天花乱坠，比如说我是一个传教士，一天到晚本着一个传教的心态跟你们讲，但你接受以后，觉得还只是知识，你并不相信，那也是没有用的。反过来，一个老师讲的东西，可能他自己未必信奉，但是他讲得很好，你也可以把它当作你信奉的东西接受过去。我们中国古代有两个概念，叫"经师"跟"人师"，过去说"经师易得，人师难求"，什么意思？当然最推崇的是"人师"。"人师"是什么意思？他讲的跟他自己活的是一样的。他自己的生活，就是他讲的那一套。这当然是最好的。当然，我们一般不太能接受老师说的是一套，活的是另一套。但是，不要忘了中国还有一句话，如果他说的是一套，做的是一套，我们就说，他是个"经师"，讲得很好、天花乱坠，但他自己可能不是那样做的。那也没关系，为什么？我们还有一句话，叫"不以人废言"，这个人没有做到他讲的那样，那也没关系；他讲得很好，我就把他讲的好东西拿过来，一样可以对我产生作用，让我产生一种转化性的力量，它一样可以成为我的智慧。

老师重不重要？当然重要。古人讲"师友夹持"，不光是老师，朋友也很重要。刚才我讲了，朋友一天到晚对你阿谀奉迎，说你浑身都是优点，没有任何缺点，对你没有用的，对不对？师友非常重要，对你有一定的接引作用，有一定的启发作用。但是说到最后，还是那句话，关键最后还是你自己。如果老师人不好，但讲的东西好，你照样可以拿来用，不必以人废言；如果老师人好，讲得也好，那就更好，是理想的状态了。

所以说，老师当然是有帮助的，但说到最后，谁都不能替代你自己做选择。而且，我讲过，虽然我讲的是儒学的智慧，但我不认为只有儒学才有智慧。打个比方，明代有个儒者说，一碗饭在前，你管他是和尚做的还是道士做的。什么意思？他的意思是说，这个东西能滋养你，能让你成长，能让你得到营养，你不必管它是什么。每个人机缘不同，有人喜欢吃米，有人喜欢吃面，米、面都可以滋养你，你说哪个更有价值？世界上不同的传统之间，很难说有哪个高哪个低。就像爬山一样，山顶当然只有一个，但是爬山的道路可以有很多条。什么东西对你更有价值，什么东西能够成为你的智慧，那是你自己个人的选择。你当然可以看，可以观察，可以听，今天听听这个老师讲，明天听听那个老师讲。然后你可以比较，可以选择，是信奉现象学，还是信奉存在主义，还是信奉什么？那是你自己的问题了。

听众三（王俊教授）：我主持了这么多场，还没提问过，今天问彭老师一个问题。彭老师今天非常公允持正地讲了儒学的智慧，我想问：我们说儒学其实是一个大流派，其中有很多人，也有很多的面相，我不知道您讲的这个儒学的智慧，是一个在现代性的知识框架下您对儒学做的现代阐释，还是您觉得儒学作为一个思想传统，它最好的部分本来就有这个？比如说孟子，那也有跟孟子不一样的，讲"性恶"的，这个也是儒学。您觉得您今天讲的这个东西是一个现代化转化，还是说您觉得儒学的本来面貌就是这样的？

彭教授：当然，儒学是一个有几千年历史的传统，里边丰富多彩，各种各样的流派都有。作为一个学习儒学有些年头的人,我讲的当然是我自己的理解。但这个理解不是凭空的。你们可以听得出来,我引得多的是什么人,这就反映出我的取舍、我的理解在里面。所以说,一方面,我讲的东西是我认为本来就有的,并不是完全由我自己的创造;另外一方面,它也是经过了我的理解。

我们可能无形中总觉得儒学是一个历史,其实它不只是一个历史,它不是一个过去式的东西,它是一个活的传统,living tradition,它还不断地在生长。或者说,用一个我们现在的名词讲,它不只是一个静态的结构,它是一个动态的过程,它是不断发展的。有些东西看起来好像是它本来没有的,但是后来就变成它自己的了。比如说,我们讲宋明理学,英文里面叫"新儒学"(Neo-Confucianism),新在什么地方?它把本来好像儒家没有的吸收过来,变成它自己的;它本来有的,可能不好,也就革去了。这个原则本在孔子那个时代就讲了,孔子说他要遵循一个原则,叫"因革损益","因"就是 follow,"革"就是去掉,"损"当然也是去掉,"益"就是增加。如果说宋明理学是一个新儒学,是回应佛教、道教的挑战,然后经过消化、吸收,有了一个新的形态,那现在,儒学还在发展,并没有说已经终结了,放在博物馆里面了,它是一个活生生的传统。特别是20世纪以来,晚清以来,我们这个民族面临一个更大的崭新的局面,即如何消化西方的文化?所以说,现代儒学一个更大的新的发展,就是吸收了西方的东西。如今,你已经很难在中西之间做一个清清楚楚的划分了。我们知道赵孟頫太太写过一首词,就是你中有我,我中有你。① 如今中西其实很多东西都融在一起了。

我的意思就是说,我今天讲的儒学,当然有些是经过了现代的转化。但是很多东西也是它自己内在发展出来的,也可以说是本来就有的。我愿意借用佛教的一个词来讲,佛教的华严宗有一对概念:一个叫"不变随缘",一个叫"随缘不变"。"不变"是强调它本来固有的那一面,"随缘"是强调它因应不同的时代而吸收消化、革故鼎新的一面。既有随缘,也有不变。既有各种新时代的转化,同时又有它固有的、内在的东西。所以说,我们知道,你再消化,再吸收,再融

---

① 指赵孟頫妻子管道昇所作《我侬词》:"你侬我侬,忒煞情多;情多处,热似火;把一块泥,捻一个你,塑一个我。将咱两个一齐打破,用水调和;再捻一个你,再塑一个我。我泥中有你,你泥中有我;我与你生同一个衾,死同一个椁。"

合,世界上这些大的传统,儒、释、道、耶、回,还是彼此之间有其分际的,并没有说因为不断融合就变得完全铁板一块,没有这样。为什么?因为它还有它自己的特性在里面,这个特性是一以贯之的。但是,它又总是随着时代的变迁在不断转化自身,做调适。

总之,我讲的这个儒学,自然是我自己理解的;但是,我也认为它是儒家传统里面固有的。当然,我也觉得是好的,不好的话,我也不会介绍给大家。

听众四:请问彭老师,如何理解儒家对孝道的重视?在先秦之后的儒家传统中,"君"与"父"之间逐渐形成了一种很强的对应关系,这种对应关系似乎很容易与"天下为公""君为轻"的理想产生矛盾。

彭教授:"孝"当然是一个重要的价值,特别是在我们中国。我们讲儒家不只是中国的,大家不要忘了,还有韩国的、日本的等等。同样的儒学,在韩国和在日本,它突出的东西和我们是不太一样的。比如在日本,我们知道它更重视"忠"的价值,我们讲"忠孝",而日本人好像更重视"忠"的价值。在韩国可能又是别的东西。在越南还有越南儒学,跟我们也不太一样。同样是儒学,传到日本,传到韩国,传到越南之后,它跟自己本土的文化结合之后,产生了一些各自的特点。就像人一样,虽然有共性,一个鼻子,两个眼睛,但是每个人都有他自己的个性。这也是儒家肯定的一面,儒家讲"和而不同"。儒家是不主张"同"的,讲"和"。"和"就是承认差异,尊重个性。

"孝"当然是非常重要的一个价值,但是"孝"如果跟人更根本的价值发生冲突,我认为儒家还是会遵从人的原则。而且"孝"这个东西,它在不同的时空之下会有不同的表现。举个具体的例子,比如说在春秋时期,孝的表现方式是,比如说父母过世了,子女要守丧多少年。但是这种具体的方式随着时代的变化也逐渐改变了。现在父母过世了,大概没有子女可以做得到守丧三年。其实孔子已经讲过,孝不孝关键不在于外在的形式,而在于你的内心,你是不是能够心安。这样一种价值,其实也反映在我们通俗的理念上。我们日常的世俗伦理,很多方面是儒家精神价值在往民间下渗的时候发生的一个转化,但是它也反映了儒家的价值。有句俗话说"百善孝为先",大家知道这句话吗?但是后面还有一句话,大家知不知道?叫"原心不原迹,原迹贫家无孝子"。什么意思?我们讲"孝",重点是这个孝心,从这方面看,你不能看他这个"迹"。"迹"是什么意思? 是指行为上。如果是要从行为上看,他给父母多少钱,给父母做了什么好事,买了什么衣服,这样的话,贫穷人家就没有孝子了,因为穷人家的孩子没有这个条件。所以不能从行为上看孝还是不孝。对不对? 这句话讲得就很有智慧。

讲到"君父"这个问题,我们过去确实有些人喜欢拿这个做比喻,但是我认为这个其实不是儒家核心的价值。比如大家经常说"三纲五常"是儒家的理念。其实,"三纲"不是儒家的,最早出现"三纲"的文本是《韩非子》。《韩非子》不是儒家的经典,对不对? 君为臣纲,夫为妻纲,父为子纲,这是一个单方面的服从的关系。通俗地讲,君要臣死,臣不得不死;父要子亡,子不得不亡。这个绝对不是儒家的理念。儒家的理念是讲相互性的。相互性是什么? 你看《孟子》,《孟子》曰:"君之视臣如手足,则臣视君如腹心;君之视臣如犬马,则臣视君如国人;君之视臣如土芥,则臣视君如寇仇。"通俗地讲,你对我好,我对你好。"五伦"是儒家的,"五伦"也是这个原则。哪五伦? "父子有亲,君臣有义",所以你看,调节父子关系的原则,跟调节君臣之间的原则是不一样的。"父子有亲,君臣有义,长幼有序,夫妇有别,朋友有信"。你看,不同的关系之间,是用不同的原则来调节的。说过去把君臣比作父子,其实是一个误会,至少不是儒家的主张。君臣不是父子,调节君臣之间的关系是讲"义"。"义"是什么意思? 你如果不"义",对不起,我不给你服务,不配合你。朱元璋要删《孟子》的时候,有个大臣就直接"躺平"了,辞职不干了。他把笏板往地上一放,说我要辞职回家了。父子之间不能这样,父子这个关系不是你说不是就不是的。调节父子之间关系的是有"亲","亲情"的"亲"。所以说,把君臣关系用父子关系来比喻,是完全不恰当的。

王俊教授致结束辞:

感谢彭老师,用一个非常现代性和世界性的眼光来向我们介绍了儒家当中的闪光点,就是今天的这个时代,儒家有哪些肯定性的价值,我们应当去发掘或者去转化。用官方的话讲,这个叫创造性转化、创新性发展。好,那我们最后再感谢彭老师晚上的这个讲座,也谢谢大家的参与。今天的活动就到这里,谢谢!

彭教授回应:

刚才王俊教授说是讲闪光点,言下之意是还有不闪光点,绝对是如此。任何一个传统都不是说只有好的一面,儒家也有不好的一面。但是我觉得很多东西,说实在话,不是儒家本身造成的,是有很多相关方面的东西造成的。而且我觉得,学儒家,乃至整个中国的传统文化,学不好的话,有个最大的问题,就是容易变得伪善。我们重新回头看"五四"时代,比如鲁迅那些人对传统文化的批评,是非常深刻的,因为他们自己是从那个传统里面生长出来的,他们对传统是非常了解的。鲁迅说得当然比较尖刻,比较严重,但是他的所指,不是无的放矢。所以说,学习中国传统文化尤其儒学,如果学得不好的话,人容易变得虚伪。这个我就不多说了,但我多年的体会确实如此,我觉得我也不是无的放矢。就说到这儿。

在"后真相"的时代，谈论真相如何可能

陈亚军　教授

2022 年 9 月 23 日

一、真相成为一个问题

1. 我不知道大家有没有这样一个印象，就是近些年来，我们微信群里非常热闹，争吵得十分激烈，有各种各样的意见分歧。这样一种现象，以往没有过，现在则越来越明显。几十年的老朋友、老同学讲不到一块儿去，动不动就突然拂袖而去，翻脸了。其中，有几个话题几乎就不能碰，原来是疫情，后来是美国总统大选（这跟我们隔得那么远），然后又是俄乌战争等。围绕这些话题，各种情绪、各种立场，分歧巨大。而对于这些话题涉及的事件，我们几乎都不在现场，但是我们往往都因之动了情绪，伤了感情。所以我就想，到底是怎么了？我们到底在追问什么？为何我们这么容易发生冲突？有人说我们现在没有共识，大到刚才说的问题，小到生活当中的琐事。也就是说，不管是政治经济等，还是日常问题，几乎都很难取得共识。所以我们似乎真的进入了所谓的"后真相"时代。"后真相"这个概念现在就变成一个时髦的词了，而且在不同的场合，学者们都开始了对这个话题的认真讨论。所以，我觉得这个话题可能是值得我们的同学们、朋友们关心的问题。

于是，我就想提出这个问题和大家一起讨论，什么是真相？在这个所谓的"后真相"时代，还能不能谈论真相？如果能，那么谈论真相的前提是什么？我也想在今天下午把自己的一些想法分享给大家，然后请大家批评指正，一起来交流这个话题。

2. 现在我们大家基本上都能接受"后真相"这个词、这个概念，它正式被大家严肃对待应该是始于 2016 年。2016 年，《牛津词典》将"后真相"（英语 post-truth，也可以说是后真理）收作当年的年度词。根据统计，"后真相"在 2016 年的使用率比前一年增长了 2000％左右，可以说，突然间这个词就出现在各种场合。《牛津词典》对于这个词的定义是："诉诸情感与个人信念比陈述客观事实更能影响民意的种种状况。"按照这个说法，后真相时代，人们关注情绪、个人信念甚于关注客观事实。似乎真相、客观事实不是不存在的，只不过人们更受制于情感、信念等因素，而不再去关心它了。

3. 对于牛津词典的这个定义，我还是有一些疑问。原因有两点：

第一，实际上我们的情感跟个人信念一直都有，怎么以前没有这个问题呢？我们什么时候缺少情感，缺少个人的信念？以前好像没有听说情感和个人信念对这个 truth 或真相有这么大的影响，以至于大家只关心情感、情绪和个人信念，而不关心真相。

第二，认为我们不关心真相这个说法恐怕很难成立。如果真的不关心真相，我们恐怕也不会为了真相而争论得这么不亦乐乎，甚至反目。也就是说，牛津字典是站在一个第三者的立场上说，你们看似在关心真相，而实际上，你们关心的是你们个人的情绪和个人的信念。但是作为加入争论的这个人来说，他会认为我是在关心真相，如果我认为对方只是在跟我争情绪，那我的情绪甚至都不用那么激动了。如果人们都意识到，争来争去只是情绪之争，那反而就不会再动情绪了。

所以，我觉得《牛津词典》对后真相状态的这个描述是过于表面化了。那么到底出了什么情况，使得我们现在的真相成了一个问题？我们能不能看一看，在真相没出问题的时候，或者在真相不是一个大问题的时候，是一个什么样的情况？为什么那个时候没有像今天这样的所谓的后真相的焦虑？

4. 那么让我们去看一看传统社会，或者乡土社会。如果我们仔细观察传统社会，认真读读费孝通的《乡土中国》，就会注意到在乡土社会里面，有两个特点跟现在很不一样：一是在乡土社会，人们是固定在土地上的，生活方式基本不变，祖祖辈辈一群人从小一块儿长大，受同样的乡俗民风的教化，用同样的方式看待环境。这一点很重要，如何看世界与世界之所是合而为一，中间没有距离，是同一个东西;看世界的方式没有改变,世界是什么也就没有改变。二是乡土社会是封闭的,世界是在场的、可感的、可以亲知的。真相对于人们来说,是直接就在眼前的,是没有中介的,是不需要经过长长的沟通链条才能抵达的。就是这块土地,就是这些街坊邻居,方圆仅隔几十米,直接在场,人们直接就可以感受到、接触到;所以不会有一个所谓遥远的世界,它跟人们当下的生活世界有多大关联等问题,人们也不关心那些东西。

5. 这两个特点,一个是统一的看世界的方式,一个是世界的直接在场,使得乡土社会不会大面积产生所谓后真相的焦虑。但这两点在现代,尤其是这十多年来,由于两个原因被彻底瓦解了。

一是信息科技手段的高度发达,网络的高度普及。几乎人手一部的智能手机,加上无数的媒体和自媒体,使信息的传播以前所未有的规模和速度影响着每个人的生活,我们越来越被这张巨大的信息网所裹挟。大家想一想,我们基本上就是在这些信息里面看世界的。我们80%的关于世界的了解,都是通过我们手上的这个所谓的信息世界而得到的。我们现在不是像乡土社会那样用同样一种方式看世界了,现在信息及其传递方式五花八门,我们有各种各样的看世界的方式和眼光。由于信息的多样化,看世界的方式多样化了,直接导致世界不再是一个完整的世界,而是碎片。所以这个世界碎掉了,由乡土社会的一个世界变成了现在的多个世界。在传统的乡土社会,人直接与土地打交道,直接面对他的生活世界,他和世界没有间隔,如何看世界和世界之所是没有分离,人们不会有失去真相的担忧。现在不一样了,我们是透过信息看世界的,信息之网决定了世界之所是。我们不能像过去那样,好像还有一个可靠的、可信的、完整的世界。随着如何看世界的方式多样化,世界之所是不再是天经地义、固定不变的了。接受不同信息的人,就像戴着各种有色眼镜的人一样,看到的是各种各样的世界。原先那个被发现的唯一"真相",现在动摇了。

第二个原因是,随着全球化的不断深化,人们的生活与遥远的外部世界紧密相连。我们现在的生活世界,绝大部分是不在场的。我们关心的那些事情,随着全球化的不断深入,实际上对我们当下每个人的生活都有了直接的影响。在我小的时候、年轻的时候就没看到多少进口的东西。我们吃的也好,用的也好,除了个别的第三世界国家(像阿尔巴尼亚、伊拉克)的东西之外，基本上没有见过进口的。而现在不光有进口的衣食，还有各种影视、各种各样的信息。在传统的乡土社会，生活是封闭的，外面的世界与我的生活无关，自然也不会为我所关心。但现在不同了，世界发生的大事，也就是我的大事。美国总统大选、疫情全球肆虐、俄乌战争爆发等等，与我不再无关。我们的生活世界和万里之外的世界紧密地连在一起。而那个世界又不是我们可以直接感觉到的，必须通过一种虚构的世界去跟它联系，这个虚构的世界就是网络信息的世界。我们生活在其中，并被其裹挟。信息时代导致了生活速度的加快，需要付出更大成本的理性与严谨让位于感觉和趣味，真相越来越被各种浓雾所遮掩。人们关心那些大事，但又只能通过接收来的虚拟信息对其真相加以判断。

如果你去反省这些问题，就可能会产生焦虑：真相何以可能，或者哪里还有真相？于是，一种后真相的焦虑很自然地就产生了。

6. 因此，在我看来，如何看世界与世界的分离，以及生活世界的越来越不在场，是导致"后真相"焦虑的重要原因。但从另一个角度说，真相成为一个问题或许并不全是坏事，因为真相本来就是一个十分复杂的问题，认为真相不成问题才是更大的问题。其实，既然真相与看真相的眼镜相关，那么控制了这副眼镜，也就控制了真相。控制眼镜的方式可以是强力的，但人们容易直接感受到这种控制。现在我们会发现，谁控制了信息，谁就控制了真相。通过控制信息控制真相，往往不被人们觉察到。

据说，"后真相"这个概念当初是在一个政治学的杂志上出现的，好像是2012 年的时候（我没有去查证）。它更多的是一个政治学、传播学、社会学、心理学等的话题，哲学上的讨论至少现在还只是一小部分人的关心。所以我想从哲学上来谈谈我的一些想法。在这个后真相时代，我们到底应该怎么样来关心真相的话题？而要谈论这个话题，我们首先得搞清楚什么是"真相"，这个真相是打了个引号的，也即我们怎么来理解"真相"这个概念；那种不打引号的真相，我是没办法回答的。也就是说，我不是要告诉你什么是真相，如前面所说的，我只想谈谈在所谓的后真相时代，如何谈论真相？或谈论真相是否可能？要回答这些问题，我们首先得问，什么是"真相"？

二、何为"真相"

1. 什么是"真相"？通常当我们说到"真相"的时候，指的（或者我们一般脑子里面能够接受的，马上想到的）是世界的本来之相，没有被歪曲的那个本来之相就是真相。它独立于人对于它的信念，与"客观事实"可以相互替换。如果真相是指这样的本来面相、自在之相，那么我想说，谈论这个意义上的真相是不可能的。我不是说这种意义上的真相有没有的问题，而是说这种真相即便有，也不是人所能谈论的。简单地说，只有能说出来的东西才有可能是真的或不是真的。真相与我们的语言框架不可分，我们只能谈论语言框架下向我们显现的真相。语言像副眼镜，我们只能在我们所戴的眼镜中看世界。

2.  这是什么？有人说是鸭，有人说是兔。它本身是什么？答案取决于你在哪种生活世界中长大，用什么样的眼光看它，你的由生活形式决定的文化—语言框架是什么。独立于语言框架的"世界本身之所是"意义上的真相是我们无从谈论的。康德已经揭示了这一点，在康德之后，尼采、杜威、维特根斯坦、海德格尔、塞拉斯、古德曼、普特南、库恩、罗蒂，以及一大批后现代主义哲学家，都从不同的角度对此做出了论证。①

3. 那么现在我们来看看《牛津词典》将"后真相"定义为"诉诸情感与个人信念比陈述客观事实更能影响民意的种种状况"中所意指的"真相"概念。这里的"真相"和我们的"个人信念"是对立的，似乎是说，如果是出于个人信念，那么往往就会遮蔽真相，所以真相往往就要求我们排除个人信念，排除个人情绪。

这个定义容易产生歧义，需要进一步精确化。它把客观事实和个人信念看作两个完全不同的甚至相对立的东西。但是当我们说到"个人信念"时，要注意区分两种含义。一种是作为个人当下的思想活动或心理状态的信念，当我们表达这种个人信念时，常常会用"我相信……"或"他相信……"开头，譬如，我相信

---

① 粗略地说，这里又分为两种，康德一派的哲学家比如罗蒂、普特南等人认为，我们看到的世界是我们概念框架下的世界，世界本身是我们无法谈论的，关于它的真相我们无从说起。但继承黑格尔的杜威、麦克道威尔这派哲学家则认为，没有一个所谓世界本身，世界是什么和概念框架是一个整体，只是由于某种理论，才整出一个世界本身来。

这里有张桌子,我相信谁如何如何。这种意义上的个人信念是个人的心理状态、心理活动。这种个人信念是有真假可言的,可能揭示了真相,也可能没有揭示真相,它与客观事实(真相)之间是分离的,是两个不同的东西。我们可以说个人信念往往会影响我们对真相的把握,两者之间是存在着距离的。只诉诸个人信念,是不能获得真相的。

4. 但是个人信念还有另一层我们大家可能会忽视的含义。它指的是语言文化共同体在长期的生活实践中所积淀下来的一套信念系统(它与我们的母语合而为一),通过社会的教化这套信念被内化到个体之中,成为个人所拥有的信念,制约着共同体的每个个体对世界的意识、谈论。我们的世界跟这种意义上的个人信念是不可分的,甚至是相互成全的。如果我们没有这样一种信念系统,我们实际上也就没有一个世界。想象一下,你走进来,我让你把真相或你看到的客观事实描述一下。你如果不在一个文化语言的框架下,你怎么描述? 你会无话可说。而当我说"这是一张桌子"是一个客观事实时,意味着我已经接受了共同体的教化,学会了用语言的方式(表达了共同体的信念)对环境进行分类和处理,我相信这是一张桌子。这种意义上的个人信念其实是语言文化共同体的信念系统的个例化。

5. 我们应该区分两种意义上的"个人信念":一种是"个体的信念",一种是"个体所拥有的信念",真相(客观事实)与前者是两个东西,但与后者是同一的。个体的信念当然是主观的,是跟所谓的真相有距离的。而个体拥有的信念,跟客观世界、客观事实是相互成全的,中间没有界面。如果没有这样一种信念,就没有一个世界向我们敞开。在这个意义上说,没有个人信念(更准确地说是个人所拥有的信念),就没有真相可言。

6. 既然真相与我们谈论真相的语言框架(也是信念框架)不可分,那是否因此就没有客观真相可言? 当然不是。恰恰相反,如果没有这个语言框架,才是没有客观真相可言。真相不能离开我们的语言框架,不等于真相不是客观的,因为框架本身是客观的。比如上面举的例子,只要我们属于同一个文化共同体,使用同一种语言,那么对于事实的描述应该是一致的。这种描述世界的框架不是谁的任意发明,它是人类自然演变的产物,本身就是世界的一部分。它是一个自然的、在世界之中的而不是从世界之外加到这个世界上的东西。除非接受了某套哲学理论,你才会想,存在一个世界,然后我们把这个框架加到这个世界上去。这种思维方式,我想普通人不会有。我们会很自然地认为这里有张桌子,那里有一把椅子。我们不会说,我们看到的是一个中性的东西,然后这个东西作用于我,我再将一个信念加到上面去,给了它一个意义,于是它变成了桌子,变成了椅子。我们不会这样说,也不会这样来看。桌子上有一个杯子,是客观事实,是真相之所是。它离不开我们的描述框架,但并不因此就失去了它的客观性。所以,如果"真相"意味着与语言框架(信念框架)无关的所谓世界的本相,那么它是我们无从谈论的;如果"真相"意味着语言框架下的事实,那么它是客观的,也是可以谈论的。

所以这是我想要说的第一点:当我们说真相的时候,不是在所谓独立于信念框架之外的、世界本来之相的意义上说真相。如果你要谈论那个意义上的真相,那的确只能是后真相了,因为我们从来就不可能达到那样一个真相,我们也不可能有那样一种真相。我们所说的真相实际上都是在我们语言框架下的真相。

7. 我们一般人不大注意这里的不同,一说到真相,就把它置于主体之外,好像世界是自我识别的。我在这里想把主体和主观做一个区分:"主体"是一个本体论的概念,它与客体相对,指的是人、有机体及其拥有的通过社会教化而获得的信念系统等精神装置,这些装置与真相的所是是分不开的,没有我们所习得的信念系统,就没这是一张桌子这一事实。不是说没有这个东西,而是说没有这个桌子。光是一个东西,不能说出它是什么,还不能被当作对象,对象是意义化的东西。有个东西对你造成感觉刺激,此时的它还不是对象,杜威称它为"题材",它只是对你产生刺激、发问。你用语言对它加以回应,这时才有了对象、事实。在这个意义上说,事实离不开我们的语言框架,离不开主体。而"主观"是一个认识论概念,涉及的是人对于已经被上述概念装置敞开后的世界的思考活动、认识活动,它与真相之间是有距离的。它是在事实已经透明之后才入场的。这时,真相与对真相的认识是分离的,思考符合事实才是揭示了真相的。

8. 在传统乡土社会,被共享的信念系统一直在那儿,很少改变,真相和框架没有分离,人们从来不会怀疑自己看到的真相。因此,真相对于乡土社会的人来说是不成问题的。只是由于人际的交往，他才会发现，原先对真相的描述，居然还有其他不同的方式，这时，他才会逐渐意识到，他对于真相的谈论与他成长于其中的文化、传统、社会是分不开的。

承认框架对于真相谈论的制约作用这一点很重要，不承认它就不会承认关于真相可能会有不同的看法。承认它，就会承认真相不是单一的，而是多元的。如果我们意识到了这一点，我们可能就会接受真相可能不止一个，我们就可能会有宽容的态度。

所以，如果在这个意义上理解真相，那么我们完全能说，真相是可以谈论的。下面我就来说说人们是如何来谈论真相的。

三、真相如何显现

1. 迄今为止所得出的结论是：谈论真相和语言框架分不开，真相只是相对于这个框架才是有意义的。那么，在某个特定的语言框架下，我们是如何谈论真相的呢？让我们先把现实中的各种纷争放在一边，看看能不能找到一个谈论真相的理性模型。我觉得是可以找到的。这样一个理性模型预设了我们是在同一个语言文化共同体内的，接受的是同一种语言框架。我说的这个语言框架主要指的是母语框架，实际上就是我们切割、划分世界并赋予世界意义的意义框架。先假设，我们都是在同样一个传统下长大，受到同样的教化，说着大概相同的语言，都是中文。

2. 那么在这样一个背景下，谈论真相大概可以分为两个步骤。第一个步骤就是关于当下直接的、在场的、直接观察到的真相的谈论。对这个真相的谈论，我们不会有太大的分歧。你进来会说这是一张桌子，而我不会说这是一张椅子。我如果说这是一张椅子，大家会纠正我，共同体的信念系统（语言框架）要求我必须说这是一张桌子。在这个层面上，基本上很难想象有什么分歧。对于眼前事实的观察报告，我们不会有什么分歧。在同一个语言文化共同体中，人们对直接真相的谈论、对什么是客观事实的认定，是大体一致的。我们不妨把这样的真相叫作"直接真相"。

3. 当我们说真相只能在语言中显现时，我们说的就是直接真相。直接真相体现了我们和世界的直接关联。对于这一点,我想我们在座的各位可能不会有疑问。而直接真相必须在语言框架下才能向我们显现,关于这一点哲学家们不是没有分歧的。我们最初可能很容易接受这样一种看法:比如,我面前有张桌子,我看到了这张桌子,它作为一个物理的存在对我产生一种刺激,使得我有了一种感觉经验,然后用语言对其加以表达,说"这是张桌子",或者"这是棕色的"。因此,正是这个感觉经验使得我能够做出一个观察报告(用一个语言把它说出来),这个观察报告揭示了什么是真相。我们基本上会接受这样一个过程。我们看到的东西对我们来说构成了我们的感觉经验,然后在这个基础上,我做出关于直接真相的一个观察报告,观察报告是对直接真相的揭示。也就是说,直接真相来自感觉经验。很长时间以来我们都能够接受这样一种看法,但是塞拉斯告诉我们,要注意不要把两个东西混淆了:看到红色的东西跟看到一个东西是红色的是两码事情。

4. 看到一个红色的东西,意思是你有个感觉,这个感觉是一个当下的特殊经验。但是,看到某个东西是红色的,这里面已经带入了一个命题的形式,一种被认可的判断。看到红色东西,只是被你看到了,一睁开眼睛大家就能看到,但是你能够说这个东西是红色的,那这就是两码事了。这时候意味着你已经学会了使用一个概念,认可一个判断。

所以塞拉斯说,你们不要把两种内在片段混淆了:

(1) 存在某些"内在片段",例如,关于一个红色三角形或关于C♯声音的感觉,没有任何在先的学习或概念生成过程,它们也能发生在人类和野兽身上,而且,没有它们——在某种意义上——就不可能看到(例如)一个物理对象的这一面的表面是红的和三角形的,或者听到某一物理声音是C♯;

(2) 存在某些"内在片段",它们是非推论地认识到(例如)某一项是红的和三角形的或者(就声音而言)是C♯,这些内在片段为所有其他经验命题提供证据,是经验知识的必要条件。

一个是红色三角形这样的内在片段,这是我们和动物共享的,不需要学习。还有一种意义上的内在片段,它可以为其他经验命题提供证据,因为这时候已经有一种命题的形式在里面了。某个东西是红色的,这是一个命题,事情是如此这般的,它有一个判断形式已经在里面了,已经被语言渗透了。你可能没有把它说出来，但在内心中你已经默许了这个判断。

所以这是两个不同的东西：一个是自然发生的，我们和动物共享的；一个是我们人类用语言对它的一种回应。这两个东西要分开。传统上，我们刚才说的那两个过程没有被分开。物理的刺激产生了感觉，这个科学可以去研究，但是可疑的是，这样一种感觉使得我能够做出一个观察报告。每个人都可以做同样的观察报告，但是你有什么感觉我并不知道。这个地方有张桌子，我问你这是什么，你肯定说这是一张桌子，这个大家都承认。你如果不这么说，我们就会说你有问题。但这个时候我知道你内在感觉片段是什么吗？我根本不知道。也许你看到桌子的内在片段，跟我看到它的那个内在片段并不同。我们不知道你的那个片段是什么，我们只是要求你在这里必须要做这样一种关于直接真相的陈述。可见，它是一个训练、规范的过程，而不是一个自然、因果的过程。因果刺激会激发这个过程，但它不能够还原到因果刺激上去。

这样一来，正如我们在前面所说的，直接真相实际上已经不是世界的自在之相了，已经有我们的语言框架渗透其中了。详细的讨论，我们在此不去展开了。我想说的是，直接的真相是在语言框架下显现的，而在同一个语言框架下，在同样的初始条件下，关于直接真相的报告，应该是大体一致的。

5. 现在我们来谈第二个步骤。第二步是间接的，是我们在直接真相的基础上，通过推理即理由的链条所得到的真相，我们不妨称它为"间接真相"。在现代社会中，我们所谈论的真相，绝大部分是间接真相，也就是不在场的真相。我们生活的圈子很小，尤其是我们现在的生活方式，基本上都是待在一个封闭的空间里面。但是我们又关心天下的大事，关心很多遥远的、不在场的事情。而我们关于这些话题的认识其实绝大部分都是间接的，因此我们今天关于所谓真相和后真相的这些讨论，绝大部分是关于间接真相的讨论。我们对于真相的分歧主要集中在对于间接真相的分歧上。这一点和传统乡土社会很不一样，他们的生活世界是直接在场的，他们所说的真相绝大部分是直接真相。而今天人们的生活世界已经扩大到万里之外，是不在场的，间接真相成了真相谈论的主要内容。这样一来，就会有一个很大的问题：既然不是直接可经验的，那么关于事件的真相是何以可能的？

直接真相是什么，对于我们同一个共同体的人来说应该分歧不大。但是间接真相不一样。我们刚才说的，间接真相实际上是通过一种理由的链条，也就是通过证据的链条得到的。所以，如果你告诉我关于遥远地方的一个事实，或者说真相，那么我凭什么接受它作为真相或者事实呢？我没有其他的办法，只能问证据是什么，理由是什么？你会通过网络、报纸获取信息，然后来告诉我信息和证据。这个时候，充当理由的信息也就是证据，就开始了它们之间的搏斗、竞争；胜出的，我们就认为它们将我们领向了真相。

6. 由于求助于推论链条，故间接真相是有程度差别的。一个理由，一个证据，越接近现场，不管是时间上还是空间上，我们越觉得这个理由有力。比如，现在俄乌战争打得热火朝天，我们很想了解战争的真相，但是各种各样的、完全不一样的信息比比皆是，我们不知道该相信谁。这个时候，如果有一个人告诉我，他是从乌克兰回来的。那我肯定很急切地想了解，他看到了什么，真相是什么。他会告诉我很多关于他看到的、听到的等等，我就会把他的这些信息作为我的一个理由和证据，去说服我的一个同伴。但假如都是来自乌克兰的理由，我们就会有一个比较，有个直接上战场的和一个在学校里面留学的，我们就会觉得前面那个更靠近真相。因为他直接在场了，而后面这个人并不直接在场。所以，我们会发现越往直接真相那里逼近，理由的分量就越大。真相就是这样，经过一环一环的信息，一个一个的理由（证据），最终指向亲知，即亲身在场的观察报告。所以我们经常要问那些去过事件现场的人，即在场的证人，到底发生了什么，也就是说他直接观察到的真相是什么。因为他的关于真相的谈论具有更大的权威性。所以这样一个理由的链条，在很大程度上实际上就是把我们引向那个直接真相的过程。

大家其实可以看一下，我们的法庭调查就是一个通过理由让真相不断显现的过程。实际上，法庭调查最关心什么是真相的问题。那么它有什么办法呢？它没有办法通过一种对真相的定义，说如果是符合实在的，或者符合事实的，就是真的。这没有意义。它一定是让不同的人提供各种各样的证据，然后找到那个在场的证人。看看这些东西能不能够跟证人的证词，也就是证人的证据，衔接起来。如果能够衔接起来，证据链很好，我们就把它当作真相接受下来。

7. 然而，当下在场的毕竟是少数，在绝大多数情况下，我们并没有办法将理由的链条引导到在场的直接真相上去，我们只能在理由的网络中游荡，通过诉诸理由的数量、理由的规范性以及理由与我们旧的信念的匹配程度等来谈论建立在理由基础上的真相。也就是说，我们大部分关于真相的谈论只能是关于真相的推论的谈论。我们生活在信息网络之中，只能在信息网络中通过彼此交换理由（证据），实现我们对真相的谈论。现代社会，人们越来越多地依赖于信息网络，我们关于外部世界的谈论都来自信息中介，或者是媒体，或者是传闻，或者是书报杂志等，我们已经生活在一个虚拟的世界中了。绝大部分关于真相的谈论已经还原为以信息为基础的关于理由、证据的谈论。你关于真相的信念是否成立，取决于你能否为自己的信念提供规范的证据或理由，这些理由与我们旧的信念系统最好不形成大的冲突。

因此，真相之辩越来越成了理由之辩，似乎雄辩越来越胜于事实，关于真相的谈论在绝大部分情况下也就是关于理由或证据的量和质（与直接真相的距离）的谈论。

8. 如果谈论真相被还原为谈论理由，那么真相就是一个多或少的问题，不是某个人一眼就可以看清的"要么……要么……"的黑与白的问题，它是一个逐渐显现的过程。我们谈论、交换各种理由，真相在这种交换活动中向我们显现自身。我们现在有个障碍很难克服，就是视觉隐喻对于我们的控制。希腊人把视觉看得很重，总觉得真相就是眼睛（心灵之眼、上帝之眼）所看到的结果。真相在这种隐喻下，就是一个看没看见、有或没有的问题。这幅图画紧紧地抓住了我们，使得整个西方哲学的主流传统成了一种镜式哲学。但我们现在意识到，我们并没有洞察真相的眼睛，我们与世界的关系更多的是触觉隐喻所揭示的关系，我们只能在探索中谈论真相，真相成了摸索过程的结果。这样，它就不是一个一眼看到的事情，而是一个不断显现的过程。证据、理由在此扮演了核心角色，谈论真相根本就是谈论理由。

所以现在我们会发现，实际上，我们关于真相的谈论不再是本质主义的谈论，而是一个发生学的讨论，一个关于真相的接受过程的谈论。在我们的生活当中，我们把什么东西接受为真相，为什么要把它接受为真相？这类问题比什么是真相的问题来得更加基本。所以当我们说要来谈论真相的时候，我们在很大程度上是把它还原为关于理由和证据的谈论。这是我们生活当中谈论真相的唯一办法，你没有其他的办法。

9. 但是说到这儿，大家可能会认为，那这样一来，我们可不可以把真相就还原为理由？因为既然真相谈论只能通过理由的谈论才有可能，于是"真相"这个概念就可以不要了，用"理由"替换掉它就好？能不能说，一个断言，只要是有理由的，便是揭示了真相的？美国当代哲学家布兰顿回答说不能。回到我们的理性交往过程中来看，当我们把一个断言接受为真的时候，我们的的确确是基于证据（理由）的，除此之外我们没有其他途径，但我们还是会说真相的谈论是基于理由的，却不能还原为理由。为什么呢？为什么真相不能还原为理由？布兰顿给出了解释，他说一个断言是不是关于真相的断言，确实是要看它是否有理由支撑，但在这里还涉及社会交往的不同视角，涉及说话者和听话者认定理由的背景。

10. 我们在社会交往的过程中谈论真相时，往往是这样：如果你一个人在孤岛上，你接受一个信念，这个信念对你来说当然就是真的，你甚至都不需要理由，甚至"真相"二字对你都是多余的。但当人们谈论真相的时候，一定是不同人之间的一种谈论。那么这里就涉及两个人的交流，一个是说话者，一个是听话者。说话者和听话者实际上都分别有自己的理由系统。所以当说话者说出来一个断言，布兰顿把它叫作"做出一个承诺"的时候，听话者对说话者的断言就有两种处理方式。布兰顿称之为两种不同的"规范态度"：一种是将那个断言（承诺）归派给说话者，但他自己未必接受那个承诺；一种是他不仅归派了那个承诺，同时自己也接受了那个承诺。前一种态度是说，这个承诺是那个说话者的承诺，尽管那个说话者做出那个断言（承诺）是有理由的，但由于那个听话者在社会所处的位置不同于说话者，他的信念系统不同于说话者，他的理由系统与说话者的理由系统可能并不完全一致，因此他会说，尽管说话者做出那个断言是有理由的，却不是关于真相的断言。只有在听话者不仅将那个断言归派给那个说话者，同时基于自己的理由也认可接受那个断言的情况下，他才会说那个断言是关于真相的断言，也就是真断言。我们实际的社会交往就是在无数的两个人之间通过这样一个过程而进行的。所以不能把真相等同于理由。

我举个简单的例子。前两天有个同事突然说："日本发生大地震了。"他的这个断言是关于间接真相的断言。我问为什么？他说：你看，报纸上报道了，电视上面也报道了，然后还有谁谁跟我说了。他给出了一大堆这样的理由。我作为听者的第一个反应肯定认为他有理由做出断言，如果我是他的话，我也会认为日本大地震了。我们都会说他的断言是有根据的、有理由的，任何人看到这些报道等都会做出这个"上午日本发生了大地震"的断言。但是假设我由于自己的特殊地位，有一个我知道而他不知道的理由，即中午这个报道已经在内部被辟谣了，是我们的一个当班编辑错把"墨西哥"当作"日本"了。这一点别人不知道而我知道，因此我可以说，尽管站在他的角度，他的那个断言是有理由的，然而由于我的理由与他的理由不重合，使得我在我的理由的基础上不能接受他的断言，因此我说他的断言不是关于真相的断言，哪怕他做出那个断言是有理由的，哪怕我站在他的位置上也会做出同样的断言。所以我们可以看出，真相是基于理由的，是理由之间的竞争，但是它不能够还原为理由，不能等同于理由。这里涉及说者和听者的社会交往的不同视角。尽管这种视角的区别并没有改变间接真相是推论的、基于理由的这一基本论点，但它表明了保留"真相"的必要性。

11. 绝大部分的真相也就是间接真相的谈论是理由之间的相互兑换。作为个体的我们在谈论真相时，绝大多数情况下只能诉诸理由，但就像前面已经提到的那样，基于理由推论的间接真相要能够成立，最终必须以直接真相作为它的基础。也就是说，这种关于间接真相的谈论最终须能通过理由链条连接到直接真相上去。这个链条可能很长，不是我们能够追溯的，我们是通过理性的信用体系与它连接在一起的。这就像我们手里握着的钱币，可以流通、相互交换，但最后它必须能还原到黄金或石油上。交换的前提是社会是一个健康的社会，它建立了一种信用体系，一旦这个信用体系被破坏了，相互交换也就不可能了，金融体系也就崩溃了。理由之间的交换也是这样，如果一个社会说假话成为风气，或者一些人出于种种原因不能真诚地提供或接受理由，不愿面对别人的理由，那么，以理由为基础的真相谈论便没有根基了。这样，真相的谈论便是不可能的。关于这一点，詹姆斯说过："实际上，在大部分情况下，真相是靠信用制度而存在的。只要没有什么东西阻碍，我们的思想和信念就是'通过'了，正像只要没有人拒绝，钞票就是可流通的一样。但所有这些都以某个地方的直接的、面对面的证实为前提。没有这一点，真相的建筑物就会崩溃，好像没有现金做基础的金融系统或诸如此类的东西一样。……我们对换彼此的真相，但被某人具体证实的信念是整个上层建筑的基础。"①

12. 因此,要谈论真相,要让真相自我显现,就必须建立公共理性交流的平台。一个理性的信用体系,是理性、成熟的社会所应该具有的,可惜我们现在还没达到。尤其是现在有各种各样因素的干扰,使得这样一个理性平台没有搭建起来。而要搭建这样一种谈论真相的理性平台,我认为有两个方面的要求:一个是共同体成员对自己个人的要求,一个是对社会的要求。

对于个人的要求,可能有很多,我想到至少有两条。第一,要真诚,要讲真话。不能说你明明有一个证据,知道一个理由,却由于其他考虑而隐瞒不说,或不敢说,不愿把它贡献到这个平台上来。这样一来,就阻止了理性的流通过程。如此一来,真相就不可能自我显现了。如果这个理由的流通是畅通的,那么真相不需要去谈论,它自己会显现出来。所以现在,出于任何理由而故意说谎,故意隐瞒,无论是被迫还是自愿,都会中断真相的自我显现。第二,要勇于自我批判、自我反思,甚至自我怀疑。也就是说,一旦别人的理由对我构成挑战,我要勇于更正自己的信念,勇于接受,勇于自我纠错。你没有这样一种态度,那别人提出来的理由和证据也没用,理由的交流也就中断了,而真相是以理由的畅通为前提的。

对于社会来说,也同样有两点要求:第一,它应该是一个相互承认的社会。不能因为身份、背景的不同,有些人的理由就有更重的分量(用我们今天的话说,就是有特别的话语权)。不能因为地位高、权势大、财富多,有些人说出的话就一定拥有理由的资格。这是没道理的。从社会角度来说,理由面前人人平等。是不是理由,要接受规范的裁判。三四岁的孩子就会为自己的行为找理由,但那些理由常常是幼稚可笑的。小偷可以用昨天失手作为今天偷窃的理由,但那理由是不合规范的。在理性的平台上,每个人都在"无知之幕"下,他的话能不能成为理由,需要接受规范的检验。第二,它应该是一个宽容的、鼓励讲真话的社会。立场可以不同,信念可以有分歧,这些都是正常的。但是可悲的不是立场不同,而是没有讲真话的空间。真话不一定就是真相,但是没有真话肯定就没有真相。讲真话也不一定就能够把真相揭示出来,但是如果不让人讲

---

① 《詹姆斯文选》,万俊人、陈亚军编译,社科文献出版社 2007 年版,第 240—241 页。

子说，如果一个人故意说谎是完全不可取的，但如果一个人有些认知上的局限，可能还是可以交流的。其实您的整个表述里面有一个很重要的标准，就是理性，您觉得首先要符合理性。但当您说真诚比真相更重要的时候，可能在某种意义上又偏离了这个理性标准。如果说一个人故意说谎，这个人可能是个有理性的人，我还可以跟他交流；但如果说一个人是真诚的愚昧，那就连教育都教育不了了，那我怎么跟他对话呢？这是一个从刚刚的讨论那里衍发出来的问题。还有，我觉得有一个根本性问题，就是当您说真相是多元的时候，您又给了一个评判的标准，或者说规范。您刚才提到一定要有一个规范来衡量，那么我们就会问，这个规范从哪里来？是谁给出这个规范？您刚才其实给了一个规范，这个规范叫作"理性"。那为什么理性就是一个普遍的规范？法兰克福学派的阿佩尔讲这个普遍交往理性的时候，就有人批评，他的理性指的是受过良好教育的欧洲人，那中国的农村人呢？批评阿佩尔的是个墨西哥人，并说很多墨西哥人才不讲理性，他没受过教育，他不知道什么理性，非洲的黑人也没有这样的理性，你不能这样去要求他。就是说，理性这个标准本身可能也是有视角性。那您在何种意义上说，理性就是一个普遍的规范呢？

陈教授：这里有两点，就是真诚和理性。当我说理性的时候，实际上没有太多其他的意思，我就是指讨论的时候要给出理由。你提出一个观点的时候，要有理由作为它的前提，作为它的根据。其实就是这么简单。如果你是一个真诚的人，而你又故意去撒谎，那在我刚才说的这个意义上，就不是我们说的这个理性了。因为理性就是说，你每提出一个断言，这个断言应该是在理由的空间当中占一个位置，或者是有一个理由使得你作这个断言，或者是这个断言能作为理由导致其他的断言。

其实我所说的那个真诚，意思是，你不能有理由但不说，故意隐瞒。这里可能不是一个很宽泛的、一般意义上的真诚。我说的真诚是指，在我们讨论真相的过程当中，你要加入这样一个讨论中去，你是真的、实实在在地想和我们一起把这个问题搞清楚。如果没有这样一个出发点，没有这样的一个要求，若你隐瞒理由、证据，在这种情况下，我就认为这很不真诚。你说的"真诚的愚昧"，我不知道这个"愚昧"怎么理解。愚昧的人也可以是有理性的，就是说有理性的推论。可能他的理由链条连接得不够长，不像有些人理由的链条可以连得很长，也即这个推论过程可以很长,例如,不但知道这个戒指是黄金的,还知道黄金是什么,黄金的原子量是多少,等等。而愚昧的人,或者说是了解得很少的人,比如说只知道黄金是黄色的。在这种情况下,我们就觉得后者跟前面这种人比是愚昧的。那么除此之外,愚昧是在什么意义上而言的,指的是哪种呢?是指我完全没有一个理由,却作出一个断言?或者是像鹦鹉学舌一样的?比如,我完全不知道"桌子"是什么意思,我还说这是一个桌子。可能这时就会说这种人脑子是愚昧的。说桌子,你当然要知道桌子是用来写字或用来吃饭的,连这个都完全不知道,你还说这是一张桌子,那这就是非理性的,也是愚昧的。似乎只能在这个意义上说他愚昧。我不知道您说的那个"愚昧"是指什么?

听众四:如果你把"理性"的定义放得这么低的话,那么可能我说的那种情况也就不叫愚昧,因为他也能提出理由来。但是我的意思是说,如果说一个人,比如您刚才讲他故意说谎,或者他故意扭曲这些理由,而实际上我认为这还是一个相对较好的事情,因为他至少跟你在一个对话框架里。我举个例子,比如说最近网上有个新闻,说一个女大学生跑到农村去投资种南瓜,种了几百亩的南瓜。然而有人偷她的南瓜,偷南瓜的人是当地的年老村民。

那我想有这么两种情况,一种情况是,比如说这是一个故意的小偷,这个人知道偷东西是犯罪,他故意来偷,是恶意的。他来偷南瓜,而他知道偷东西是犯罪,如果他被抓住了,警察可以判他的刑,可以教育他,然后他也就认错了。知道这是错的,这意味着还是在同一个对话框架内。但是在那个新闻里面很惨的一点就是,来偷的是一些农村的老人,可能他们从心底里没觉得这是错的。他们已经有共识,认为这块地就是他们村里的地,所谓的承包,是不被认可的;况且他一个老人家拿你点东西怎么了?他们也能举出很多理由来,但这个理由跟我们前面讲的以现代的一般标准来看偷东西是不对的,或者说法律要惩罚你等等理由,就完全不在一个水平上。所以,我认为后者虽然很真诚,但并不好,甚至还不如前面那个好。

陈教授:这个非常有意思。实际上这跟我们前面说的有相同之处。这个女大学生,她应该到这位老人的生活世界里面,跟这些老人一起去生活,然后才会发现她的生活方式同他们对世界的态度和描述都是不一样的,包括对理由的描述也不一样,所以老人说的理由,根本就不被认为是理由。刚刚还提到了规范。这个规范实际上只有是相对于框架的，才有什么叫应该，什么叫不应该的事。我也可以同样举个小偷的例子。小偷今天又来偷东西，你说："你干嘛要偷东西？"他给你理由说："因为我昨天失手了。"你会说："这个不是理由。"但他当然认为这是理由，在他那样的生活世界里，他跟他同伴就可以这么说："我昨天失手了，所以我今天还得去偷。"这个理由对他来说完全可以，而且他同伴一听就觉得确实是理由。但是我们会觉得这样是不符合规范的，因为在我们这样的公共体制和生活场景下，小偷的理由是不能够作为一个理由的。

理由不是说某个人提出的理由，三岁的孩子也可以提很多听起来非常奇怪的理由。但是什么可作为理由，是要有一个规范的。但是这个规范，跟刚才说的那个普遍的理性不是一码事。我觉得这个规范实际上是在你的这样一个生活世界里面自然形成的，而不是某一个人强加的。也正是由于是形成的，它一定是在时间当中，在某一个空间当中，在某一种生活场景下形成的。所以它不是那种普遍理性的规范，而是制约着我们能把什么当作理由、不能把什么当作理由的东西。那么在不同的场景下，在不同的人群当中，这个规范可以是不一样的。

我不知道这个回答是否合适。

听众五：我的问题是，老师前面提到有一个关于理由的加权现象，认为理由可能有归派给别人和自己去承诺的情况。我发现在很多时候，人们之所以会讨论不下去，原因可能是我持有了一种立场，你持有了另外一种立场，我们总是在交流的时候，把这个东西归派给别人，然后这段对话就进行不下去了。我们在理由的加权上存在一种最开始所说的"后真相"时代的那种情感上的投射。我觉得如果这个东西是在对话之中产生的话，那么这种理性原则和宽容原则都很难实现。让人们自行加权的话，那这两个原则就很难落实，因为我们对自己的一些理由总是有一种很自豪、骄傲的姿态。

陈教授：确实有这样一个问题。但是我认为，你采取一个理性的态度，意思是，尽管我意识到我们理由的加权是不一样的，但是我可能会抱着一种理解的态度，试图询问你的权重为什么跟我的不同？我会想去了解，我会进入你的生活世界，然后了解你的生活方式，了解产生这种方式的框架。在这种情况下，尽管我们会有各种不同，甚至这种不同可能是我理解了也不一定接受，我还是会持有我的理由。但是当我理解了你的框架的时候，我对你与我关于理由的不同态度和权重，就更可能抱着一种宽容的态度。

我的意思是说，我可以接受你与我对真相的描述是不同的这样一种情况，但我只要能够理解你为什么要用这样一种方式来描述它，我就完全可以坦然处之。我们之间没有必要一定要还原到谁关于真相的谈论是对的上面去。但问题就在于，我们能不能不要因为这样一种不同，而导致我们进入一种很火爆的状态，或者是用某一种暴力的方式来解决这个问题，那就非理性了。这是我觉得可以避免的。

听众六： 是不是在某个共同框架内讨论，有个度的问题？比方说像您刚才讲到的，如果是理由的加权，那么我们还是能够求同存异，用一种宽容的态度来做一些讨论。但是如果刚才那种约定俗成的规范（共同框架）不同，是不是有时候就没法讨论了？

陈教授： 能不能举个例子？

听众六（追加）： 比如刚才那个小偷的问题，你没法跟小偷说道理。我在想，是不是有一个边界来界定，在哪一个层面上、哪个程度上。比方说刚才（我的理解）理由加权的情况，我们还是可以讨论的，可能你的价值观跟我的不同。但是，价值观差异到一定的程度而形成的这种规范的不同，比如，我们可能根本不是一个圈子里的人，你的规范我是不能认同的，那么可能就没法展开讨论。

陈教授： 我相信这位同学说的这种情况确实存在。比如说，在小偷他们自己的一个小共同体内，对他们来说，他提供的理由可以完全被理解，被当成理由。但我们觉得这不合规范，我们对规范和理由的理解跟他不一样。但是显然我们身处一个正常的生活世界，或者说至少我们大部分正常人是生活在这里面的。为什么这么说？因为我们可以设想，小偷都不会教他儿子去偷东西。就连小偷也知道（他从小受的教育，如果他跟我们是在同一个社会里面长大的）不能去偷，他应该在最基本的规范上面跟我们是一致的。这体现在他不会对他的孩子说"儿子，你去靠偷去营生"，恐怕没有一个小偷会这样说。哪怕他自己去偷，他也会觉得偷东西是一个不合我们社会规范的东西。

　　我经常会有困惑,在我的同学圈子里面也老是听说"实际上我们的分歧不是在其他地方,主要是我们的价值观上有分歧"。我有时候就跟他们提出这个问题(什么价值分歧?),但是总是不了了之。那么,到底什么是价值上有分歧?实际上他们都知道不得滥杀无辜,他们都知道无故的入侵肯定是错误的。这些基本价值,在我们共享的最基本的世界层面上实际上没有多大的区别。问题是,在基本的规范价值这个层面上没有巨大分歧的情况下,他为什么还能这样去做?

　　听众七:陈老师,那我多追问一下,我们现在讨论到恐怖主义的那种极端行为,是不是与我们的讨论有一些本质的区别呢?从现代社会的角度来说,是不是就是因为无法运用这两个原则(理性原则和宽容原则)来进行沟通而导致(恐怖主义)问题?

　　陈教授:我有时候在想,在纳粹那个时代,那些人到底生活在怎样的生活世界里面,在他们整个的教化过程当中发生了什么,最后让他们变得泯灭人性。实际上,我去德国,我就很想到普通人家里面去,因为我们现在看到的,说实话也是脸谱化的。我们看到纳粹的军队都是一副非常丑陋、凶神恶煞的形态,非常恐怖。我很想到这样一种普通人的家里,然后通过老人的回忆,了解到底这些人是什么样的,毕竟他们是从那个年代过来的。我们不能抽象地思维。你不要因为杀人犯杀了人,就连他是英俊的这个事实也否定掉了。但是我们现在经常很难避免抽象地思维,尤其是历史往往把丰富的东西给你剔除掉,然后把一个抽象的东西突出来,以代表全部。所以纳粹到底是怎样的?他们肯定也是人,可能也有很好的文化素养,那到底发生了什么事,他们居然做出了这么非人类的、反人类的事情。我觉得这确实是值得我们好好去追问的问题。但是说实话,关于这个我还不是很清楚到底发生了什么?我相信,如果真的弄清楚了这一点,我们就会理解为什么纳粹会做出那样的恶行。其实从讨论的逻辑说,它是小偷例子的放大,只是比小偷的例子更加残暴罢了。

　　还有一点,我感觉这个基本的价值原则,比如说"不得滥杀无辜"之类,对人类的行为制约是非常有限的。用维特根斯坦的话说,我们实际上不是在遵守规范,我们是在遵守我们对规范的理解,我们是在遵守我们对规范的解释。我们都遵守不得滥杀无辜，但是问题就在于，他们根本就不把这叫滥杀无辜，他们不认为犹太人是无辜的，他们也不认为这种方式就是滥杀。所以，当在理解的层面发生改变的时候，普遍的规范其实并没有太大意义。因此我一直觉得，什么是价值的问题，我们实际上最后都落实到对价值的理解问题上。而我们对价值的理解跟我们现在受的教育，跟整个社会交往过程，以及跟我们的生活状态是密切相关的。

隐喻认知：符号学与逻辑学维度的思考

黄华新　教授

2022 年 10 月 20 日

一、隐喻：认知科学的重要议题

隐喻研究是当前语言学、逻辑学、认知心理学和计算机信息科学等多学科领域共同关注的学术前沿。隐喻在人类的语言与认知活动中具有十分重要的地位。隐喻性的表达，如"人生是一场旅行""时间就是金钱""地球是人类的母亲""丑闻缠上了大明星""汽车喝饱了油""桌腿""山脚"等等，随处可见。

中国古代有"《易》之有象，以尽其意；《诗》之有比，以达其情。文之作也，可无喻乎?"的说法，从使人有所知和使人有所感两方面肯定了比喻的积极意义。隐喻认知转向的代表性人物莱考夫(G. Lakoff)和约翰逊(M. Johnson)认为，隐喻表达源于我们以隐喻的方式所建构的概念系统。隐喻深深地根植于我们的学习、推理、想象和创造等诸多认知活动之中，也深刻地影响到我们日常生活中的一言一行。从认知与交际的角度来看，我们的概念系统很多是以某种隐喻方式建构起来的。

正是这种对隐喻认知价值的重新审视，构成了当代认知科学的三大重要发现之一(Lakoff,1999)。从逻辑表征和认知计算的角度对汉语隐喻进行深入探讨和具体描述，无疑是现代认知科学研究中一项既重要又迫切的工作。随着自然语言处理研究逐步从低层次的语言信息处理(如词性标注、句法分析、指代消解和命名实体识别等)转向高层次的语义分析任务，提出新的隐喻问题的解决方案具有重要的理论价值和实际意义。

总体而言，概念隐喻中的概念映射是一个从源域到目标域的函数 $f:S \rightarrow T$。

它通过源域和目标域中对应元素的映射关系，表征两个概念域中的性质和对象之间的相互关系。

这种映射关系很大程度上依赖于类比推理，其基本模式是：

A 具有性质 a,b,c,d；

B 具有性质 a,b,c

_____

所以，B 具有性质 d

当然，对于日常交际中的隐喻表达和理解，类比推理的前提过强，说话人表达和听话人理解时，可能只对源域中的几个性质进行了关联和突显，通常不必完成源域和目标域内部要素的一一映射。

二、 从认知符号学的视角看隐喻

在当下的数字化时代背景下，越来越多的信息被编译为不同类型的符号，符号化传播已经逐渐成为信息交互的主流形式。

皮尔斯指出，我们所有的思想与知识都是通过符号获取的。他曾对符号做过界定，认为一个符号由符形（representamen）、符释（interpretant）和对象（object）三部分构成。符形是某种对某人来说在某一方面或以某种能力代表另一事物的东西；符释是符号形体在接受者的头脑中所形成的东西；对象就是符形所代表的那个事物。①

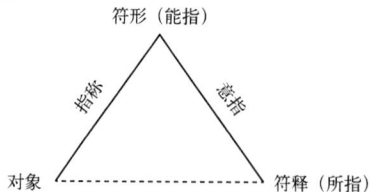

图 1　符号三角

_____

① C. S. Peirce, "Logic as Semiotic: the Theory of Signs", in R. E. Innis (ed.), *Semiotics: An Introductory Anthology*, Indiana University Press, 1985, p. 5.

隐喻本身也是一种符号现象，可以是语言符号，也可以是图像或声音等形式的符号。所以，我们考虑以具有元学科性质的认知符号学为切入路径，尝试对隐喻表达和理解中一系列复杂的认知过程给出一个初步的解释。

在符号的三要素中，符释（解释项）是一个只存在于主体认知中的抽象存在，由符形到符释的意指过程是一个认知加工的心理过程。符号解读所经历的心理过程，也就是认知语境（广义语境与狭义语境，真实语境与虚拟语境，内涵语境与外延语境……）的生成过程，它依赖于认知主体的知识和外界提供的信息。

隐喻表达和理解的过程也就是符号生成与解释的过程。对符号的解释通常不是一步完成的，外界信息输入后，符形与符释会在心理层面不断交替转换。从符号本身到符号解释是一个心理过程，某个符号会在接收者的头脑中创建另外一个新的或更为复杂的符号，新创的这个符号就是初始符号的解释项。例如，中国文化中"水"的隐喻很多，其中有"上善若水"，宁波主打宣传语"书藏古今，港通天下"，这里都包含着隐喻意义解释的丰富性。隐喻理解涉及一系列复杂的语用因素，我们认为，其中最重要的是认知环境（认知语境）、心理过程和符号链。

1. 认知环境

隐喻所包含的非字面义要被表达和理解，离不开对语言自身以外的因素的综合考虑。卡梅伦（L. Cameron）等人指出："在特定的语言使用环境中研究隐喻语言，需要将认知和社会文化联系起来。"[①]社会文化、交际语境以及皮尔斯所提到的符号认知主体等作为影响隐喻符释的外在因素，本身都具有复杂的内在结构，只有接受了特定社会文化且处于特定交际语境中的理性认知主体，才能进行隐喻交际而不会简单地认为该语句为假，我们可以将上述三者统一视为"认知环境"的组成部分。

"认知环境"这一概念来源于关联理论，斯珀波（D. Sperber）与威尔逊（D.

---

① L. Cameron & G. Low, *Researching and Applying Metaphor*, Cambridge：Cambridge University Press，1999，p. 8.

Wilson)在《关联：交际与认知》中给出的定义是①：

> 某事实在某时对某人显明，当且仅当在此时能够对该事实作心理表征并接受该表征为真或可能为真。

个人的认知环境是对其显明的事实的集合。

所谓"显明"就是被感知或被推出，一个人的全部认知环境值是它能感知或推出的事实的集合。这一定义与通常将外在信息作为自变量、主体认知作为函数的思想不同，它将一个人的认知环境作为其所处的物质环境及其认知能力两者的函项②，本质上是把外在信息和内在认知都视为影响因素，共同决定一个事实是否能为主体所接受。这样，一个人在认知过程中所能调用的就不仅是外在的信息，还包括他有能力进一步推出的全部信息。认知环境函数所具有的"感知"和"推出"这两种功能，都为理性主体所具有的基本认知能力，"感知"将外在信息转化为内在信息，"推出"在已有内在信息的基础上产生新的内在信息。外在信息包括交际情境中的说话人、听话人、时空等语境所提供的信息；内在信息指主体所接受的信息，包括主体的背景知识和被主体感知及推出的知识，它集中体现了不同认知主体的差异。隐喻理解不同于字面义理解之处就在于，不同主体和语境输入认知环境函数后将激活不同的认知图式，得到不同的认知结果。例如，白岩松在 G20 杭州峰会上说"11"。他说 11 告诉我们 1+1＞2，强调合作共赢；11 是一支足球队的人数，意指应该发挥团队协同拼搏的精神，而世界经济要走出低迷同样需要这种精神；11 可以看作双腿，也就是行动，G20 应该向行动派转变；11 上下延伸之后可看成是一条路，那应该是一条可持续发展的大路。这里，每一点解读之间相互独立，是不同认知图式所导向的认知结果。

2. 心理过程

要用"符号三角"构建隐喻符号的解读过程，最简单的做法似乎是对隐喻语句的要素进行拆解，将喻体作为符形，本体作为对象，隐喻理解相应地视为从符

---

① 丹·斯珀波、迪埃珏·威尔逊：《关联：交际与认知》，蒋严译，北京：中国社会科学出版社 2008 年版，第 40 页。
② 同上书，第 41 页。

形到特定符释的意指过程。这样做的问题是：一方面它仍然把隐喻理解过程作为一个整体，令其在符释上实现，而没有说明这一理解是如何进行的；另一方面，当隐喻语句不同时出现源域和目标域时，本体和喻体呈现不清晰，就无法得到完整的"符号三角"，似乎也意味着理解无法顺利进行。产生上述困难的原因是，隐喻依赖的不一定是已有信息提供的知识，还可能是从这些知识推出的新知识。在日常交际中，大量隐喻概念已经固化在人们的认知中，这样的知识可以不在文本中显性存在；另外还有一些新奇隐喻的源域和目标域之间关联性不强，需要有与两者相关的其他概念作为连接。这些隐喻的表达和理解过程都不能一步完成，需要包含长度不一的心理推理过程。

在符号的三要素中，符释是一个只存在于主体认知中的抽象存在，由符形到符释的意指过程是一个认知加工的心理过程。符号解读所经历的心理过程，也就是认知环境的生成过程，它依赖于认知主体的知识和外界提供的信息。基于上文对认知环境的说明，我们把作为理解结果的认知事实递归地定义为满足如下条件的最小集合 S，其中，s 为外在环境信息，c 为主体认知能力，f 为认知环境函数：

(1) $f(s,c) \in S$；
(2) 如果 t 是认知事实，则 $f(t,c) \in S$。

隐喻概念本身和非最终阶段的解读都可以作为语境的扩展或新的前提，来改变初始语境提供的蕴涵并引发另一些新的蕴涵。[1] 也就是说，外在信息和主体认知能力输入认知环境、获取认知事实的过程可以重复，新的事实信息和认知能力可以继续输入，不断推出新的事实。

心理过程集中反映在意指过程中，意指的实现依赖于对符形的理解，将一个符号视为何种类型的符形影响着意指得到何种符释。如皮尔斯曾将符号划分为像似符、指示符和规约符：像似符和对象存在实体上的相似性；指示符与对象存在着某种因果联系；规约符最初与对象的联系带有任意性，而在一个社会群体中被固定下来之后又具有稳定性。比如中国农业银行的标识系统，其中，

---

[1] 丹·斯珀波、迪埃琺·威尔逊：《关联：交际与认知》，蒋严译，北京：中国社会科学出版社 2008 年版，第 263 页。

中国古钱和麦穗的图案是相似符,两者结合而成的标志指称中国农业银行,为指示符,而"耕耘美丽中国"等宣传语,进一步体现了该行与其他银行的个性差异,为规约符。外在和内在信息首先会共同影响主体对符号类型的判断,然后基于该判断所确定的符号类型将作为新的知识存在于认知环境中,引导不同的心理过程。也就是说,当主体判定一个隐喻表达是某种类型的符号后,会根据该类符号的特征寻找与之相似或相关的对象。

一些新奇隐喻,如读书就是回家,让建筑赞美生命,其源域和目标域之间关联性不强,需要有与两者相关的其他概念(中间环节,中介概念)作为连接。这些隐喻的表达和理解过程通常难以一步到位,需要包含一环扣一环的心理推导。

3. 符号链

现代隐喻理论普遍认为,隐喻不仅仅是词(符号形式)的替换,更重要的是概念系统之间的互动。由上述关于心理过程的分析可见,很多情况下隐喻理解不是一步完成的,它需要将认知得到的事实作为新信息来得出新的事实。从符号学视角看,这说的就是,符号的解释本身可能成为解释者头脑中新的符号形式,以此类推下去,形成一个符号的链条。比如以下例子:

> 甲:"人生是一道题。"
> 乙:"人生就是一道数学题。"

甲的意图是表达"人生需要增加能力,减少烦恼,提升合力,分享快乐"的生活态度。为表达这一意图,甲先要表达延伸意图"人生是充满'加减乘除'的运算",随后用"人生是一道题"这一显性语言符号表达出来。在相同的知识背景下,乙看到"人生是一道题"时,其解读可能是"人生是一个关于运算的过程",并且进一步延伸认知链,直到最终达到共同认知。由乙表述"人生就是一道数学题"可知,他确实理解了甲的意图。

类似地,"做企业如同种树"和"做企业如同养孩子"都预设了企业作为"生命体"的概念。

受特定主体和情景的影响,隐喻意义的生成和理解在不同的认知层面和维度上会呈现出差异性和共通性、多样性和确定性等复杂特征。我们可以将隐喻语言从符形到符释的意指过程展开为一个多级符号链。初始符号为完整的隐喻表达，主体在交际中结合动态语境进行选择和调整，通过符号推理转码得到与语境相容的解释。具体而言，第一层意指过程依靠的是语言的群体约定，一个隐喻概念经由说话人表达后，就成了听话人需要解读的符号，其符释是语句的字面义，对象是该字面义所表述的事态（比如"时间是资源"这一隐喻表达，可直接按字面义理解为"时间是一种可利用的自然物质"）。但通常情况下，隐喻表达会与常识相违背，使得字面义表述的事态在现实世界中的对应为空，即与语境产生冲突（此处，现实的自然界不存在"时间"这样一种具有某种用途的物质实体）。这种冲突会构成语义抑制，迫使听话人将符释作为新的符形，继续延伸符号链。第二层级的意指主要考虑说话的背景信息，在进一步对以字面义为符形的符号进行解释时，通过排除与当前语境产生冲突的要素得到一个可相容的语义解释，相应的对象是作为现实世界一部分的事态（此处排除"物质实体"一类的性质，而保留"有价值"一类的性质）。当然该解释仍然可能包含过多的信息，呈现为一个比较含混的符号，此时就需要第三层意指对交际过程中的信息进行提取并支持推理，一般可以通过搜索上下文关键词继续对符号进行进一步的解释（如果"时间是资源"后还有"我们要节约它"的描述，则根据"节约"的语义，突出资源的有限性和珍贵性）。最终得到的上下文相关的限制性相容语义，就是该隐喻在当前语境下所能达到的充分理解。符号链的基本形式如图2所示。

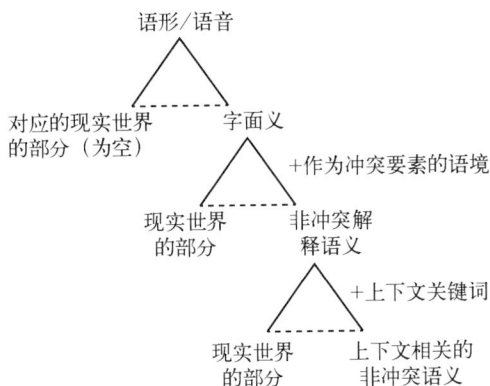

图2 隐喻语言理解的符号链

随着认知主体和语境因素的介入,多个跟隐喻表达和理解有关的不同维度的问题随之而来,值得我们去思考。

第一,如果这个认知主体是人类,那么理解隐喻的物质条件就是大脑,因此我们需要深入思考隐喻理解的神经生物学基础。

第二,隐喻的使用受到特定认知主体和语境的影响,我们有必要通过分析具体的隐喻文本,揭示其背后的认知价值和深层意图。

第三,如果认知主体是某种模拟人类智能的软件,那么我们就需要立足于此类主体的独特性,重新思考机器理解的潜在意义和面临的挑战。

此外,换一个角度看,隐喻与认知主体的思维品质密切相关。认知主体思维的独特性、发散性、关联性和系统性,对隐喻的生成、表达和理解具有特殊的意义和重要的影响。

三、 隐喻认知与问题求解

在徐慈华与我合作发表在《浙江社会科学》(2022 年第 10 期)的文章中,我们对于"隐喻认知与问题求解"做了比较全面的分析。首先,我们参考林定夷教授对"问题"的界定,把"问题求解"看成是:设法消除某一给定智能活动当前状态与智能主体所要达到的目标状态之间差距的行为。例如,我们渴了,就去倒杯水喝;如果饿了,就去找点东西吃。这些活动均为消除当前状态与目标状态之间的差距,似乎与隐喻认知没有什么关联。而在另外一些问题求解活动中,隐喻认知却与之息息相关。在那篇文章里,我们通过大量案例,较为细致地分析了隐喻认知与问题求解的关系。如二战初期,执行轰炸任务的盟军飞机经常会被德国的防空系统发现并击落,损失惨重。为解决这一复杂问题,英国空军情报处处长琼斯想到了"沙堆藏沙":将一粒沙子藏到沙堆里,便难以寻找。以此为启发,他提出了"窗户计划",即通过投放数吨黑色金属片来干扰德国的雷达系统,从而达到掩护盟军飞机的目的。"沙堆藏沙"与"掩护飞机"属于两个完全不同的认知域,这种通过跨域映射来解决问题的过程就是典型的隐喻认知。它常常被称作"人类的智慧之光",而这可能是当前人工智能无法企及的智能形式。

根据概念隐喻理论,隐喻是一种基本的认知机制,而隐喻性语言只是这种认知机制的外在表达。由于人类认知主体拥有多模态的感知通道,除语言符号外,图像符号、声音符号、手势符号、触觉符号、气味符号等其他符号形式也一样可以成为隐喻认知的外在表达方式。如果隐喻的始源域和目标域分别用不同的模态来呈现,那么它就是多模态隐喻。在复杂问题的求解中,认知主体不管是在个人层面,还是在群体层面,都可能使用非文本的形式对问题的不同维度进行表征和交流。

在问题求解的不同环节中,隐喻认知到底是如何发挥作用的呢? 在上述文章中,我们做了多方面的探讨,建议大家可以抽空阅读。下面我根据文章的内容,向各位做一个简要的介绍。

1. 隐喻认知的知识表征功能

在问题求解的初始阶段,人们首先要理解问题,在大脑中构建出某种对问题的表征。在表征中才有可能对问题加以描述与推论。因此,产生一个有用的心理表征是成功解决问题的重要因素。我们常常需要借助隐喻来实现对现实的表征,但隐喻对现实的表征是有选择性的。在我们聚焦某一概念的某一方面时,该隐喻概念也会阻止我们注意概念中与该隐喻不一致的其他方面。这就是说,当我们通过隐喻来理解问题所处的情境时,若我们使用不同的隐喻,那么我们的关注点也将截然不同,从而导致可能采取的行动也有差别。这意味着隐喻框定了我们对现实和问题情境的理解。一言以蔽之,隐喻具有很强的框架建构(framing)效应。框架建构的本质是选择和凸显,就是选择已知现实的某些方面,在交际文本中加以凸显,由此界定特定问题,解释因果关系,进行道德评价,并且为所描述之事提供处理方法。

例如,20 世纪 70 年代,美国总统卡特在面临能源危机问题时宣布进行"道义战争"。这里的"战争"隐喻生成出一个蕴涵的语义网络,有"敌人""对国家安全构成威胁",因而需要"设定目标""重新考察优先序列""建立新的指挥链""策划新战略",进行"情报收集""统领军队""实施制裁""号召人们做出牺牲"等等。"战争"隐喻凸显了某些现实,也隐藏了另一些现实。在这个例子中,卡特选择了"战争"这一概念隐喻作为介入当时民众对于问题情境理解的框架,使其对危机的理解变得连贯。但需要注意的是,现实的阐述并非只有一种可能,因为不同的隐喻意味着不同的问题情境。

同时，隐喻可以让相关的认知主体更好地理解问题所处的现实场景。如2018年11月5日，中国国家主席习近平在首届中国国际进口博览会开幕式上指出："中国经济是一片大海，而不是一个小池塘。大海有风平浪静之时，也有风狂雨骤之时。狂风骤雨可以掀翻小池塘，但不能掀翻大海。"这是一个隐喻性的描述，从全新的视角放大了我们的视域，为我们在复杂的国际形势下更好地认识中国经济的现实格局提供了一个全新的认知框架，建构起了对各种要素及其关系的清晰理解和认识。

隐喻具有多模态性，我们不仅可以使用语言，还可以使用图像和三维的物理实体来进行表征。例如，在商业活动中，华为在面对美国的制裁时，高频使用一张弹痕累累但仍然在飞行的伊尔-2轰炸机的图片来鼓舞士气。这是"商场即战场"概念隐喻的图像化表征，一方面凸显了情况危急，另一方面也传达了对于成功的希冀。有些企业在分析经营环境时，会使用乐高积木以三维可视化的方式来立体地描述所处的问题场景。当这些积木和模型启动了隐喻认知，物理实体所建构起来的三维表征就犹如将军们打仗用的沙盘，成了人们理解复杂问题情境的隐喻性外在表征。

2. 隐喻认知的方案生成功能

认知主体对问题所处的情境有较为清晰的认识之后，需要生成各种不同的试探性求解方案。这个生成不同求解方案的过程，就是认知主体发挥创造力的重要过程，同样也是一个新知识建构的过程。隐喻在界定和描述现实问题情景的同时，也会为问题的解决提供富有启发性的线索。

著名知识管理专家野中郁次郎和竹内弘高深刻地认识到隐喻在知识生产和问题求解中的重要价值。他们基于哲学家波兰尼（M. Polanyi）的暗默知识（tacit knowledge）和形式知识（explicit knowledge）的区分，将暗默知识转化为形式知识的过程定义为表出化（externalization）。他们进一步指出，表出化采用比喻、类比、概念、假设或模型等将暗默知识明示化，是知识创造过程的精髓。这里所提到的比喻、类比、概念、模型等都与隐喻认知密切相关。野中郁次郎还专门强调，隐喻不仅仅是将暗默知识转化为形式知识，而且提供了一种有助于我们使用已有的知识去创造指向未来的概念网络的重要方法。野中郁次郎和竹内弘高研究了大量日本企业借助隐喻认知进行知识创新，以解决企业产品开发问题的案例。

表 1　产品研发中用于概念创造的比喻和类比

产品(公司)	比喻/类比	对概念创造的影响
"本田城市" (本田)	"汽车进化论" (比喻)	暗示乘客空间最大化乃是汽车终极发展的方向,创造了"人最大化,机器最小化"的概念
	球形 (类比)	暗示在最低表面积下达到最大乘客空间,创造出"高而短型轿车(高个小子)"概念
微型复印机 (佳能)	铝制啤酒罐 (类比)	暗示制造便宜铝制啤酒罐与感光滚筒之间的类似性,创造了"低成本制造过程"的概念
家用烤面包机 (松下)	饭店面包 (比喻) 大阪国际饭店面包师 (类比)	暗示比较可口的面包,创造出"麻花面团"的概念

在解决问题的过程中，我们的假设很可能就是以相似性为基础而生成的一个隐喻性假设。基于隐喻性的假设，问题解决者可以建构起莱考夫所说的概念映射结构。这个映射结构包含两个不同的概念域，即始源域 S 和目标域 T。该映射结构是类比推理的基础。其过程可用如下公式表示：

$$R_1(..x..),\cdots,R_{k-1}(..x..),R_k(..x..),\cdots,R_n(..x..)$$
$$R_1(..y..),\cdots,R_{k-1}(..y..),$$
$$\therefore a(R_k(..y..)),\cdots,R_n(..y..)$$

3. 隐喻认知的方案选择功能

在形成不同的试探性问题求解方案后，认知主体需要对方案进行选择。不同的隐喻会影响认知主体的选择。莱考夫和约翰逊指出："就像常规隐喻那样，新隐喻有能力定义现实，它们通过凸显现实的某些特点并隐藏其他特点的一个蕴涵的连贯网络来定义现实。这一隐喻迫使我们只关注它所凸显的我们经验中的某些方面，接受这一隐喻，就会促使我们相信这一隐喻的蕴涵为真。"[1]这意

---

① 乔治·莱考夫、马克·约翰逊：《我们赖以生存的隐喻》，何文忠译，浙江大学出版社 2015 年版，第 132—133 页。

味着,当认知主体在描述问题情境时接受了某个隐喻,那么其在方案选择时也将选择符合该隐喻所蕴含的行动方案。在英国脱欧的过程中,很多人使用了"婚姻"隐喻,认为英国脱欧就是英国与欧盟之间解除婚姻关系,要"离婚"了。但当时的英国首相梅在 2017 年 3 月 14 日的欧盟峰会中就强调:"我不喜欢用'离婚'一词来描述英国脱欧,因为当人们说离婚时,往往意味着他们以后就不可能有比较好的关系了。"这说明即使是对某些问题求解方案的隐喻性描述也同样会带来重要的影响。

在对不同的方案进行选择时,隐喻还会通过价值观的引入对认知主体产生影响。在某个品牌广告中,有一句很重要的旁白:"人生就像一场旅行,不必在乎目的地,在乎的是沿途的风景,以及看风景的心情。"这是一句隐喻表达,传递的价值观是:过程的快乐比结果更重要。在隐喻的影响下,一旦接受了"快乐更重要"的价值判断,人们就容易倾向于做出相应的选择。这同样说明,隐喻在问题求解方案的选择中,会通过各种不同的认知因素影响我们的判断。20 世纪90 年代,英国人围绕英国是否应该签订马斯特里赫特条约加快融入欧盟的问题展开了激烈的论辩。主张签约派认为,"英国应该尽快签了这份条约,因为欧盟列车马上就要离站了,英国如果不签就赶不上这趟车了"。这实际上在使用隐喻为某个特定的行动方案做论证。而反对派撒切尔夫人则认为这个论证很有误导性:"如果列车开错了方向,我们还不如不在上面。"因此,我们也需要警惕,隐喻所暗示的行动方案可能存在推理上的缺陷和行动上的风险。

4. 隐喻认知的元认知功能

解决问题的过程不仅仅依赖问题内部的推理,还需要认知主体对解决问题的过程和策略有整体性的认识,需要有解决问题和克服困难的决心和勇气。不同的隐喻,同样会产生不同的对待"问题"和"问题求解"的元认知差异,从而对问题求解过程产生影响。

斯腾伯格(R. Sternberg)通过将元认知与认知进行对比来揭示其含义:"元认知是'关于认知的认知',认知包含对世界的知识以及运用这种知识去解决问题的策略,而元认知涉及对个人的知识和策略的监测、控制和理解。"[1]从这个意

---

① 汪玲、郭德俊:《元认知的本质与要素》,载《心理学报》2000 年第 4 期。

义上说，认知主体对于"问题求解"的抽象理论和对问题求解过程的认知管理，都属于元认知的范畴。不难推知，隐喻在问题求解中的元认知功能是十分明显的。如果我们认同"问题是坑""问题是陷阱"，那么我们感受到的更多是对问题的负面情绪。但当我们把问题看作是"机会""磁石"，是"灯塔""台阶""金矿"时，我们对待问题的情感和态度就会有很大不同。

莱考夫和约翰逊分析了一个关于如何看待问题的隐喻。该隐喻将"问题求解"理解为一个化学过程：大量的液体，起着泡，冒着烟，包含了你所有的问题，这些问题要么被溶解，要么沉淀下去，因为催化剂不断地（暂时）溶解一些问题并沉淀出其他问题。通过化学隐喻，人们对问题产生了一种新的认识，即问题将一直存在。所有的问题只可能"已被溶解、处于溶液之中"，或者"以固态形式存在"。最好的办法是，找到一种能"溶解"问题而又没有"其他沉淀物"析出的"催化剂"。由于无法控制溶液的成分，尽管现存的问题正在消解，但人们发现旧问题和新问题也会不断地沉淀析出。换言之，"化学"隐喻主张问题不是一种可以永久消失的物质，试图一劳永逸"解决"问题是徒劳的。如果接受"化学"隐喻，人们将接受"没有问题会永远消失"的事实。这样一来，我们就有一个良好的心态去面对问题的存在和挑战。

与"化学"隐喻不同，大多数人依据我们称之为"难题"（Puzzle）的隐喻处理问题，所以通常有一个正确的解决方案——问题一旦被解决，就可以一劳永逸。"问题是难题"的隐喻刻画了我们当前的现实，而转向"化学"隐喻又勾勒出一个新的现实。这说明，新隐喻有创造新现实的力量。因而在元认知层面上，隐喻同样会对我们的问题求解过程产生重要影响。

四、 隐喻认知过程中的信息流

信息是宇宙中与物质、能量并列的三大基本要素之一，是事物结构和秩序固有的测量方式。[1] 信息在事物之间的流动形成信息流，使得某一事物可以传

---

[1] K. Devlin, *Logic and Information*, Cambridge: Cambridge University Press, 1991, p. 2. 下文关于情境理论和情境语义学的概念和记法依照 Devlin 的版本。

递另一事物的信息。一句话之所以有意义,是因为它给出了几种事物之间的信息传递关系,如"有烟就有火",其意义在于揭示了"烟"与"火"之间的信息传递,当主体得到"有烟"的信息,也随之得到了关于"火"的信息。符号的本质就是信息的载体,通常当一个事物在自身的声音、形态等属性之外还包含关于其他事物的信息时,才能称之为"符号",比如上述的"烟"可以作为代表"火"的符号。如果以信息为基本单位看上述符号推理,可以认为其背后的支持因素就是符号之间的信息流动。

20世纪80年代,巴威斯(J. Barwise)和佩里(J. Perry)以信息流思想为核心提出了情境语义学(Situation Semantics),认为自然语言最重要的功能不是表达真值,而是传递关于外部世界的信息。因此语句的外延意义不是真值,而是句子所描述的情境。语句之所以有意义,是因为一个情境包含关于另一个情境的信息,且根据情境类型之间的制约关系,可以从一个情境类型推出另一个情境类型。

情境语义学中,话语的解释被认为是若干信息元(infon)的汇集。构成一个信息元的基本要素包括:个体(individuals)、关系(relations)、时空场点(space-time locations)和极性(polarity)。这就是说,一个"某时某地某个体(或某些个体)具有某性质(或某关系)"的事实就构成一个基本信息单位,基本信息单位的合取或析取构成复合信息元(compound infons)。一般地,人在认识事物时不需要也不可能知道关于它的一切,所以与可能世界语义学中承认的完整世界和全部信息不同,情境语义学从一开始就抛弃了这一过强的约定,它所定义的情境只考虑现实世界中被认知主体关注到的那部分信息。情境和信息都是独立的实体,情境可以支持也可以拒绝信息。给定一个情境 s 和信息元 σ,s 支持 σ 说的是该信息元在情境中被满足,记作 $s \models \sigma$,$s \models \sigma$ 当且仅当 $\sigma \in s$。除了对一个具体情境进行描述,有时我们也需要描述缺少或忽略某些要素的抽象情境。为达到这一表达效果,情境语义学引入了"类型"(type)的概念。类型是对具体情境的扩充,它既可以包括真实的个体、场点和关系,也允许个体未定量、场点未定量和关系未定量等自由变元(通常表示为 $\dot{a}$,$\dot{l}$,$\dot{r}$)。

信息的更替依赖于制约。"制约"(constraints)是情境语义学的一个核心概念,巴威斯和佩里认为"制约关联产生意义,适应制约就使生活成为可能"①。情境类型之间的系统性制约是一个二元关系,它允许一个情境类型包含另一个情境类型的信息,而只有适应了该制约,才能从当前情境跳转到另一情境,实现信息的流动。因此当我们说一个对象有什么意义时,实际上我们是在讨论涉及该对象的情境所属的情境类与另一情境类之间的制约关系,即由一个类型 S 可以得到另一类型 S',记为 $C=[S{\Rightarrow}S']$。

可见,情境语义学以信息描述为基础,将主体、时空等超语义要素加入语义的刻画中,这与认知符号学对认知主体、认知情境的考虑在思想上高度一致,但两者在具体处理上有所差别:符号学将这些因素视为外在因素,对语义产生影响,而情境语义学将这些因素作为信息的组成部分,它们本身就处于语义之内。我们可以将上文图 2 所描述的隐喻符号链在情境语义学的框架下做进一步的解释,来反映隐喻交际中的信息传递。其中主体感知到的现实世界的部分是情境,交际中通过语言传递的是信息。上述符号链的形成依赖于两种不同类型的制约,它们分别引导了两种不同的信息流动方式——横向的信息流动和纵向的信息流动。

理解一个具体隐喻表达的关键是对隐喻概念的接受,主体只有接受了该隐喻概念,才能恰当地理解它所派生出的具体含义。如"你在浪费我的时间""我在他身上花了很多时间""值得你花时间吗?"这样的隐喻表达都需要建立在接受"时间就是资源"这一隐喻概念的基础上。隐喻概念是对源域和目标域的确认,如果 A 为目标域,B 为源域,隐喻概念就可以表示为"A 是 B",但这类语句拥有很强的概括性,相应地也有很强的模糊性,因此通常不会孤立存在,而是和有具体指向的隐喻语句同时出现。当隐喻概念在语句中出现时,直接将其视为符形。而在一些固化的死隐喻中,隐喻概念已被默认为双方认知中都存在的预设,而不再出现于文本或交际中。如果隐喻概念不出现,说明它普遍存在于人们的认知中,主体在接受一个具体的隐喻语句时有能力调用相应的隐喻概念,并将其作为符形。接受者对该符形进行认知,得到的符释是从字面义中提取的信息元。但由于"A 是 B"的字面义为假,现实

---

① J. Barwise & J. Perry, *Situations and Attitudes*, Stanford: CSLI, 1999, p. 94.

情境不支持该信息元,所以需要进一步延伸符号链,将信息元作为新的符形,该符形意指一个情境类型间的制约关系 $C=[S \Rightarrow S']$,其中 $S=[\dot{s} \mid \dot{s} = \ll 是 A, \dot{a}, l, 1 \gg]$,$S'=[\dot{s} \mid \dot{s} = \ll 是 B, \dot{a}, l, 1 \gg]$,即约定"如果 x 是 A,则 x 是 B",给出源域与目标域之间的横向信息流动。接着,把概念域视为由核心概念生成的语义场,对源域和目标域进行概念到子概念①的信息迁移。通过义素包含关系形成的制约来实现纵向的信息流动。比如,我们由"资源"这一概念可以分解出"有价值""用于交换"等多个义素。主体运用他所掌握的百科知识,就能在他的认知范围内建立起大量的制约关系。当然,每个概念都处在一个开放的语义场中,也就会产生无穷多个制约关系。如果隐喻表达不是以孤句形式存在的,则通过搜索上下文的关键词,可以获得新信息来增加对情境的制约,减少情境所能支持的信息。

对于概念意义的表达,科林斯(A. M. Collins)和奎廉(M. R. Quillian)从计算机有效提取信息的角度提出了具有层次性的语义网络(semantic network)结构模型,成为最有影响力的表征理论之一。其基本观点是,当一个人阅读和编码某个陈述时,相应的概念就被激活,并沿着网络结构中的联结扩散。当两个激活源相交,则被证实所陈述的是真实的。② 我们可以通过构造隐喻认知的语义网络,进一步表征上述认知过程中的信息流动,与通常的图(graph)的定义类似,我们将隐喻认知语义网络的结构表达为一个有向图 $G=\langle V, E \rangle$,其中 V 为节点集,每个节点是一个概念,$E=E' \cup E''$ 为边集,表示概念间的关系。在隐喻的语义网络中存在两种关系,关系由隐喻概念给出,描述目标域与源域之间的信息转移,因此规定 E' 的起点和终点都必须是根节点;关系 E'' 来自范畴的归属,每个概念的义素就是它的子节点。制约关系提示的是隐喻语义网络中信息流动的方向:由隐喻概念给出的制约可以实现信息在源域和目标域之间流动;由范畴归属所给出的制约可以得到语义场中向下分解和延伸的义素,最终从一个模糊的概念域得到某些具体的性质。

---

① 本文所说的子概念指由该概念的义素、义素的义素,以此类推,所得到的所有概念,在语义网络中表现为该节点的所有后辈节点。

② 刘爱伦主编:《思维心理学》,上海教育出版社 2002 年版,第 70—71 页。

　　语义网络的建构方式与概念隐喻理论密切相关，概念隐喻的跨域映射在语义网络中整体表现为源域和目标域之间的横向信息流动，但两者并不相同。首先，在经典的概念隐喻理论中，只有从源域到目标域方向的映射，而在这里，由制约关系给出的两域之间的信息流动是双向的：对于说话人而言，信息的流动方向为从目标域到源域，即为了说明某一事物而寻找恰当的载体，具体表现为一个节点同时是源域和目标域的后辈节点，或者说，正是因为两个概念域节点存在相同的后辈节点，才使它们有可能构成隐喻。与之相反，听话人从说话人或自己的认知中调取隐喻概念并提取源域和目标域后，需要以源域的核心概念为出发点，向下延伸不同的性质分支。通过搜索下文，新出现的源域关键词可以对现有的图进行限制，使明显语境无涉或与目标域产生矛盾的部分性质不再向下延伸。当由源域延伸出的概念序列里出现与目标域相关的描述时，就将这一概念及其子概念整体迁移到目标域中，成为目标域下的子概念，即实现将源域中的信息转移到目标域中的意图。其次，在概念隐喻中，源域和目标域间的概念映射是平行结构的，源域中的对象和关系分别投射到目标域中相应的对象和关系上。但在日常交际的多数情况下，隐喻的表达可能不会产生全面的隐喻思想，而是基于过去和现在的环境，受到部分隐喻概念或多个相互作用的隐喻概念的影响。[①] 此时隐喻体系并不建立在清晰的一一对应关系上，而只是对源域的几个性质进行了关联和凸显。因此，在我们的语义网络中，源域分支上的性质不是与目标域的分支性质相关联的，而是直接迁移到顶层的目标域概念下，其思想基础更接近于认为隐喻是通过源域来凸显目标域中某些特性的范畴归属理论。此外，相较于概念隐喻的跨域映射，这样构造的语义网络中，关联性的建构是在不断搜索的过程中完成的，因此可以呈现隐喻推理的动态性。下面通过一个例子来呈现隐喻交际双方的语义网络：

　　　　做企业就是打仗，我们要努力培养出具有雄才大略的将领和训练有素的士兵，提升我们的整体作战水平。

---

① W. R. Gibbs, "Metaphor as Dynamical-Ecological Performance", in *Metaphor and Symbol*, vol. 34, no. 1, 2019, p. 43.

　　首句的隐喻概念"做企业就是打仗",给出了目标域到源域的横向信息流动,它通过情境类的制约关系建立了"做企业"和"打仗"的联系,该制约下的信息流动保证了"做企业"的性质可以用"打仗"的性质来描述;从纵向上看,说话人表达这句话的目的是传达关于"做企业"的看法,其信息可以从"做企业"到一系列隶属于"做企业"概念的子概念,类似于说明一个概念的内涵。如果语句意欲表达的是做企业的属性 A,B,C,那么从目标域转移到源域后,在源域"打仗"的后辈节点中也相应地可以找到 A',B',C',使得 $A'=A,B'=B,C'=C$,说话人通过描述 A',B',C' 就能表达所要传达的含义。图 3 所示为说话人的语义网络及形成网络的两种信息流,其中虚线箭头为信息的横向转移方向,实线箭头为信息的纵向转移方向。

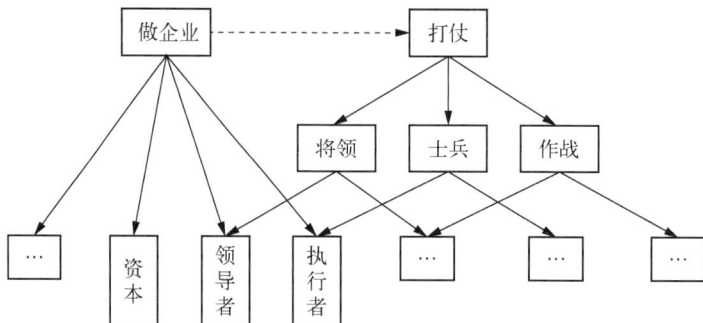

图 3　说话人的隐喻语义网络及信息流动方向

　　听话人的理解过程与说话人的表达过程在横向信息流上方向相反。假设听话人是合作的,则他首先必须接受顶层隐喻概念"做企业就是打仗"。根据这一隐喻概念,"做企业"是论元,"打仗"是谓词,即需要通过"打仗"来理解"做企业"。那么就需要进一步对"打仗"进行理解,这依赖从一个概念到它的一系列子概念的纵向信息流动。根据下文给出的关键词"将领""士兵"和"整体作战水平",重点关注有关的分支。但这些子概念中,仍然不存在与"做企业"有直接联系的概念(企业没有将军、士兵,不会进行作战)。因此继续对子概念进行分解,如"将军"的义素包括"领导者",这是与目标域相关的节点(企业拥有领导者),就建立它与目标域的关系,使目标域获得该节点及其后辈节点的性质。图 4 所示为听话人的语义网络及形成网络的两种信息流。

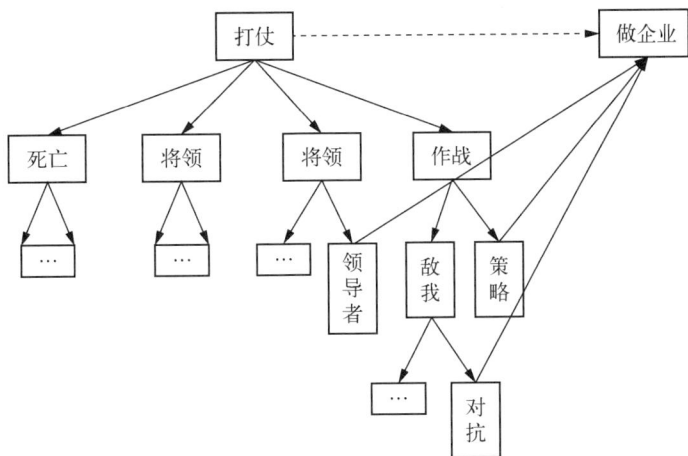

图 4　听话人的隐喻语义网络及信息流动方向

五、隐喻逻辑表征的个案分析

长期以来，隐喻理解常常因为其模糊性和不确定性，而被有意无意地隔离在追求一致性、严密性和连贯性的传统逻辑研究的视域之外。但随着现代认知科学和计算语言学的发展，隐喻理解的逻辑研究开始回到学者们的视域之中，并成为一个重要的研究方向。本文试图从隐喻逻辑的本质和隐喻推理的基本特征入手，以"市场是大海"为个案，借助逻辑学的理论和方法，对汉语隐喻理解的逻辑表征问题作初步探索。我在这里介绍的内容，有些出自我与徐慈华等一起翻译的逻辑学家斯坦哈特（E. C. Steinhart）的《隐喻的逻辑：可能世界中的类比》一书，有些观点则在我们师生合作的文章里发表过。

1. 从内涵逻辑的角度看隐喻理解

在我们看来，各种语言符号之间的本质区别，不只是符形的差异，而是整个符号体系和符号内涵的差异。例如：汉语中的"狗"与英语中的"dog"指称的都是客观世界的一种哺乳动物——狗。但是这两个符形在其相应的文化中所对应的词项内涵（符释）却大不一样。汉语中的"狗"大多带有消极否定的情感色彩和厌恶的情绪。如狗胆包天、狗头军师、狗腿子、狗嘴里吐不出象牙、痛打落水狗等等。而在英语文化中，"dog"则带有喜爱、伙伴、忠实等意思，其情感色彩多是积极肯定的。如 a jolly dog(快活的人,有趣的伙伴)、a gay dog(快活的小子)、the little dog(那小伙子)、a lucky dog(幸运儿)、a top dog(优胜者)等等。①从内涵逻辑的角度研究汉语隐喻,能够很好地体现词项内涵建构的主体性和语言符号使用主体的民族差异性。

大多数隐喻无法从字面上进行真值判断,因而常常被认为与形式化和真值条件语义学格格不入。例如,"市场是大海。"用一阶谓词逻辑可以形式化为:S(m)。其真值条件为:

$$S(m)=1 \text{ iff } m\in \{S\}$$

公式 S(m)是一阶谓词"大海"对常量"市场"进行述谓。这个公式的意思是,市场有大海的属性。从真值条件的角度看,上述解释为真,当且仅当逻辑常量"市场"的外延是一阶谓词"大海"的外延的一部分,即$\{m\}\bigcap \{S\} = \varnothing$。事实上,这种解释不能成立,因为市场并不包括在对大海进行述谓的属性所确定的外延中。也就是说,这种形式化是直接从外延着手的,对于非隐喻语言是适用的,而对于隐喻语言就行不通。因此,多数学者认为隐喻的逻辑研究应该从内涵逻辑的角度入手。

逻辑学家斯坦哈特在格语法的基础上提出了扩展的谓词演算(extended predicate calculus,简称为 EPC)。EPC 在以下两个方面拓展了传统的谓词逻辑对词项内涵的表征(Steinhart,2001):一是在命题中增加论元角色(thematic roles)。例如,"John loves Mary"标准的谓词逻辑将其转写为:Loves(John,Mary)。虽然可以通过主目的顺序来体现论元角色,但这种体现既不清楚,也不充分。而 EPC 可以弥补这种不足,例句可转写为:Loves(AGENT:John,PATIENT:Mary)。除了 AGENT、PATIENT 之外,论元角色还包括:OBJECT,SOURCE,RECIPIENT,INSTRUMENT 等等。二是在命题中引入指索词(indexes),增加对事件的表征能力。如果用指索词"e"代表事件,那么例句"John loves Mary"就可以改写为:$(\exists e)$ACTION(e, love) & AGENT(e,John) & PATIENT(e, Mary)。意思是,存在一个事件 e,其动作是 love,施动

---

① 张志毅、张庆云:《汉语词汇学》,商务印书馆 2005 年版,第 162—163 页。

者是 John,受动者是 Mary。有了指索词"e",我们就可对带嵌套结构的句子进行表征。例如,"Tom believes that John loves Mary"就可以改写为:(∃e)(∃f)(ACTION（e，believes）& AGENT（e，Tom）& OBJECT（e，f））& (ACTION (f, love) & AGENT (f, John) & PATIENT (e, Mary))。扩展的谓词演算所具有的对嵌套结构的表征能力,有助于我们在特定语境中实现对词项内涵的动态表征。总体上说,扩展的谓词演算（EPC）,为语义概念网络（词项内涵）内部的特征要素和关系结构提供了一个比较细致、全面的表征,比较容易整合、吸收汉语语法研究的现有成果,因此笔者在对案例"市场是大海"的分析中采用了扩展的谓词演算（EPC）对比喻句词项的内涵进行表征。例如,"大海"在源域(S)中的词项内涵（语义概念网络）可以表示为:

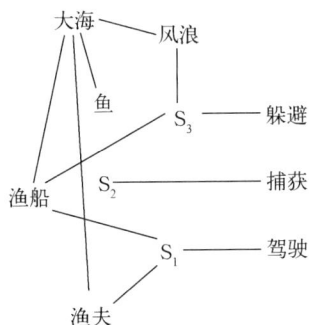

图 5 "大海"源域中的语义概念网络

其中,S_1、S_2、S_3 是指索词(indexes),代表的是一个个事件;连线代表一种关系。上述概念网络可用扩展的谓词演算表示为:

（∃S_1）（∃S_2）（∃S_3）（ACTION（S_1，驾驶）∧ AGENT（S_1，渔夫）∧ PATIENT（S_1,渔船）∧ ACTION（S_2,捕获）∧ AGENT（S_2,渔船）∧ PATIENT（S_2,鱼）∧ ACTION（S_3,躲避）∧ AGENT（S_3,渔船）∧ PATIENT（S_3,风浪））

2. 隐喻映射与类比转移

在当代隐喻研究中,"隐喻"一词的用法已有所不同。如今它更多地意谓"概念系统中的跨域映射"（a cross-domain mapping in the conceptual systems）。[1] 因

---

[1] G. Lakoff, "The Contemporary Theory of Metaphor", in Andrew Ortony (ed.), *Metaphor and Thought*, Cambridge University Press, 1993, p. 203.

此,除了词项内涵的逻辑表征外,隐喻的逻辑研究还需要解决一个更关键的问题,即对两个认知域(源域和目标域)之间的相互作用关系作出表征。如果用 T 和 S 分别代表目标域和源域,那么 T 和 S 之间建立的关系就是映射关系(mapping)。斯坦哈特指出,如果 S 可类比于 T,那么就存在一个类比映射函数 f 将 S 中的个体(事件或属性)与 T 中的个体对应起来。[①] 在类比映射函数的基础上,可以进一步执行类比转移,将情境 S 中的事件或属性转移到情境 T 中,从而建立新的命题。为了区别于其他的映射关系,我们将在隐喻基础上建立的映射记为:$f_M:S\rightarrow T$。通过类比映射函数,我们可以在源域"大海"和目标域"市场"之间建立一一对应的关系。这个映射推理过程可以概括为:

$$f_M:S\rightarrow T$$

S:CONTAIN(大海,{风浪,鱼,渔船,渔夫})

T:CONTAIN(市场,{风险,利润,企业,企业家})

∴ (风浪,风险),(鱼,利润),(渔船,企业),(渔夫,企业家)

S 代表源域,T 代表目标域,f_M 代表从源域到目标域的映射。即,已知隐喻映射函数 f_M,在大海中有风浪、鱼、渔船、渔夫,市场中有风险、利润、企业、企业家等情况下,释话人可以建立一一对应的关系:风浪是风险;鱼是利润;渔船是企业;渔夫是企业家。

在类比映射的基础上,认知主体要继续进行下一步操作,即类比转移。类比转移(analogical transference)也称为"跨域投射",是一个归纳推理过程,其前提是源域和目标域中的命题,结论是经过类比转移的表达。简单地说,就是根据在源域和目标域中的已知命题,归纳推出目标域中的未知命题。类比转移的内容有时候是某种属性,有时候是某种关系。斯坦哈特将这个转移过程归纳为属性转移和关系转移这两种不同的类型。[②] 属性转移的推理过程是,对象 x 有属性 $\{F_1,\cdots F_{k-1},F_k,\cdots F_n\}$,对象 y 有属性 $\{F_1,\cdots F_{k-1}\}$,可以推出对象 y 有属性

① E. C. Steinhart, *The Logic of Metaphor*, Netherlands: Kluwer Academic Publisher 2001, p. 4.
② 同上书,第126—127页。

$\{F_k, \cdots F_n\}$。而关系转移的推理过程是，对象 x 与其他事物有关系$\{R_1, \cdots R_{k-1}, R_k, \cdots R_n\}$，对象 y 与其他事物有关系$\{R_1, \cdots R_{k-1}\}$，可以推出对象 y 与其他事物有关系$\{R_k, \cdots R_n\}$。上述例句的语义网络、类比映射和类比转移可表示为：

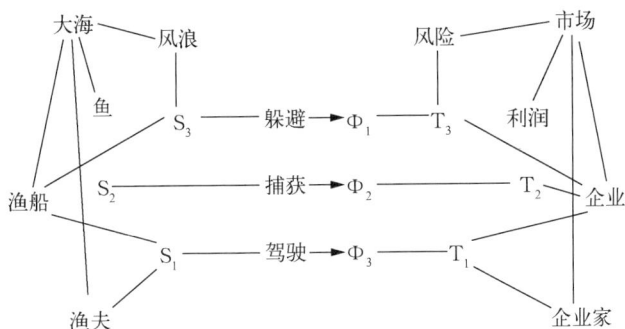

图 6　"市场是大海"的关系投射

在认知主体对市场不大了解的情况下，他对企业家与企业、企业与利润、企业与风险之间的关系的认识是模糊的，在上图中我们分别用"空位"，Φ_1, Φ_2, Φ_3 来表示。但通过隐喻句"市场是大海"，认知主体将渔夫与渔船、渔船与鱼、渔船与风浪之间的关系投射到相应的空位上，用扩展的谓词逻辑可表示为：

$$(\exists T_1)(\exists T_2)(\exists T_3)(ACTION(T_1, 驾驶) \wedge AGENT(T_1, 企业家) \wedge$$
$$PATIENT(T_1, 企业) \wedge ACTION(T_2, 捕获) \wedge AGENT(T_2, 企业) \wedge PATIENT$$
$$(T_2, 利润) \wedge ACTION(T_3, 躲避) \wedge AGENT(T_3, 企业) \wedge PATIENT(T_3, 风险))$$

3. 隐喻推理的确证

隐喻理解中由映射函数人建立的一一对应关系是一种尝试和假设，带有很强的或然性。不管是在日常语言交际中还是在计算机自然语言理解中，过多的或然性会导致理解的失败。那么，如何从隐喻映射结果的或然性走向隐喻语言理解的确定性呢？芝加哥大学心理学家凯伊塞（Keysar,1994）发现了隐喻理解中存在的抑制机制。凯伊塞指出，对一句话语所进行的有关字面意义或隐喻意义的选择基于话语发生的语境。有些语境使某种解释更具有可能性。[1] 因此，

---

[1] B. Keysar, "Discourse Context Effects: Metaphorical and Literal Interpretations", *in Discourse Processes*, 1994, p. 18.

隐喻理解要取得最佳效果,就必须关注语用维度,将说者、听者、意图、文本语境、情景语境、话语规则等因素纳入隐喻推理。

在例句"市场是大海"中,"大海"和"市场"这两个词所激活的语义网络也并非仅限于上面所提到的内容。在特定语境下,"大海"这个词激活的是"大鱼吃小鱼,小鱼吃虾米"这样一个语义网络。与其构成映射关系的是,"市场"这个词所激活的是"大公司""小公司""小工厂"等概念。大鱼与小鱼、小鱼与虾米之间的关系也会转移到大公司与小公司、小公司与小工厂之间的关系上。因为"大鱼、小鱼和虾米"之间吃与被吃的关系具有残酷性,因此,"大公司、小公司和小工厂"之间的那种关系也具有残酷性。其过程如下图所示:

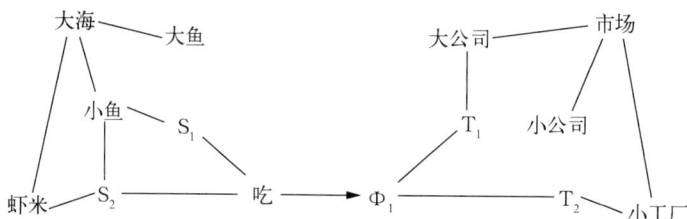

图7　特定语境下"市场是大海"的关系投射

哪种解释是发话人真正要传递的意思呢?我们需要结合语境信息,通过溯因推理加以确定。在逻辑上,溯因推理可以被看作是一种对假设进行论证的推理。美国哲学家汉森(N. R. Hanson)在总结亚里士多德和皮尔斯等人观点的基础上,对溯因推理做了进一步的发挥。在《发现的模式》一书中,汉森总结了溯因推理的基本模式[1]:

$$\frac{\begin{array}{c} P \\[-2pt] \to P \\[-2pt] H \end{array}}{H}$$

其中,P 是被解释项,是需要加以说明的现象;H 为"蕴涵 P 的假设",即解释项。按照汉森的观点,上述推理模式可以描述为:(1)现象 P 被观察到;(2)如果 H 为真,那么 P 被解释为当然的事;(3)所以,有理由认为 H 是真的。简单地说,

---

[1] N. R. Hanson, *Patterns of Discovery*, Cambridge: Cambridge University Press, 1958, pp. 85 – 89.

溯因推理就是根据已观测到的现象和有关规律性知识，推断出产生这一现象的原因的推理。隐喻理解就是通过类比推理，形成诸多假设，然后在语境基础上通过溯因推理论证假设。这个论证的过程就是寻求最佳解释的过程。

假设例句分别出现在以下两个不同的语境中：语境1，在一次创业讲座上，讲师希望能以一种通俗易懂的方式向一群转业的渔民介绍如何适应市场做生意；语境2，在一个渔民的家庭，大学未毕业的儿子打算下海经商，父亲勃然大怒，坚决反对，劝他趁早打消这个念头。根据语境1，讲师希望渔民了解市场经济运作的规律，记为P。根据经验，如果说者向听者介绍市场经济内部各要素之间的关系，那么他就是希望听者了解市场经济运作的规律。其溯因推理过程如下：

P：讲师希望渔民理解市场经济运作的规律

H→P：如果说者向听者介绍市场经济内部各要素之间的关系，那么他就是希望听者理解市场经济运作的规律

∴H：说者向听者介绍市场经济内部各要素之间的关系（第一种理解更具合理性）

同理，根据语境2，可从父亲的表情上判断出他对经商持否定态度，记为P。根据经验，如果说者不断强调与某个行为相关的负面特征，那么就表明说者对该行为持否定态度。其溯因推理过程如下：

P：父亲对经商持否定态度

H→P：如果说者不断强调与某个行为相关的负面特征，那么就表明说者对该行为持否定态度

∴P：父亲在强调经商的负面特征（第二种理解更具合理性）

六、结语

隐喻很好地展现了自然语言的丰富性和思维的复杂性，如何运用逻辑学、符号学、语言学、心理学、计算机科学等多学科方法，来更好地分析现实生活中

的相关语料,从而提高自己在隐喻表达和理解方面的能力,是我们需要持续思考和努力探索的方向。具体而言:

(1)隐喻语言在语形层面上具有丰富的形态多样性,现有的分析工具只涵盖了有限的几种简单类型。

(2)隐喻语言在语义层面具有很强的模糊性,因此隐喻的歧义消解问题就显得尤为突出。

(3)相似性是隐喻意义达成的基础,如何在隐喻的逻辑表征和认知计算中给出相似性的恰当说明成了一个关键问题。

(4)由于受到主流隐喻认知研究范式的影响,多数学者把目光集中于隐喻的理解过程,隐喻生成问题的研究仍留有很大空间。

(5)隐喻作为一种认知现象,具有多模态性,不仅通过文本呈现,还会结合图像、手势、声音等表现手段。

(6)隐喻具有人类认知上的共性,同样也具有文化差异性;隐喻研究需要充分考虑汉语的特点和汉语文化语境,如此等等。

特别需要说明的是,今天晚上报告的内容很多已经在《中国社会科学》《浙江大学学报》《浙江社会科学》等刊物发表过,不少成果是我们学院的徐慈华老师以及洪峥怡、马继伟、祝文昇等同学与我合作完成的。在此,我要向他们表示诚挚的谢意!

最后,引用航天人王亚平的"心有翼,自飞云宇天际;梦无垠,当征星辰大海""我的诗和远方,一直在星辰大海的路上"作为结语。相信隐喻研究不仅是解决语言认知问题的一把钥匙,也是理解人类思维本性的关键所在。从逻辑学、符号学、语言学、计算机科学、心理学等多学科融合、跨学科交叉的角度深入探讨隐喻的生成、表达和理解机制,对建构良好的人际沟通场景和人机互动环境都具有十分重要的意义。

答 疑 互 动

听众一:在对隐喻的解释中,符号和逻辑的关系和区别何在?

黄教授:符号学更宽泛、更表层;逻辑学更形式化、更抽象和具有框架性。就隐喻认知问题而言,符号学视角下的研究更普遍关系到一个符号的使用是否是隐喻性的,这一使用背后的意图以及起到的效果有什么特殊性,目前日益受到关注的多模态隐喻的研究就与符号学密切相关。而逻辑学的研究更多地关注隐喻理解的推理过程,它较少涉及一个具体隐喻是如何被理解的,而是在抽象层面上探讨隐喻理解底层的推理方式,并考虑对这一复杂的推理方式进行形式化。

听众二：文学作品充满隐喻,一个隐喻解释另一个隐喻,这种解释方式更清晰还是更模糊?

黄教授：溯源中国古代文学,比兴手法,底层思维……文学的具象思维,不绝对追求真,更关注自身感受。有的不希望给出答案,更是一种确定和偏差之间的张力。另外,有的概念或描述无法直接给出。比如一些特别抽象的概念,如时间,如果不借助具象的概念,就无法对其做出解释,理解者也无法获得有效信息更新认知。

听众三：如何判断一个表达是不是隐喻?

黄教授：按认知隐喻学对"隐喻"的广义定义,用一个概念解释另一个概念,且两个概念不属于同一概念域,就构成了隐喻。它本质上是一种思维方式,语言表达只是其显性化的一种手段。但是否跨域的判断是根据一个群体的普遍常识做出的,因此两个概念是否在同一个域中并不是绝对的。另一方面,活隐喻和死隐喻处于不断转化中,有的隐喻经过长期使用成为词典中的一个义项被固定在语词中。在这类表达的使用中,人们不再意识到隐喻的存在,那么是否仍然将其作为隐喻也是存在争议的。所以说,其实隐喻判定的边界并不明确。

听众四：隐喻如何生成,心理认知机制是怎样的?

黄教授：相较于隐喻理解,隐喻生成的研究要少得多,这也是隐喻研究可以进一步深入探讨的话题。比较有代表性的是斯坦哈特在《隐喻的逻辑》中提出的生成隐喻的 10 条规则,通过类比迁移规定了不同类别的隐喻的生成。我在《认知科学视域中隐喻的表达与理解》中也尝试对隐喻生成的信息传递过程进行了一些解释,并和隐喻理解的这一过程进行了对比。

画佛有形，化法无相

何欢欢

2022 年 6 月 7 日

一、从文本佛教到日用佛教

2022 年初，在"中国历代绘画大系"总主编张曦先生的信任与支持下，我有幸翻阅了其中收录的全部画作（部分书籍尚未正式出版）。众所周知，"中国历代绘画大系"是 2005 年习近平同志亲自批准，多年来一直高度重视、持续关注，并多次作出重要批示的一项规模浩大、纵贯历史、横跨中外的国家级重大文化工程，由浙江大学、浙江省文物局编纂出版。出版《先秦汉唐画全集》《宋画全集》《元画全集》《明画全集》《清画全集》共计 60 卷 242 册，共收录海内外 263 家文博机构的纸、绢（含帛、绫）、麻等材质的中国绘画藏品 12405件（套），其中国内藏品 8836 件（套）、国外藏品 3569 件（套），是迄今为止同类出版物中藏品收录最全、图像记录最真、印制质量最精、出版规模最大的中国绘画图像文献。①

当我从 12405 件（套）中国历代绘画精品中整理出 3000 余幅佛教题材作品后，发现以佛教内容为主题或与僧侣、居士等佛教元素相关的绘画占比高达四分之一以上，猛然意识到自己长期从事的语言文献与哲学研究正是戴着"真经

---

① 参见《盛世修典　赓续文脉　再铸辉煌——习近平总书记关心国家重大文化工程"中国历代绘画大系"编纂出版工作纪实》，载《人民日报》2022 年 12 月 13 日第 1 版。

咒"金箍的"文本佛教"。佛学之博大精深，又岂能囿于语言文字之有限表达？正如文殊菩萨赞叹维摩诘之"默然"道："乃至无有文字、语言，是真入不二法门。"①真正禁锢住哲学与思想的，很可能正是"文本中心主义"所追求的"精确"以及由此所导致的"精致的平庸"。

不管是在中国、印度的信仰传统中，还是在日本、欧美的学术体系内，长期以来，佛教研究都以经典文献和思想教义的释读传承为主流，"大藏经"所代表的海量文本被认为是理解佛教的"不二法门"。形成这种"文本中心主义"研究理念与范式的最主要原因，其实是绝大多数人只擅长通过语言文字来理解外界、交流彼此，早在唐代就发明的雕版印刷术更是极大地推动了经典文献的传播②；另一个客观原因则是，绘画、雕塑等其他形式的作品相对来说不容易大规模流通传世，其内在的思想文化价值也容易被外显的艺术审美所取代，从而削弱了图像本来的深层力量。

唐代著名诗人、书画家王维（701—761），融佛理禅意于诗书画之中，有"诗佛"之称，对后世思想文化影响深远，直到明清仍不断出现表达追慕敬仰之情的作品，如恽向（1586—1655）的《仿王维钟声图》。但是，如果奉印度所传梵语佛典为至上"真经"，用近现代以来国际学界普遍流行甚至奉为圭臬的语文学研究方法来考察的话，就很容易断言王维不懂佛教，或者严重误解了佛教。因为仅仅"王维，字摩诘"这个取意孤傲脱俗的名字，就已经把音译自梵文的"维摩诘"错误地拆分成了"维"与"摩诘"两个部分，遑论其他更复杂的名相概念。

在梵语"真经"视角的对比观照下、在玄奘等高僧西行取经的典范感召下，中国佛教及其研究始终扭曲着"去伪存真"的内在动力，所谓"疑伪经"就是其表征之一。不可否认，近现代以来基于汉、藏、梵、巴等多语种经典文献的佛教学术研究，在语言学、文献学、思想史、哲学等领域都取得了巨大成就，

---

① 参见鸠摩罗什译《维摩诘所说经·入不二法门品》："于是文殊师利问维摩诘：'我等各自说已，仁者当说何等是菩萨入不二法门？'时维摩诘默然无言。文殊师利曰：'善哉，善哉！乃至无有文字、语言，是真入不二法门。'"可见 CBETA 2021. Q3，T14，no. 475，pp. 551c. 20 - 26。
② 在中国印刷术的历史上，几乎所有的"最早"或"第一"都与佛教有关，史上记载的大规模印刷工程几乎都是为了刊印佛经。参见柯嘉豪著、赵悠等译《佛教对中国物质文化的影响》，中西书局 2015 年版，第173 页。

但其缺点也毋庸置辩——这就是典型的"文本佛教"研究在美滋滋地"发现"王维等古人"读错了"或"误解了"某一文字或经句,并试图以此"重现"甚至"重构"思想与历史的本来面貌时,很可能正在同时丧失一种对中国佛教应有的感悟、理解与尊重,而所谓"文化"正是这种或被丧失掉的无形无影的共情之力。

所以,当我们吟咏王维的名句"行到水穷处,坐看云起时"(《终南别业》)、"明月松间照,清泉石上流"(《山居秋暝》),欣赏后人临摹的《辋川图》,琢磨"雪中芭蕉"①的画学公案的时候,实际上是在直面佛教立足于中国的具体而感性的呈现形式。这种并非由经典文本分析而来的领纳与共情,很大程度上构成了"佛教中国化"的历史意蕴与现实表达。此时,崇尚"文本中心主义"的"文本佛教"研究就像一个无形的"真经"金箍圈戴在现代学者头上,法宝固然精巧好用——如《西游记》中唐僧一念"金箍咒"即可制服孙悟空,文本"真经"可以解决很多历史与理论问题——但也很可能带来潜在的束缚甚至伤害。

二、 佛教中国化的"宝塔模型"

"中国历代绘画大系"网罗式地收集了散藏于全球各地的几乎所有传世中国古画,史无前例地提供了前贤学者很难接触到的许多珍贵作品,数量之巨大、图像之清晰,才使我们有了跳出"文本佛教",从图像的角度重新认识并理解"日用佛教"的可能。

在系统整理了3000余幅与佛教相关的历代绘画后,我尝试把图像所传递出来的"中国佛教"之整全形象概括划分为五大特征与分期:灵瑞佛教、功德佛教、教化佛教、人文佛教、山水佛教。这五大特征与分期呈"五层宝塔"模型自上而下层垒式发展(图1),从整体上看具有明显的时间演进线索,同时,每个分期的主流特色又表现出显著的时代关联。

---

① 传说王维曾画过《袁安卧雪图》,其中有"雪中芭蕉"。后人对此作过很多褒贬不一的解读与评论,参见朱良志《生命清供:国画背后的世界》,北京大学出版社2020年版,第80页。

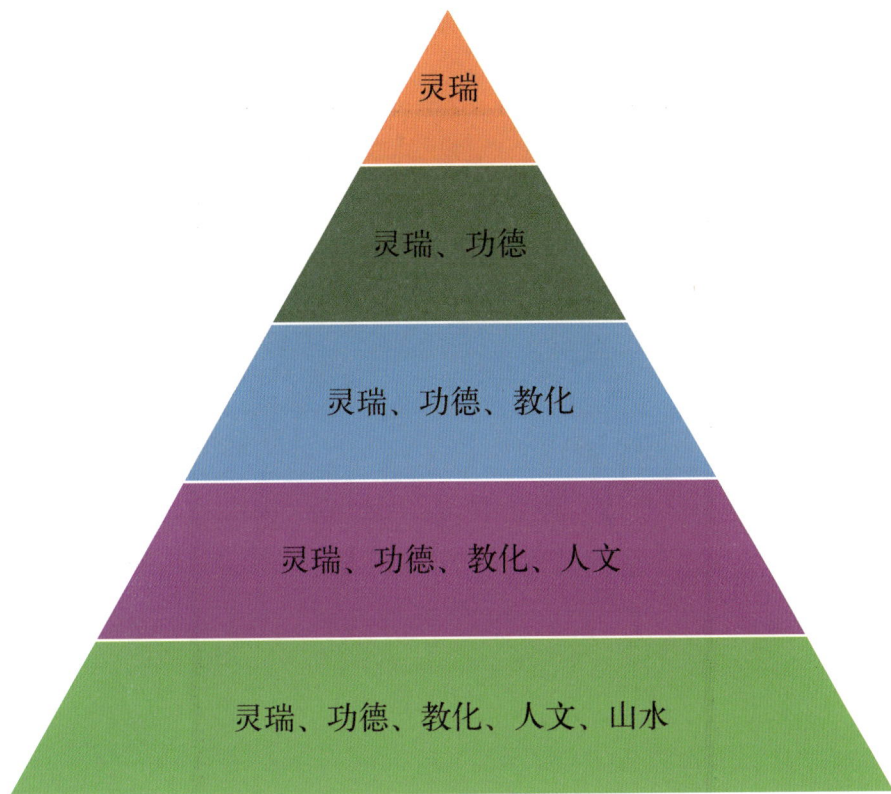

图 1　佛教中国化的"五层宝塔"模型

1. 灵瑞佛教

"灵瑞"，兼有"灵验"和"祥瑞"的意思，几乎所有宗教都宣称自己具有某种神奇的功效或吉祥的征兆，佛教也不例外。例如，释迦牟尼出生后即周行七步，一手指天、一手指地说："天上天下，唯我为尊；三界皆苦，何可乐者？"①证悟后游方教化时出现"大地震动，光明普照，盲者得眼，聋者得耳，狂者得心，裸者得衣，诸忧苦者悉得安乐"②等等，这些都是佛经中常见的关于佛陀的各种不可思议的现象。佛教入华之初，其灵瑞特性在传播过程中起到了至关重要的作用。

遗憾的是，佛教初传至南北朝时期流传下来的图像资料极少。敦煌藏经洞出土的各类纸绢质绘画虽然从年代上讲并不属于佛教在中国传播的早期阶段，

---

① 参见支谦译《太子瑞应本起经》，可见 CBETA 2022. Q1，T03，no. 185，pp. 473c. 1–3。
② 参见实叉难陀译《大方广佛华严经》，可见 CBETA 2022. Q1，T10，no. 279，pp. 247b. 16–18。

但其中保留的大量佛菩萨之形象特点仍然延续了初传时期对"灵验"的信仰与崇拜,可以一窥灵瑞佛教的典型样态。

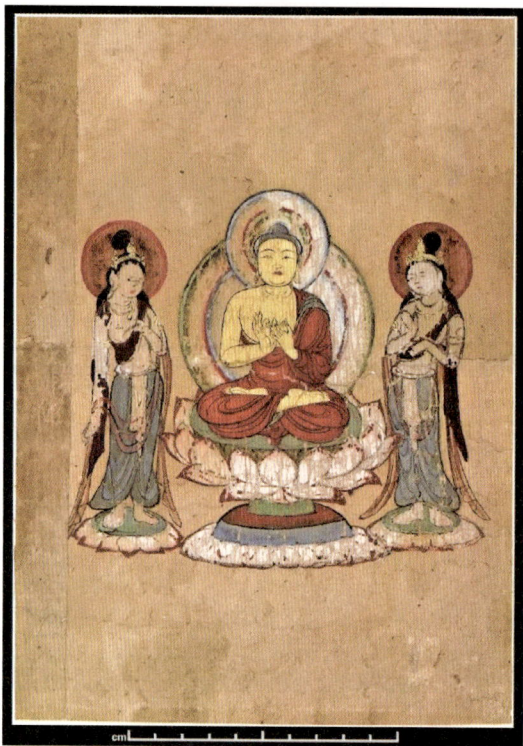

图2 《佛说法图》(局部),唐·佚名,纸本设色,纵25厘米,横18厘米,敦煌藏经洞出土,现藏于大英博物馆

　　《佛说法图》(图2)是经典的"一佛二菩萨"图样中的"三尊像",中间的坐佛偏袒右肩、披着棕红色"袈裟"(梵语:kāsāya)①,身相庄严、面露慈悲,双手当胸结标准的"说法印",所以这幅图也被称为"佛说法图"。两大菩萨胁侍两侧,赤足立于单层莲花座上,与佛结跏趺所坐之双层莲花宝座形成对比。从"说法印"和两位胁侍菩萨婉约款款的姿势来看,这一组"三尊像"可被理解为常见的释迦牟尼佛携文殊和普贤二菩萨,即"释迦三尊"。

---

① "袈裟"为梵语kāsāya的音译,所谓"袈裟色"原本指一种棕红偏暗的颜色,是崇尚白色的古印度婆罗门、刹帝利等高种姓厌嫌的不纯之色,这种颜色同时又被用来指称佛教徒所穿的区别于俗人外道的僧团制服。参见何欢欢《袈裟搭在西服外:穿在身上的净土真宗》,收录于《不一不异》,生活·读书·新知三联书店2020年版,第37—38页。

在佛教文献中，除了《高僧传》专设"神异"一门①，记述了佛图澄、单道开、竺佛调等 20 人的神通异术之外，还有不少关于佛、菩萨、阿罗汉、得道高僧在特殊时刻显现出来的各种神奇现象的描述，这些内容体现在绘画中就是常说的"瑞像""显灵瑞像""灵验瑞像"。在中国传统文化的语境中，祥瑞之相往往象征着上天对人间行事的认可，具有极为积极的肯定或表彰之意义。② 因此，瑞像在佛教传播发展的过程中发挥着特殊的作用，尤其在与神异传说和灵验故事相结合中，得到了人们的特别崇拜。

　　一般来讲，狭义的瑞像专指释迦牟尼佛的肖像（如图 3），主要表现如来的神圣与法力；广义说来，凡是相好庄严、祥瑞圆满，能让人升起恭敬与崇仰之心的诸佛菩萨形象都可以称为"瑞像"。

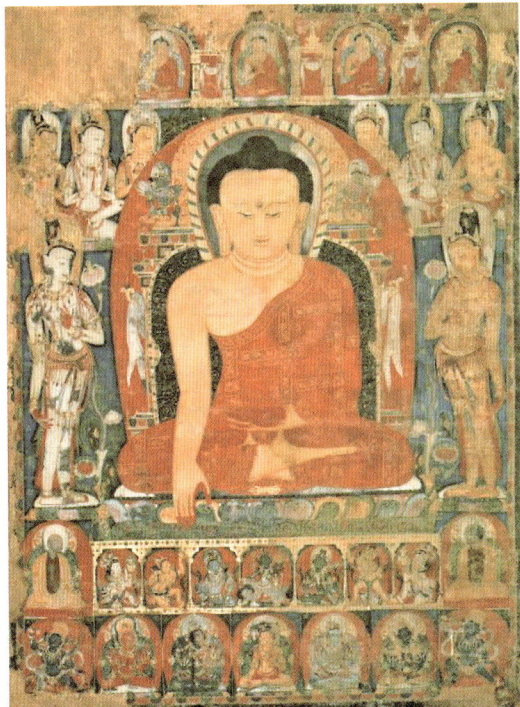

图 3 《12 世纪末—13 世纪　金刚座佛》，麻布设色，纵 74 厘米，横 55 厘米，黑水城出土，现藏于俄罗斯艾尔米塔什博物馆

① 参见慧皎《高僧传》，可见 CBETA 2023. Q3，T50，no. 2059，pp. 383b. 12 - c19。
② 参见王静芬《触地印装饰佛像在中国的形成与传播》，淦喻成、赵晋超译，载《佛学研究》2018 年第 1 期，第 18—19 页。

灵瑞佛画的整体结构较为简一,中心形式基本固定,主要以"复制""模仿"外来佛菩萨形象为主,很大程度上追求"形似"印度人或西域人,同时在面貌、衣着、法器、配饰、背景等方面逐渐显露汉化或地方特色,具有明显的程式化发展倾向,这一方面造就了大量相似或雷同的作品,另一方面也为不同时期的佛教发展提供了一批标准像,是了解中国古代绘画与佛教中国化的宝贵资料。

灵瑞佛画主要用于信徒礼拜供养,或者寺院(含石窟寺)等专门道场的法会、修行等,普通百姓只有在特殊的场合与时间才能见到此类画像。以图像为表现手法的佛画传达了文字文本所不可比拟的信息,因而把这类绘画所呈现出来的佛教称为"灵瑞佛教",这是佛教以宗教为其本质属性的最重要阶段。正如德国宗教学家鲁道夫·奥托(Rudolf Otto,1869—1937)所说[1]:

> 没有哪种宗教不是以神圣之物(the numinous)作为最内在的本质而存在;没有它,任何宗教都名不副实。

理解由灵瑞佛画所表现的"灵瑞佛教",实际上既不需要十分明确图像背后或显或密的信仰与修行系统,也不需要引申至教义思想乃至形而上层面的阐释,只需要像画师或者古代佛教徒一样,相信口耳相传的"佛之神力不可思议,菩萨至诚何事不办!"[2]如此一来,这些佛菩萨画像就不再是单纯的绘画,而是神圣本身。古人礼拜、供养、观想这些佛画,并非因为这些图画象征着佛、菩萨,而是图画本身就是佛、菩萨。宗教学者泰勒(E. B. Tylor)的"泛灵论"(animism)和马雷特(R. R. Marett)的"超灵论"(animatism)等,都可以用来解释古人在面对这些灵验瑞像时的特殊情感与心理。在特定的时空环境中,如敦煌及其周边地区在唐末五代等动荡不安的社会时代,这种样式较为单一且固定的诸佛菩萨之画像,往往被认为具有很实用的世俗功能,即人们着眼于用"灵验"和"祥瑞"来保护、维持日益受到各种威胁的佛法,同时庇护统治阶级和僧俗徒众的各种现

---

[1] Rudolf Otto, *The Idea of the Holy*, Oxford University Press, 1958 (first in 1923), p. 6. 转引自柯嘉豪《佛教对中国物质文化的影响》,赵悠等译,中西书局2015年版,第26页脚注1.
[2] 参见玄奘译《大般若波罗蜜多经》,可见 CBETA 2022. Q1, T06, no. 220, pp. 1064a. 4 - 6。

实利益。①

借用古印度宗教哲学的术语，"灵瑞"即是一种"不可见力"（梵语：ad rsta）的外显，而这种不可见的"神力"正是佛教作为宗教的最根本内核，也是人类信仰的终极对象。以绘画的形式流传的"灵验瑞像"或"显灵瑞像"恰恰是用可见的方式表达了不可见的力量与境界，恰到好处地体现了佛教始于"不可思议"（梵语：acintya）的精神本质。因此，"灵瑞佛教"是极具神圣性与神秘性的一种形式，也是佛教作为宗教的主要存在样态。

2. 功德佛教

《景德传灯录》等典籍记载了梁武帝与禅宗祖师菩提达摩（梵语：Bodhidharma，？—535)的一次对谈②：

> 帝问曰："朕即位已来，造寺、写经、度僧，不可胜纪，有何功德？"师曰："并无功德。"帝曰："何以无功德？"师曰："此但人天小果有漏之因，如影随形虽有非实。"帝曰："如何是真功德？"答曰："净智妙圆，体自空寂，如是功德，不以世求。"

这段话说的是，梁武帝即位以后，建造寺院、抄写经文、供养僧人无数，还造了很多佛像，听说西来一位叫菩提达摩的高僧，难免有炫耀一番的心理，就问菩提达摩："我做了这么多事，有何功德？"达摩答："并无功德。"武帝又问："为什么没有功德？"达摩说："这些事只是人天乘小果的有漏之因，就像影子总是跟着身体，虽然存在但非真实。"武帝听后可能有点着急了，再问："那什么是真功德？"达摩答："净智妙圆，体自空寂，这种功德不以世间法求取。"菩提达摩否定了梁武帝诸般虔诚事业所可能具有的功德后，被梁武帝驱逐出境。

梁武帝所理解的"功德"实际上就是"福报""利益"，更确切地说是行善所获得的果报，如病愈、延寿、发财等现世可见的好处，以及升天等转生善道乃至涅

---

① 参见张广达、荣新江《敦煌瑞像记、瑞像图及其反映的于阗》，收录于《于阗史丛考》（增订新版），上海书店出版社 2021 年版，第 208、226 页。

② 道原撰：《景德传灯录》，可见 CBETA 2022. Q1，T51，no. 2076，pp. 219a21－26。需要指出的是，《续高僧传》和《楞伽师资记》等文献中均无菩提达摩会晤梁武帝的记载。

槃成佛等不可见的未来利益。

在敦煌遗画中，有一大批绘有"供养人"的作品，常被称为"功德画"，如图 4。所谓"供养人"就是"功德主""施主"，也就是请别人绘制佛画的出资者、赞助人。实际的出资人并不一定就是画中所绘的那一位或几位供养诸佛菩萨的"供养人"，但一般都是相信通过供养诸佛菩萨（圣像）就能给自己、他人带来现世利益或来世福报的"功德主"。

图 4 《观音像》，北宋·佚名，绢本设色，纵 99.6 厘米，横 62.8厘米，敦煌藏经洞出土，现藏于哈佛艺术博物馆

《观音像》（图 4）是一幅非常完整、精美、详尽的功德画，十一面六臂观音立于莲花座上，在其周围，根据《法华经·普门品》"三十三身"绘出了观音菩萨救

苦救难的 6 个典型场景，故亦可称为"经变画"。其中的榜题文字从左上至右可对应鸠摩罗什译《妙法莲华经》经文中的前五项和第七项，但没有第六项"或遭王难苦，临刑欲寿终；念彼观音力，刀寻段段坏"①。榜题文字与《妙法莲华经》译文只有个别字的异写，可知画工所依文本应该就是罗什译本。

观音菩萨像右下侧绘一供养尼，题榜："故圆满大师世姓张氏一心供养"。整幅画的下部左侧绘千手千眼观音像一身，题榜："南无千手眼观世音菩萨"；下部右侧绘一执炉供养官吏和一位执瓶侍女，题榜："施主清信弟子衙内长郎君宗寿一心供养"。最重要的榜题则是下部中央的长段功德愿文。根据此文可知，该画是大宋雍熙二年（985）由宗寿出资请人制作的。宗寿即曹宗寿（？—1014），他在 1002 年至 1014 年间任归义军节度使。绘制观音像的目的之一是为了纪念亡故的"圆满大师"，但更重要的意图可能在于夸耀并宣传功德主曹宗寿自己的文才武略，彰显其身份地位、经济实力以及信仰喜好。换言之，曹宗寿通过请人绘制佛画的供养方式来"做功德"，表面上是为亡故之人追荐祈福，纪念亲人师长，但实际很大程度上是借此褒扬、宣传自己和家族的财富与社会地位。因此，这种类型的功德佛画大多已经成为公开展示孝道、慈善、信仰、财权、势力等的极佳方式，将自己或家族的名单列入供养人，不仅可以获得世人的羡慕与赞赏，还可能成为改变个人或家族命运的"凭据"。

佛教最初因为灵验和祥瑞而受到信奉，被供养的诸佛菩萨是高高在上的"神"，而礼拜供养等行为则能给人带来好处，也就是"功德"。人们绘制、供奉佛像，最先是出于敬意而非目的明确的诉求，其次才希望借此获得具体的功能与效果。因此，与"灵瑞佛教"密切相关甚至不可分的第二层次就是"功德佛教"。相比之下，"功德佛教"强调诸佛菩萨能给人带来现世与来世的多重利益，越是具体的诉求和回报，越褪去神性而彰显人性。可以说，伴随着佛教在中国的纵深发展，人的参与度越来越高，从"灵瑞佛教"到"功德佛教"是人试图"走向"或"接近"诸佛菩萨的第一步。

就信仰的理论基础来说，"功德佛教"的产生与发展主要基于因果报应思想，这与"灵瑞佛教"使人生起恭敬肃仰的信慕之心，相信的是佛菩萨的"神力"

---

① 鸠摩罗什译《妙法莲华经》，可见 CBETA 2022. Q3，T09，no. 262，pp. 57c17 - 58a1。

有所不同。古代中国和印度都普遍认为,人世间或宇宙中有一种看不见的(道德)秩序,一个人的善恶行为(因)将会在未来产生相应的善恶报应(果)。"功德佛教"把中国传统的善恶报应思想与印度传入的业力因果理论相结合,以"有求必应"的灵验性与威慑力,牢牢抓住了善男信女的心,并成为信仰与实践的重要指南。

在"中国历代绘画大系"收录的佛画中,此类集中表现功德信仰的绘画,以隋唐五代时期的佛菩萨成组造型、经变故事图为典型,主要根据佛经经文故事等进行"构建",追求"神似"印度佛教,即思想教义上的契合,实际构图内容中的本土化、地域性元素逐渐增多。与此同时,配合中国传统思想"新建"了一类印度没有的形式。一般来说,没有榜题文字的功德佛画可以用于寺院殿堂等的装饰,但书写有明确榜题的佛画多用于专门的法会。

功德佛画具体展现了文本佛教所反映的从询问"有何灵验"到求证"有何功德"的认知变化,同时也引导着自上而下的普通信众以中国的礼法与习俗来改造外来的教义模式。因此,有着强烈实用主义倾向的"功德佛教"甚至比"灵瑞佛教"具有更广泛的群众基础和共情心理,但在理性主义者看来,这种鲜明体现利益回报的信仰形式也最容易被贴上"迷信"的标签。

3. 教化佛教

佛学体系庞大、思想深邃,佛陀劝人弃恶扬善,集中反映在对自身的定义中:"诸恶莫作,众善奉行,自净其意,是诸佛教。"从教化之训世育物的初衷讲,印度佛教带入汉土的"善恶报应"学说,与《易经》《诗经》等中国传统经典提倡的"积善余庆""求福不回"等道理,在本质上是一致的。但不同的是,儒家经典以苦口婆心的劝导教诲为主,纵然能使圣贤更善良,但很难阻止小人行恶;而佛教宣扬的"行恶则有地狱长苦"则具备了儒家文化所欠缺的高度威慑甚至恐吓作用,特别是对地狱疾苦的生动形象的描述,在止恶方面的功效要远远大于"积不善之家必有余殃"的平直说教。同时,佛教许诺的"修善则有天宫永乐"所带给人们的美好憧憬,也远比儒家的抽象说辞更能激励人心。

《十王图》(图5)把印度所传之地狱的惨烈刑罚与冥府十王相配套,每幅画面的上半部分都是阎王带着判官等人进行审判的汉式衙门,下半部分则是狱吏小鬼惩罚恶人的酷刑。[1] 这里的每一位阎王几乎都可以对应不同的地狱，不论是狱吏凶神恶煞的表情，还是亡灵惊恐失措的神态，这 10 幅组图所刻画的人物细节极其传神，很容易让观者生起敬畏心、恻隐心，加深对弃恶扬善之教义的理解与实践。

图 5　《十王图》(十幅)，宋·陆信忠，绢本设色，纵 83.2 厘米，横 46.9 厘米，现藏于日本奈良国立博物馆

以《十王图》中的第二幅"二七初江大王"为例。画面中，一名亡者正被狱卒撬开嘴巴投入热火铁丸，还有一名鬼吏正持铁钳从烈焰中取出烧红的铁丸，血从被投入热火铁丸的亡者口中流出落向地面，亡者脸上的表情极度恐怖、紧张。这种刑罚相当于"渴地狱"，如僧旻(467—527)等集的《经律异相》中说："扑热铁上，以热铁丸着其口中，烧其唇舌，通彻下过无不燋烂，苦毒啼哭。"[2] 再如，第六幅"六七变成大王"：一名亡者落入剑谷，另一名亡者头朝下向着剑丛刺入，另有

---

[1] 何卯平在其博士论文中对图 5 中的每一幅画面内容都作了十分详细的描述，参见何卯平《东传日本的宋代宁波佛画〈十王图〉之研究——以奈良博物馆藏陆信忠笔〈十王图〉为中心》，兰州大学博士论文，2013 年，第 73—95 页。

[2] CBETA 2022. Q3，T53，no. 2121，pp. 260c20 - 22.

两名亡灵正要被投入剑山。这一情景相当于佛驮跋陀罗（359—429）译《佛说观佛三昧海经》中的"刀轮地狱"与"剑轮地狱"。①

佛教一方面通过表现"地狱长苦"的《十王图》来劝导世人不要作恶，另一方面也常借助《净土图》来宣扬"天宫永乐"，以劝诱世人多做善事。需要说明的是，伴随着大乘经典的汉译与诠释，"天宫"一词逐渐被"净土"所取代。"净土"实际上是大乘佛教的专有概念，指以菩提修成的清净处所，也就是佛所居住的世界，诸佛各自在其净土教化众生，因此，凡有佛住之处即为净土。

绘画、雕刻等表现形式中常见的净土主要有以下五种"变相"（净土变）：（1）西方净土变，表现阿弥陀佛净土，传播最广、最为盛行；（2）药师净土变，表现东方净琉璃世界；（3）弥勒净土变，即将成佛的补处菩萨弥勒所居之兜率天宫；（4）灵山净土变，释迦牟尼于灵鹫山说法的图景；（5）卢舍那净土变，以卢舍那佛为中心的莲华藏世界。

《阿弥陀净土》（图 6）是典型的"净土变"，极尽人间或奢华或神奇之想象，以此来呈现净土世界中诸佛菩萨及种种设施的壮丽庄严。

《阿弥陀净土》中，作为"西方三圣"的阿弥陀佛、观音菩萨、大势至菩萨皆双足踏莲台，带圆形头光：阿弥陀佛身披通肩袈裟，左胁侍观音菩萨手执柳枝、净瓶，右胁侍大势至菩萨手持经卷。阿弥陀佛从眉间放出白色光芒照耀上空，光中化现出十方世界的十如来、十菩萨、十天、十声闻众，分立两边。"西方三圣"前面画有宝池，池中布满盛开的莲花，有九人跪坐莲花上，合掌向佛，象征着"九品往生"。莲池旁画有人首鸟身的迦陵频伽、白鹤、孔雀等，表现了阿弥陀净土的庄严华美、妙不可言。

在佛教文献的描述中，"阿弥陀佛净土"常被称为"极乐世界"（梵语：Sukhāvatī），从人类所处的娑婆世界向西去，经过十万亿佛土就到了西方极乐世界。根据《阿弥陀经》《无量寿经》等的记述，往生于阿弥陀净土的人可以享受无尽的快乐，可以拥有如佛一般的三十二相与神通，心中舒畅清凉，闻法即得开悟。

教化佛教的核心可以用泛指世间处事与人伦规范的"仁义道德"来概括，唐

---

① CBETA 2022. Q3, T15, no. 643, pp. 670c14 - 671a4, 671a5 - 25.

图 6 《阿弥陀净土》，宋·佚名，绢本设色，纵 150 厘米，
横 92.5 厘米，现藏于日本知恩院

宋时期的地狱十王图、净土经变画、罗汉图、顶相图都是教化佛教的典型代表。
这些绘画有三个共同点：首先，画师往往只需根据佛经文本中出现的名字、名称
进行描绘，甚至无佛经依据亦可进行创作，绘画内容从本质上讲没有严格的印
度典据，甚至可与印度佛教无关；其次，不管是人物造型、器物背景还是图像叙
事，均融入了中国传统的伦理道德思想，且有逐渐增强的趋势；第三，此类佛画
大多用于特殊法会或寺院等的布置，意在向世人宣扬"行善积德""善恶有报"等
社会人伦的基本规范。

《大般若经》说："上从诸佛，下至旁生，平等平等，无所分别。"①北宋禅师契嵩(1007—1072)提出"孝"为"大戒之所先"②，大慧宗杲(1107—1163)则说："菩提心则忠义心也，名异而体同。"③佛教与中国传统伦理道德高度相融的基本教义，如慈爱感恩的处世方式、崇俭抑奢的生活信条、清净恬淡的精神境界、和合共生的生态智慧等等，通过绘画中具体生动的形象和故事，得到了深入民间、人心的传播，在佛教中国化的历史进程中起了积极的宣教与典范引领作用。

归入教化佛教的这几类绘画，与体现灵瑞、功德佛教的绘画一样，都具有明显的服务于外在需求的目的，即画家是为他人作画，用来宣喻功德、劝诫道德，较少直接体现自己的佛教信仰或精神追求。尽管如此，画面中的主角从佛、菩萨发展到罗汉、祖师，实质上是从神到人的一种转变，这种非绘画不能传达的直观表现对于理解中国佛教发展史来说具有极为重要的意义。

4. 人文佛教

在"中国历代绘画大系"收录的大量宋元时期的"文人画"中，我们看到了一种迥异于"灵瑞""功德""教化"的佛教样式，采用取自"文人画"一词的"人文佛教"概而论之。不直接沿用"文人画"之名把这一类新形态的佛教称为"人文佛教"，是因为"文人"这一用来指称中国古代士大夫的雅语，标榜着文化、士气、逸品，其中透露出来的气质和韵味，正是现代社会所追求的"人文精神"的许多理想境界。因此，笔者提出的"人文佛教"这一概念，既意味着主要由"文人画"所表征的佛教精神及其展现形式，也标志着佛教中国化历史进程中最具中华文化之思想底蕴与传统特色的一个阶段。

一般认为，"文人画"的笔墨意趣、文化修养与境界追求在唐代王维时就已经显露，但使"文人画"真正形成风尚与审美理想的则是北宋时期的苏轼(1037—1101)、米芾(1051—1107)、李公麟(1049—1106)等大家，他们提倡"士夫气"，强调艺术的"非从属"特性，重视归复自心、不受外在束缚的创造。

---

① CBETA 2022. Q1，T06，no. 220，pp. 962a9 - 10.
② 契嵩撰：《镡津文集》，可见 CBETA 2022. Q4，T52，no. 2115，pp. 660b17 - 18。
③ 蕴闻编：《大慧普觉禅师语录》，可见 CBETA 2022. Q4，T47，no. 1998A，pp. 912c24 - 25。

文人画家本身就是具有文人气质的士大夫，不同于职业画师为"谋生"制作图画，他们是以画"写意"，借以抒发自己的思想感情和理想追求。绘画不再以"状物形"为主，而是以寄怀及"表我意"为要；不仅功于细腻描绘，而且以抽象的书法用笔为上。文人画的"风格"要表达的就是作画的"内涵"与"旨趣"。①

不同于"灵瑞佛教""功德佛教""教化佛教"三大类型都注重形象刻画与叙事描摹，"人文佛教"专以觉悟为要道，旨在甚深微妙之处打动人心，可以说是把"万法皆空""色不异空""唯识无境"等抽象而繁复的佛教哲学，以及"有、无、亦有亦无、非有非无"等思辨逻辑，通过绘画巧妙地表达出来。

梁楷的《出山释迦图》(图 7)是代表"人文佛教"的经典画作之一，图中以萧瑟但遒劲的山石树木为背景，定格了释迦牟尼经过苦修后，从山洞崖壁间走出来的一刹那——瘦骨嶙峋却神色从容。作者梁楷(1150—?)，性情豪放，不拘礼法，自号"梁疯子"，曾被任命为画院待诏，但将金带挂于院中，不受而去。关于梁楷的这幅名画，国内外艺术与艺术史学者已有大量研究，就两宋画院、宫廷画师、技法构图、人物特色或宋元禅宗语境下的东渡背景等等，都作了精细而周密的考察。如有学者指出，虽然画中落款"御前图画梁楷"，但此图不太可能是为皇帝御用所绘制的作品。②

自宋代起，《出山释迦图》所呈现的这个佛传故事就逐渐成为佛画的重要母题，也是文人赏玩较多的一个绘画题材，同类绘画常被称为"出山相"。不同的画家塑造了各具特色的释迦牟尼出山时的场景，但比较一致的是，释迦形象大多为身形消瘦、两眼光亮、头发散乱、皮骨相连的立形。如佚名宋人的水墨《释迦出山图》(图 8)，画中无署款，唯有上方临济宗高僧道冲(1169—1250)赞词一首："入山太枯瘦，雪上带霜寒，冷眼得一星，何再出人间"，透露出作者不俗的佛教因缘。

---

① 参见方闻著、谈晟广编《中国艺术史九讲》，上海书画出版社 2016 年版，第 44—53 页。
② 参见何卯平《梁楷〈出山释迦图〉再考》，载《美术》2019 年第 7 期，第 105—109 页；板仓圣哲：《梁楷〈出山释迦图〉的诸问题》，邱函妮译，收录于《浙江大学艺术与考古研究》，浙江大学出版社 2017 年版，第 358—394 页。

图 7 《出山释迦图》,宋·梁楷,绢本设色,纵 117. 6 厘米,横
51. 8 厘米,现藏于东京国立博物馆①

———————————

① 此图与东京国立博物馆藏一幅梁楷《雪景山水图》、一幅传为梁楷《雪景山水图》一起,作为"三幅对",
在 2007 年被日本政府认定为"国宝"。参见东京国立博物馆编《东洋美术 100 选》,东京国立博物馆运
营协力会,2008 年,第 89 页。

图 8 《释迦出山图》，宋·佚名，纸本水墨，纵 74.6 厘米，
横 32.4 厘米，现藏于克里夫兰艺术博物馆

　　两幅"出山相"描绘的都是乔达摩·悉达多在林中苦修 6 年、无所证得、决意"出山"时的情景。曾经的王子，历尽千辛万苦，终于领悟到苦行并非解脱正道，孑然一身走出山林，形貌羸弱但神情坚毅。不同于相好庄严的佛像，图中的释迦俨然一副苦行僧的模样：衣衫素朴无饰，眉目间显露出凡俗世人平静中略带愁苦焦虑的神情。

　　艺术与艺术史领域的学者大多认为求那跋陀罗（394—468）翻译的《过去现

在因果经》是"出山释迦"这一题材的文本依据①,如经中说:②

> 心自念言:"我今日食一麻一米,乃至七日食一麻米,身形消瘦,有若枯木;修于苦行,垂满六年,不得解脱,故知非道;不如昔在阎浮树下,所思惟法,离欲寂静,是最真正。今我若复以此羸身,而取道者,彼诸外道,当言自饿是般涅槃因;我今虽复节节有那罗延力,亦不以此而取道果,我当受食然后成道。"作是念已,即从坐起,至尼连禅河,入水洗浴。

这段话也可以看作是释迦的内心独白,剖析了苦行并非解脱正道的原因。从经典传译与佛教发展的角度来看,乔达摩·悉达多放弃苦行这一典故并不是传统公认的"八相"③之一,而只是作为一个众所周知的历史故事,经常出现在佛传类文献中,如包括讨论"苦乐中道"在内的佛教文本基本上会涉及这一形象的描述。玄奘在《大唐西域记》中亦有记载④:

> 如来为伏外道,又受魔请,于是苦行六年,日食一麻一麦,形容憔悴,肤体羸瘠,经行往来,攀树后起。

玄奘笔下的"攀树后起"等词甚至比求那跋陀罗的译文更传神。根据日本学者板仓圣哲的研究,历代"出山释迦"的图样中不仅有描绘释迦出山后羸弱枯瘦的苦行形象,也包含了佛祖成道后或说法或放光的样貌等。每年农历十二月初八(腊八节),禅宗寺院在举办"成道会"时,一般都会悬挂此类《出山释迦图》。虽然这一仪式始自何时已不可考,但在15世纪末成立的大安寺藏《回向并式法》中,有悬挂"成道释迦"画像的记载。此外,禅宗语录等文献中所见与"腊八上堂"相关的法语以及《出山释迦图》的画赞,可以确认二者间有着密切关联。如

① 参见何卯平《梁楷〈出山释迦图〉再考》,载《美术》2019年第7期,第106页;板仓圣哲:《梁楷〈出山释迦图〉的诸问题》,邱函妮译,收录于《浙江大学艺术与考古研究》,浙江大学出版社2017年版,第364页。
② CBETA 2022. Q4, T03, no. 189, pp. 639a25 - b4.
③ 八相:常称为"释迦八相""八相成道",是佛陀一生化仪的八种相,通常指:降兜率相、托胎相、降生相、出家相、降魔相、成道相、说法相、涅槃相。
④ CBETA 2022. Q4, T51, no. 2087, pp. 917b21 - 24.

同在"涅槃会"中一般都会悬挂"涅槃图"一样，南宋时期的禅宗寺院很有可能常在"成道会"中使用《出山释迦图》。[①]

问题是，"成道会"上为什么不悬挂真正表现释迦牟尼在菩提树下觉悟成道的"真容像"[②]，而是选用尚未证道的"出山相"？

众所周知，释迦牟尼入山修行并没有获得成就，甚至被认为毫无利益可言，如《大庄严论经》中说："世尊学道为菩萨时苦行六年，日食一麻一米，无所成办，又无利益。"[③]《过去现在因果经》还详细解释了释迦放弃入山苦行的原因[④]：

> 汝等莫以小智轻量我道成与不成。何以故？形在苦者，心则恼乱；身在乐者，情则乐着。是以苦乐，两非道因。譬如钻火，浇之以水，则必无有破暗之照。钻智慧火，亦复如是。有苦乐水，慧光不生，以不生故，不能灭于生死黑障。今者若能弃舍苦乐，行于中道，心则寂定，堪能修彼八正圣道，离于生老病死之患。我已随顺中道之行，得成阿耨多罗三藐三菩提。

远离苦难、行于中道，才能获得真正的解脱。无准师范禅师临终前曾对"出山释迦"有过深刻"拷问"："入山去何所图？出山来胡为乎？早知今日事，悔不慎当初。"[⑤]

因此，图 6 与图 7 两幅"出山图"实际上解构了释迦牟尼作为圣人的传统设定，如此描绘乔达摩·悉达多放弃苦行、走出迷途时的瞬间，很可能意在表达，即便是觉者佛陀也有着和常人一样的苦恼悔恨，即把释迦当作亦会走弯路甚至犯错误的凡人来看待。

---

① 参见何卯平《梁楷〈出山释迦图〉再考》，载《美术》2019 年第 7 期，第 106 页；板仓圣哲：《梁楷〈出山释迦图〉的诸问题》，邱函妮译，收录于《浙江大学艺术与考古研究》，浙江大学出版社 2017 年版，第 364 页。
② 参见前文围绕图 6 的讨论。
③ CBETA 2022. Q4, T04, no. 201, pp. 312b15 - 17.
④ CBETA 2022. Q4, T03, no. 189, pp. 644b6 - 17.
⑤ 参见《无准师范禅师语录》，可见 CBETA 2022. Q4, X70, no. 1382, pp. 269b8 - 10。

梁楷和佚名宋人的画笔都恰到好处地表现了走向人间的释迦，显露的是人性的真实，而非神圣的幽微。然而，由于汉语"出山"一词除了字面"到山外去"的意思，还有出仕官职、走向重任的引申义，因此常有人误解"释迦出山"表征着佛陀的觉悟状态。

人文佛画是对作为宗教之佛教的深刻反思，甚至是反宗教（anti-religion）的一种表达形式，标志着佛教开始作为文化融入中国人的日常生活，并深刻影响着日本等周边国家。这些佛画不再是供奉于神圣殿堂的直接礼拜对象，也并不直白诉说着信仰所能带来的功德利益，而是可于世俗赏玩，甚至为书房、茶室等清谈雅集场所增色添趣所用，是佛教从"天上"走入"人间"的最重要一步。

墨戏自娱，意在禅悦，从表现佛经内容转变为表达内心体验，所以禅画无需时空框架，这与中国绘画的构图采取散点透视、安排形象不受比例所限是一种天然的绝配。与此同时，文人士大夫对佛教的态度也在发生着变化，北宋绘画史论家郭若虚在《图画见闻志》中专门记载了时人关于"收藏圣像"的不同观点①：

> 论者或曰，不宜收藏佛道圣像。恐其亵慢荤秽，难可时时展玩。愚谓不然，凡士君子相与观阅书画为适，则必处闲静，但鉴赏精能，瞻崇遗像，恶有亵慢之心哉？

到了明代，谈论文房清玩、闲情雅致的《遵生八笺》在讲到书斋陈设时，认为文房四宝和书画是必不可少的，而且"佛像亦可"。② 这表明最晚到明朝万历年间，已经出现了专用于文房清供的佛教绘画作品。一般来说，除了佛画，还有雕塑，比如玉石白瓷、竹刻木雕等，意在"清玩"而不是"供奉"。

佛画逐渐从寺院殿堂走入了书房案头和茶室壁龛。佛教题材的文人画，不注重为膜拜而作的相好庄严，而是重视表达内在的感悟与个人的情趣，画家本

---

① 郭若虚著、黄苗子点校：《图画见闻志》，人民美术出版社 2016 年版，第 19—20 页。
② 参见阮荣春、张同标《中印佛教美术的历程》，商务印书馆 2017 年版，第 532 页。

人的审美判断往往高于宗教信仰的形式。《金刚经》说："凡所有相，皆是虚妄；若见诸相非相，则见如来。"①大乘佛教一方面宣称供养造像会获得无上的功德福报，另一方面又强调任何形象、表相、佛像的虚幻本质。因此，人文佛画表现的是对"悟"的敬畏与信服，这种力量、情感与意境是我们在阅读文字形式的佛教典籍时所无法感受到的。

5. 山水佛教

在两宋以来的佛教题材绘画中，神圣色彩的宗教意味不断减少，寓理于物、寄情于景的人文山水逐渐增多。如果说人文佛教重在表现幽深的佛理和玄妙的禅机，那么山水佛教则更趋向"自然"，把诸佛菩萨融摄在天地风光之中，将"草木国土悉皆成佛"等思想学说演变为"天人合一"的境界表达和"拈花微笑"的修行追求。

牧溪的《烟寺晚钟图》（图 9）以"晚钟"为主题，但画面上并没有出现钟的样子，群木郁葱，云雾缭绕，山寺屋檐，影影绰绰。然而，山间寂寂无声，在静谧气氛的反衬下，观者仿佛能听到空谷传响，有钟噌吰。此图虽是"潇湘八景"之一，但完美体现了寺点山水的禅意境界，是最能代表山水佛教之审美理念的一幅杰作。

图 9 《烟寺晚钟图》，宋·牧溪（传），纸本水墨，纵 33 厘米，横 104.8 厘米，现藏于日本畠山纪念馆

元代李升的《佛度五比丘图》（图 10）描绘了释迦牟尼在深山幽谷中说法的场景。全卷以山水为主，人物虽然意态具足，但如果不仔细观察，恐怕只见远山

---

① 鸠摩罗什译：《金刚般若波罗蜜经》，可见 CBETA 2023. Q3，T08，no. 235，pp. 749a24-25。

连绵雾霭氤氲、近崖崚嶒枯木虬曲。这种将释迦牟尼作为点景人物的画法,是山水佛教的另一种重要表现形式。

图 10 《佛度五比丘图》,元·李升,纸本水墨,纵 26.7 厘米,横 110.5 厘米,现藏于克里夫兰艺术博物馆

从印度佛教的传统来说,"佛度五比丘"是一个非常重要的典故,即释迦牟尼成道后,初转法轮时度化 5 位比丘的因缘故事。作为太子的乔达摩·悉达多逾城出家时,其父净饭王从皇亲中选出憍陈如等 5 人伴随侍奉太子学道。乔达摩在林中修苦行 6 年,这 5 人与太子共修苦行。然而,当太子放弃苦行,到尼连禅河沐浴,并接受牧羊女的乳粥供养时,5 人以为乔达摩已退失道心,于是离开太子,赴鹿野苑继续苦修。乔达摩觉悟成道后,念及跟随自己的 5 人,至鹿野苑为 5 人说四圣谛、八正道、布施、持戒等法,令得法眼净。5 人于是追随释迦出家,成为第一批"比丘"。因此,在以传播教义佛法为目的的绘画中,释迦牟尼和五比丘必然是画面的主角。《佛度五比丘图》显然打破了这一宗教书写的传统框架,把佛和五比丘都放置在山水之中,将左半幅以淡墨渲染的渺远天地和右半幅用浓墨皴擦的密林古木形成对比,让观者在自然天地间体悟历史的场景意义,而不是执着于人物事件的真实或神圣价值。

青原惟信(约 9 世纪)曾说:

老僧三十年前未参禅时,见山是山、见水是水。及至后来,亲见知识,有个入处,见山不是山、见水不是水。而今得个休歇处,依前见山只是山,见水只是水。①

---

① 参见普济撰《五灯会元》,可见 CBETA 2023. Q4,X80,no. 1565,pp. 361c12-16。

禅师以山水为喻，阐明了修行乃至人生的三重境界。这一妙语也同样适用于欣赏山水佛画，初见时山是世间的山、水是世间的水；若结合佛教思想教义来看，山就成了境界高低的象征，水则代表了出离尘俗的清净；但事实上，佛在心中，既不在山水内，也不在天地外，正如《维摩诘经》说："若菩萨欲得净土，当净其心；随其心净，则佛土净。"①山还是那山，水还是那水，只要以清净心观之，山水就成了佛国净土。

从整体上看，随着佛教中国化进程的历史发展，塔寺等元素在山水画中所占比重逐渐增大。在五代至清的山水画中，塔顶寺墙几乎成为点景的范式，这些释家元素一方面给山石、林木、溪水等自然风光增添了一些属人的灵性气息，另一方面也体现着画家的精神境界或信仰追求。从"寺点山水"只露楼阁一角于山岭之中，到"山水点寺"凸显寺院全貌于群峰之上，这种由小到大、从边缘至中心的规模与位置变化，体现了佛教不再仅仅作为宗教受到崇拜礼敬，而是在与中国社会相适应的过程中，逐渐构成了百姓日常的经验、人文理想的寄托，乃至自然环境的组成部分。

郭熙在《林泉高致》中提出山水画的要诀：

> 高远之色清明，深远之色重晦，平远之色有明有晦。高远之势突兀，深远之意重叠，平远之意冲融而缥缈。其人物之在三远也，高远者明了，深远者细碎，平远者冲澹。②

"三远"的区别不仅在于视角，也关涉三种不同的审美：高远雄壮、深远深邃、平远冲澹。而对"远"的推崇，很大程度上与王维以来文人画家对佛教提倡的"无我"与"空"的理解有关——从灵瑞、功德、教化到人文、山水，佛画是从"有我"逐渐向着"无我"（空）的回归式、内涵化发展。山水画中的"高远""深远""平远"所追求的"物我两忘"的境界，也就是佛教常说的"无分别"。所以，山水画中的景与物不仅是可圈可点的自然风光，更是不可言说的化机禅法。由此彰显的

---

① 鸠摩罗什译：《维摩诘所说经·佛国品》，可见 CBETA 2023. Q4，T14，no. 475，pp. 538c4 - 5。
② 参见郭思编、杨伯编著《林泉高致》，中华书局 2010 年版，第 69 页。

山水佛教,则是佛教中国"化"与"画"的最美境界,也是天人合一、佛人合一的理想之所在。

三、画佛即是化法

在"中国历代绘画大系"收录的藏品中,有 3000 余件(套)佛教主题或包含塔寺幡幢等释家元素的画作,占了总数的四分之一左右。其中,小部分如赵孟頫的《红衣罗汉图》、梁楷的《出山释迦图》等,是网络上或书籍装帧中比较常见的名画,也有一些世所少见但著称于相关专业领域的画作,如敦煌藏经洞出土、现藏于美国佛利尔·赛克勒美术馆的《风帽地藏菩萨》。早在 20 世纪初,王国维就撰写了《于阗公主供养地藏菩萨画像跋》一文,概述了这幅绢画的主要内容,详细考证了画面下部题记"故大朝大于阗金玉国天公主李氏供养"中的李氏,涉及唐和于阗的关系以及归义军等历史,故而但凡研究于阗者几乎必谈及此画。但在这些传世作品中,与佛教相关的绘画更多的是并不显著于中国美术史,也从未真正进入过佛教史论研究传统的画僧、居士之作。

每一幅佛画都有自己的内在意涵,很多时候有别于它所代表的那个特定形象。灵瑞佛教、功德佛教、教化佛教、人文佛教、山水佛教这一"宝塔模型",从整体上看具有比较明显的时间演进线索,同时每个分期的主流特色又表现出显著的时代关联性,在一定程度上提供了一种理解佛教在中国发展演变的新思路。古代各朝良工巧匠、文人墨客所画之"佛"呈现给我们的不仅是中华文明包容外来宗教、吸纳多元文化、和合共生互惠的历史脉络与生动画面,也含藏着中华文明的突出特性。

因此,在反思传统"文本佛教"与其研究所造成的局限甚至困境的基础上,我尝试通过"画佛"来看"化法",以传世佛画为直接对象研究"佛教中国化"这一时代课题。我希望,用图像来具体呈现佛教传入中国后经历的演化、变迁与发展历程,同时,尝试以佛学为知识底色来探讨历代名画中隐逸着的甚深奥义,并意图用在此基础上凝练形成的"五层宝塔"模型来阐释佛教中国化的流动性全貌,甚至期冀着某些诠释或者理论建构能在一定程度上唤起人们对"中国佛教"及其所表征的优秀传统文化的重新认识与理解,而这些都是"文本佛教"很难直接传达的"有形之日用"与"无相之风流"。